Contemporary

现代农民工
公共服务体系

Public Service System for

刘国翰　李勇◎著

Migrant Workers

社会科学文献出版社
SOCIAL SCIENCES ACADEMIC PRESS (CHINA)

目　录
contents

附篇　现代农民工公共服务创新案例

| 第一章 |

经济新常态下的农民工群体

1.1 农民工的定义和范围

农民工是一个随着中国社会和经济发展而产生的群体，在不同的时代，"农民工"的具体含义和范围也有所不同。按照通常的理解，农民工是指到城市从事非农业劳动的农民。最早正式使用"农民工"一词的政府文件可以追溯到 1991 年 7 月 25 日国务院颁布的《全民所有制企业招用农民工合同制工人的规定》，该规定的第二条认为，企业招用的农民合同制工人是指从农民中招用的使用期限在一年以上、实行劳动合同制的工人，包括从农民中招用的定期轮换工（以下统称农民工）。国家统计局从 2008 年开始建立农民工监测调查制度，每年发布《全国农民工监测调查报告》。国家统计局对"农民工"的定义为"户籍仍在农村，在本地从事非农业或外出从业 6 个月及以上的劳动者"。相对于"临时工""民工""合同工""打工者"等其他替代性称呼，"农民工"的称呼更加中性，更容易被公众接受。

随着我国城镇化速度加快，农民工的绝对数量也在快速增加。根据国家统计局发布的数据，我国的农民工数量从 2008 年的 22542 万人增加到 2015 年的 27747 万人，七年间农民工的数量增加了 5205 万人，平均每年增加约 743 万人（见图 1-1）。另外，2012 年以来，由于计划生育政策以及低生育愿望的影响，全国的劳动力人口总数一直呈现下降趋势。根据国家统计局公布的数据，2012~2015 年全国 15 岁至 59 岁的人口数量（劳动力人口）分别为 93727 万人、91954 万人、91583 万人和 91096 万人，农民工占总劳动人口的比重从 2012 年的 28.02% 增加到 2015 年的 30.46%，大约占全国劳动力人口的三成。

农民工来源于农村的剩余劳动力。由于农村人口数量持续减少,农民工的增长趋势开始变缓。2010 ~ 2015 年农民工的增长率分别为 5.42%、4.36%、3.89%、2.41%、1.86% 和 1.28%(见图 1-1)。到 2015 年,我国的城镇常住人口为 77116 万人,农村常住人口为 60346 万人,城镇化率已经达到 56.1%。因此,从近期的变化趋势来看,农民工将成为我国劳动力人口的重要组成部分,但是农民工的总数已经达到一个高位,其人数将保持在一个相对稳定的规模。

农民工的出现和我国的社会管理体制以及经济发展的阶段性密切相关。农民工的概念侧重于从人的身份以及就业的角度来界定。在社会管理中,和"农民工"比较接近的概念有"迁移人口""流动人口""外来人口""人户分离人口""外来务工经商人口"等。这些概念和"农民工"的概念相互交叉,但是强调的侧重点不一样。"迁移人口"的概念强调人口在生活或工作地域上的变化,在户籍地以外地区就业的农民工属于迁移人口,在户籍地就业的农民工则不属于迁移人口。

"流动人口"是一个相对于"常住人口"的概念,一般认为,离开本人长住的户籍所在地、跨越一定的行政区划范围、进入他地滞留、从事各种各样活动的人口称为流动人口。流动人口也是国家统计局和其他政府部门正式使用的概念。根据国家统计局发布的《2014 年国民经济和社会发展统计公报》,2014 年我国的流动人口数量为 2.53 亿人。流动人口的统计口径是:离开户籍地县域 30 日以上,以工作或生活为目的的人口,不包括因

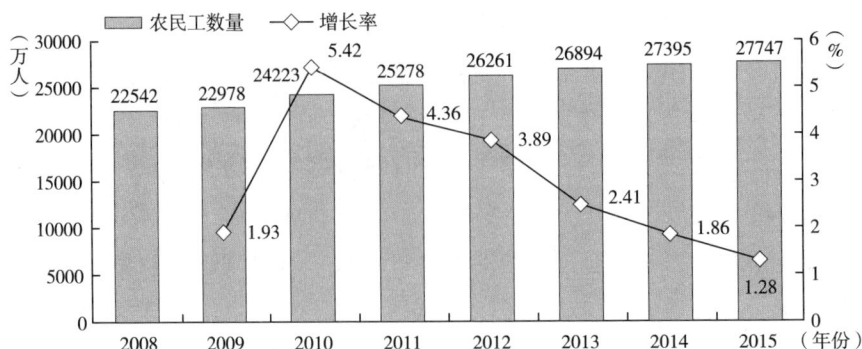

图 1-1 农民工数量及增长率(2008 ~ 2015)

资料来源:根据国家统计局发布的 2008 ~ 2015 年《全国农民工监测调查报告》中的数据整理而成。

婚嫁、出差、就医、旅游、探亲、访友、服兵役、上学等原因人户分离和同城区间人户分离人口。

"外来人口"和"人户分离人口"主要从户籍管理的角度来界定流动人口，把居住地和户籍所在地不一致的人口都称为"人户分离人口"，从流入地的角度来看，这部分人口也称为"外来人口"。"外来务工经商人口"的概念则对外来人口的职业进行一定的区分，把外来人口中的被雇用者和雇用者进行了区别。从农村进入城市的人口中，大部分属于务工人员，但是也有相当一部分从事商业、管理、服务业（自营业），有的甚至已经成为企业老板。按照通常的理解，只有那些具有农业户籍、在本地或异地从事非农业劳动的务工人员才属于"农民工"，而从事管理、经商、服务（自营业）等行业的人口并不属于农民工。但是，国家统计局对农民工的统计似乎没有考虑到这种职业上的区别。由于流动人口中自营业和经商的人口比重比较高，国家统计局关于农民工的统计数据和一般理解的狭义上的"农民工"的数量出入较大。

1.2 农民工群体的构成

尽管公众对于农民工已经形成一些刻板印象，但是，作为一个占全国劳动人口三成的庞大群体，农民工内部的差异性不容忽视。不仅如此，农民工在外延上的模糊性造成人们对于很多特定的群体是否属于农民工存在较大的争议。刘晴和简洁（2008）认为，农民工这个群体应该包括受雇于城市企业、单位或者个人的体力劳动者，凭一技之长在城市自立门户、吃手艺饭者、租摊开店，在城市靠各种买卖性经营活动获取报酬者。被雇用的农民可以称为农民雇工，靠手艺谋生的农民可以成为农民手艺业者，经营买卖的农民，可以称为农民经营者。随着农民工自身素质的提高和资本的积累，越来越多的农民工由被雇用者转为雇用者。根据国家统计局发布的《2013年全国农民工监测调查报告》，83.5%的农民工为受雇就业，16.5%的农民工为自营就业。受雇就业农民工中的65%从事第二产业，自营就业农民工中的82.1%从事第三产业。

从产业分布来看，大部分农民工从事第二产业和第三产业（见表1-1）。从事制造业和建筑业的农民工比重最大，但是近三年来有逐渐下降的趋势。约四成以上的农民工从事第三产业，从最近三年的数据来看，从事批发和零售业、住宿和餐饮业的农民工的比重有逐渐上升的趋势。随着老一代农民工（1980 年之前出生的农民工）逐渐退出就业队伍，新生代（1980 年之后出生）农民工的比重越来越高，更多的农民工将从事城市白领阶层的工作。

表 1－1　农民工就业行业分布

单位：%

行业	2013 年	2014 年	2015 年
第一产业	0.6	0.5	0.4
第二产业	56.8	56.6	55.1
其中：制造业	31.4	31.3	31.1
建筑业	22.2	22.3	21.1
第三产业	42.6	42.9	44.5
其中：批发和零售业	11.3	11.4	11.9
交通运输、仓储和邮政业	6.3	6.5	6.4
住宿和餐饮业	5.9	6.0	5.8
居民服务、修理和其他服务业	10.6	10.2	10.6

　　资料来源：根据国家统计局发布的 2013 年到 2015 年《全国农民工监测调查报告》中的数据整理而成。

　　农民工中既有长距离迁移，在他乡异地工作的农民工，也有离土不离乡，在本地工作的农民工。一般而言，本地农民工是指在户籍所在乡镇地域以内从业的农民工；外出农民工是指在户籍所在乡镇地域以外从业的农民工。根据国家统计局的资料，2015 年，本地农民工的数量为 10863 万人，外地农民工的数量为 16884 万人，本地农民工占农民工总数的 39.15%。从 2009 年以来，本地农民工和外地农民工的数量一直在增加，但是本地农民工增加的速度更快，本地农民工占农民工的比重从 2009 年的 36.75% 提高到 2015 年的 39.15%。由于东部沿海地区产业升级，中西部地区就业环境改善，农民工返乡创业的吸引力越来越大，本地农民工的比重将会持续增加。

　　新生代农民工成为农民工的主体。由于人口老龄化趋势加快，农民工的总体年龄也在增加。2015 年，农民工的平均年龄为 38.6 岁，比 2014 年增加了 0.3 岁。根据国家统计局住户调查办公室于 2011 年发布的报告《新生代农民工的数量、结构和特点》，新生代农民工的总数达到 8487 万人，占全部外出农民工总数的 58.4%，已经成为外出农民工的主体。新一代农民工出生在改革开放之后，大部分接受了完整的义务教育，学历较高，普遍没有农业生产经验，对城市生活的适应能力更强，更愿意在城市安家落户。

1.3　农民工面临的主要问题

人口流动是现代社会发展的必然现象。计划经济时代也有农民工现象。但是，计划经济时代的农民工大多属于有组织的职业流动。农民属于公社，需要使用农民工的单位通过政府部门或者公社招募农民完成一些基础建设、农产品加工、简单手工业等方面的劳动。在计划经济时代，农民工的报酬待遇和社会保障由输出地的政府或者公社与输入地的政府或企业之间商定，往往能够得到较好的保障。

改革开放之后，农村普遍实现家庭联产承包责任制，村和基层政府不再能够直接支配农民的劳动。在这种情况下，农民通过改变工作地点和工作岗位，流动到城市或者异乡的工厂，以期望获得更高的收入。在这个流动过程中，农民工是对自己的劳动具有完全决定权的主体，农民工也为自己的流动决策承担相应的风险和责任。因此，从严格的意义上讲，改革开放之后出现的农民工才是真正意义上的农民工。当前的农民工也主要是 20世纪 80 年代改革开放之后才流动到城市或者异地就业的农民工。农民工的出现是市场经济发展的必然现象。随着农民工群体数量的增加，农民工和已有的社会管理体制之间的冲突越来越明显。农民工问题开始引起政府和社会的关注。

农民工面临的第一个层次的问题是生存问题，包括就业机会、工作安全、获得合理报酬等方面的问题。农民工离开自己熟悉的家乡寻找工作机会，其最基本的目的是获得更高的经济收入。但是由于农民工的外出务工行为完全出于个人的决策，没有组织或者机构的支持，外出的农民工能否找到合适的工作受很多不确定因素的影响。大部分农民工依靠亲戚、老乡、朋友的关系获得工作机会。农民工的工作稳定性较差，遇到经济不景气或者行业萧条时期，最先失去工作的往往都是农民工。此外，大部分农民工的知识水平和劳动技能偏低，在和企业谈判的过程中处于劣势。农民工作为个体劳动者完全暴露在市场经济的风雨之中，有毒、高危劳动环境，拖欠工资，无理解雇等都是农民工经常遇到的问题。

农民工面临的第二个层次的问题是社会支持体系不完善的问题，包括社会保障、教育培训、社会管理等方面的问题。在现代社会中，任何一个人都是依靠强有力的社会支持系统来获得公平竞争的机会。人们通过公共教育系统获得工作技能，通过医疗保险、养老保险、社会救助来克服生活中的各种风险，通过社会管理系统获得身份认证、参与公共事务。但是，由于大部分农民工并不在户籍所在地工作，其本人及家属在获得社会支持方面存在很多体制上的障碍，主要表现在农民工子女无法获得公平的教育机会，农民工的社会保障和户籍所在地的社会保障无法对接，农民工在社会管理上始终属于外来人口。

农民工面临的第三个层次的问题是公民权利缺失的问题，包括公民的劳动权利、迁徙权利、国民待遇、同城待遇等方面的问题。《公民权利和政治权利国际公约》第十二条规定，合法处在一国领土内的每一个人在该领土内有权享受迁徙自由和选择住所的自由，我国1954年颁布的《宪法》中也规定了公民有"迁徙和居住的自由"，但在户籍地以外地区工作生活的农民工却难以获得完整的公民权利。农民工和本地居民在劳动机会、劳动待遇、社会保障、社会福利等方面存在较大的差距，难以获得国民待遇和同城待遇。

农民工面临的三个层次的问题不是分离的，而是相互纠缠在一起的。短期流动的农民工更加关注生存和工作方面的问题，长期流动的农民工更加关注社会支持体系方面的问题，收入较高、希望融入城市生活的农民工可能更加关注公民权利的问题。但是对于大部分农民工而言，其劳动就业机会的不足很可能就是因为其在流入地难以获得足够的社会支持而导致的。第一个层次和第二个层次的问题的解决很显然需要在法律上保障流动人口获得完整的公民权利。反过来讲，对农民工群体而言，解决一个层次的问题也有助于解决其他层次的问题。当前，大量的地方政府和社会组织的实践都主要集中在为农民工提供更多、更好的公共服务，促进第一层面和第二层面问题的解决，这样也能够间接促进第三层面问题的解决，或者在一定程度上缓解第三层面的问题。

1.4 农民工问题的特点

改革开放之后农民工问题就出现并引起了政府的关注。但是改革开放将近四十年的今天，农民工的问题仍然没有较好的解决方案。农民工问题似乎已经变成一个难以解决的社会问题（Social Problem）。J. M. 卡龙（2005）认为一个问题称为社会问题取决于四个方面的条件：（1）具有社会性的原因；（2）会给社会中的很多人带来伤害；（3）会危害社会的持续运转；（4）很多人认为这种情况不对并且需要改变。农民工自身面临的问题恰好符合这四个方面的条件。要解决农民工问题，或者对解决农民工问题有所推进，我们不得不首先认识其三个方面的特点。

首先，农民工问题是一个衍生问题，同时也不断衍生出其他问题。社会现象之间相互影响，具有复杂的因果关系。为了解决一个社会问题，人们往往需要寻找作为其原因的社会现象。根据在因果关系中的位置，社会问题可以分为基础性问题和衍生性问题。所谓基础性问题是指那些自身包含着解决要素的问题，而衍生性问题则主要是由其他现象引起的社会问题。很多发达国家在经济快速发展也出现了大批农民向城镇迁移的现象，但是并没有出现典型的农民工问题。我国的农民工问题主要源于我国特有的城乡分离的户籍管理制度。城乡分离的户籍管理制度起源于 1955 年 6 月国务院发布的《关于建立经常户口登记制度的指示》，该指示规定全国城市、集镇、乡村都要建立户口登记制度，开始统一全国城乡的户口登记工作。户籍制度把居民分为农业户口和非农业户口两大类别。农业户口的居民只能通过参军、上大学、结婚等途径获得非农业户口，户籍具有很强的地域性，不同地域的农业户口之间不能迁移，不同地域之间的非农业户口可以迁移，但是需要满足相关条件并获得批准。进入 21 世纪以来，我国的户籍制度一直在改革之中，很多省市都在尝试统一城乡户籍，消除农业户籍和非农业户籍之间的差别，农民工也可以落户大城市。但是，户籍对人口流动的束缚仍然难以解除。其原因在于户籍制度和我国实行的农村集体土地所有制密切相关。农业户口不仅表示户口持有人是某个农村的居民，而且意味着户口持有人在该村拥有集体土地承包权。农村集体土地所有制是宪法规定的基本制度，在此基础上形成的户籍管理制度是新中国成立以来最主要的社会管理工具，这两者都很难有实质性的改变。由此衍生出的农民工问题也就难以从根源上得到解决。另外，农民工问题长时间存在，也开始衍生出其他的社会问题，例如留守儿童的问题、农村空巢老人的问题等。

其次，农民工问题是一个体制转变的问题，其问题在局部，根源却在全体。我国的社会管理体制形成于计划经济时代，其管理的原则和方式都带有浓厚的计划经济色彩。在计划经济时代，人口是一个在很大程度上可以被任意调配的生产要素，政府与居民之间是管理者与被管理者的关系。1992年，党的十四大已经正式提出中国经济体制改革的目标是建立社会主义市场经济体制，这极大地促进了我国民营企业和私营企业的发展。但是在社会管理体制方面仍然存在很多和市场经济相抵触的规定和制度。例如，市场经济要求生产要素的自由配置，但是很多农民工由于户籍的限制，只能够从事本地居民不愿意从事的脏、重、危行业，市场经济强调公平竞争，但是农民工和本地居民在很多方面都难以公平。农民工的问题是我国的社会管理体制从适应计划经济到适应市场经济转变的过程中出现的问题。农民工的问题看似局限于农民工群体，但是根源在于整个社会管理体制改革的滞后性。

最后，农民工问题既是一个特殊群体的问题，又是一个全社会的问题。农民工现象是社会的一面镜子，农民工面临的问题往往也是其他社会群体同样面临的问题，只不过程度不同而已。以子女的受教育权利为例，由于户口的限制，农民工子女在接受义务教育方面会面临较大的困难，地方政府一般倾向于优先保障本地居民的子女获得义务教育的机会。另外，本地居民为了让子女获得更好的义务教育，也会产生择校、高价购买学区房的问题。因此，在子女入学难的问题上，农民工和本地居民都面临各自的不公平。这种状况使得针对农民工的政策陷入两难境地。如果一项政策把农民工和本地居民区别对待，优先保证本地居民利益，则可能对农民工不公平；如果把农民工和本地居民不做区分、一视同仁，则可能对本地居民不公平。

1.5 农民工问题的新趋势

农民工是一个人数众多的群体，农民工所面临的问题也会随时代和经济形势的变化而变化。改革开放初期，农村和城市属于两个不同的分配系统。大部分农村依靠家庭的个体经营获得收入，城市居民依靠国有企业、事业单位和机关的工资获得收入。1978~1985年城镇居民家庭人均可支配收入与农村家庭人均可支配收入的比值从2.57缩小到1.86。但是，在此期间，农村居民和城市居民在享受的社会保障、公共设施、发展机会等方面有显著的差别。从 20 世纪 90 年代开始，农村居民和城市居民在收入上的差距开始拉大。1990 年，城镇居民家庭人均可支配收入为 1510.2 元，农村居民的家庭人均可支配收入为 686.3 元，前者为后者的 2.20 倍。此后城镇居民和农村居民在货币收入上的差距越来越大。到 2009 年，城镇居民家庭人均可支配收入为 17174.7 元，农村居民家庭人均可支配收入为 5153.2 元，前者是后者的 3.33 倍。刘易斯的二元经济模型认为，发展中国家的经济结构是由传统部门（农业）和现代部门（工业和服务业）组成的二元经济。现代部门的生产力高于传统部门，传统部门的生产力低，劳动力富余，因此劳动力会源源不断从传统部门向现代部门迁移。可以说，从改革开放到 2009 年间的农民工大潮恰好符合了刘易斯的二元经济模型的预测。但是 2009 年之后，我国农村居民的家庭人均可支配收入的增长率开始持续超过城镇居民的家庭人均可支配收入的增长率。到 2015 年，我国城镇居民家庭人均可支配收入为 31195 元，农村居民的家庭人均可支配收入为 11422 元，前者是后者的 2.73 倍。2015 年，城镇居民的家庭人均可支配收入比上年增长了 8.15%，但是农村居民的家庭人均可支配收入比上年增长了 15.47%，后者几乎是前者的两倍。城乡收入差距的减小直接影响了农民外出务工的积极性，相对于远距离跨省外出务工，就近务工、本地创业的吸引力越来越大。

在经济新常态的背景下，地方政府更多的是考虑经济发展的质量，对能耗高、环境污染严重的企业实行关、停、并、转，部分企业由沿海向内地迁移。同时，农民工在选择外出务工时不仅考虑工资收入，还会更多地考虑生活质量。进入 21 世纪以来，中央政府大力推进的"村村通公路""家电下乡""农业机械补助"等城市反哺农村、刺激内需的政策使农村地区的基础设施有了很大改善。社会保障曾经是城市居民和农村居民之间最主要的差别。从 2002 年开始，我国开始建立由政府组织、引导、支持，农民自愿参加，个人、集体和政府多方筹资，以大病统筹为主新型农村合作医疗制度。到 2011 年，新型合作医疗保险的覆盖率已经达到 96%。2009 年，国务院开始试点按照"保基本、广覆盖、有弹性、可持续"的原则试点新型农村社会养老保险。2011 年，中共中央和国务院颁发的《中国农村扶贫开发纲要（2011—2020 年）》提出，到 2015 年，农村最低生活保障制度、"五保"供养制度和临时救助制度进一步完善，实现新型农村社会养老保险制度全覆盖。农村居民的社会保障水平虽然低于城镇居民的社会保障水平，但是差距正在缩小。

由于城镇化加速，可耕地面积减少，农村土地的价值开始提升。2005年，农业部发布了《农村土地承包经营权流转管理办法》，规定了土地互换、出租、入股等三种农村土地流转的方式。很多地方政府也在尝试市场化程度更高的农村土地流转模式，农民可以从土地流转中获得资本收益，很多地方通过土地流转，让农民变成股民。尤其是离城市比较近、具有特殊地理资源和区位优势的农村，其土地流转的收入相当可观。

新一代农民工和老一代农民工所处的经济条件有很大区别。新一代农民工大多出生在计划生育政策执行最严格的年代，家中兄弟姐妹的数量较少，能够从父母那里获得更多的资金支持。新一代农民工的受教育水平更高，他们外出务工的目的并不主要是为了谋生，更多地是为了增长见识、学习技能、为将来的发展做准备。新一代农民工的职业稳定性较低，他们更不愿意选择建筑业等重体力工种，他们在生活方式、思想观念、职业期待上与城市中的同龄人差距不大。

从上面的分析可以看出，在经济新常态的背景下，农民工问题的内容和性质也在发生根本性的变化。城乡差距缩小，城市户口的含金量降低，农民工的选择范围扩大、自信心增强，农民工的问题已经从一个经济快速发展时期的问题转变为一个社会建设时期的问题。20 世纪 90 年代初到 2009 年期间，是我国经济高速发展的 20 年，为了保障经济的高速发展，农民工的部分利益无法保障，不幸成为经济高速发展时期被有意或者无意牺牲掉的一个群体。2009 年之后，经济增长不再是我国地方政府的首要工作目标。因此，在经济中速增长的情况下，通过扩大公共服务范围，提高公共服务水平，让居民的生活水平和幸福感得到提高成为经济新常态下政府的主要工作方向。

1.6 研究方法

农民工问题是重大民生问题之一。从 20 世纪 90 年代以来，关于农民工的调查和研究非常多。当前，关于农民工的研究主要集中在市民化、城市融入、新生代农民工等方面，而从公共服务的角度，探讨如何完善针对农民工的公共服务体系的研究还不多。在经济新常态的背景下，新一代农民工有更多的选择，他们或融入城市，或回乡创业，或满足于城乡之间两地奔波，都能够过上不错的生活。一定要求农民工市民化，或者一定要求他们"融入"城市恐怕只是城市居民单方面的愿望。因此，只有建立一个能够包容农民工的公共服务体系，建立一个对农民工友好的公共服务体系，让农民工无论是在农村、城市，还是在两地迁徙，都能够得到充分的支持和关心，我们社会的农民工问题才能够得到比较彻底地解决。为了了解针对农民工的公共服务的提供水平和方式，我们主要采用了城市案例研究、组织和个人的个案访谈、针对农民工的问卷调查等多种研究方法。

城市案例研究

农民工的公共服务涉及流出地和流入地社会管理的方方面面，我们主要选取了在农民工公共服务方面具有创新精神的北京、上海、深圳、杭州、成都、南京、重庆七个城市作为研究对象，对这些城市的教育、人力资源与社会保障、卫生计生、民政、社区、街道、工会、共青团、妇联、社会服务机构等部门和组织进行了实地访谈。重点了解地方政府对农民工提供公共服务的体制、方式、内容、创新以及面临的问题。

问卷调查

为了了解农民工的基本情况，以及农民工对公共服务的需求，我们对北京、杭州、南京、上海、深圳五个大城市的农民工进行了问卷调查，主要调查了农民工的基本情况、家庭及工作情况、身份认知与认同情况、社会与社区融入情况（见附录一）。由于大城市农民工的分布广泛，难以严格随机抽样，问卷调查采取偶遇抽样的方式选择被调查对象，同时兼顾被调查对象的性别、居住方式等特征。如表1-2所示，问卷调查共回收有效问卷709份，其中男性农民工346人，女性农民工361人。从居住形态来看，和市民混合居住的农民工有435人，农民工自己集中居住的有209人，住在企业聚集区（开发区）的农民工有65人。值得注意的是，本次调查的农民工中有560人具有农村户口，有141人具有城市户口。严格来讲，具有城市户口的务工人员不能被称为农民工。但是，农民工对自己身份的认识与官方文件的定义显然有一定的差别。部分农民工虽然采取不同的方式获得了城镇户口，但是他们在城市仍然没有固定的住所和稳定的工作，他们在农村没有土地却仍然生活在农村，外出务工是唯一的出路。尽管户口性质发生了变化，但是他们仍然认为自己是"农民工"。

表1-2 问卷调查样本的基本情况

属　性	数　据
地域	北京 123　　杭州 106　　南京 175　　上海 120　　深圳 185　　合计 709
性别	男性 346　　女性 361　　缺省 2　　合计 709
居住形态	混合居住 435　　集中居住 209　　企业聚集区 65　　合计 709
受教育程度	小学及以下 48　　初中 264　　高中/中专 223　　大专及以上 171　　缺省 3　　合计 709
户口性质	农村户口 560　　城镇户口 141　　缺省 8　　合计 709
户口所在地	本市 60　　家乡 597　　其他打工地点 38　　缺省 14　　合计 709
婚姻状况	未婚 285　　已婚 412　　离异 8　　丧偶 3　　缺省 1　　合计 709

个案访谈

每个农民工的故事都不一样。为了更详细了解农民工的生活状况及其所思所想，我们选择了20多位典型的农民工进行个案访谈，重点了解农民工外出务工的原因、经历、对城市生活的看法、对公共部门的期待、对未来的打算等。

| 第二章 |

公共服务的相关理论

2.1 公共服务体系

根据《公共管理与治理国际辞典》中的定义，公共服务是指公共部门促进公共利益、满足公民需求而开展的活动。公共服务的内容和形式随时代的变化而变化，也和一个时期公民的需求以及政治的决策过程密切相关。2006年10月，党的十六届六次全体会议通过的公报中就指出，要完善社会管理、保持社会安定有序，建设服务型政府，推进社区建设，健全社会组织，统筹协调各方面利益关系，完善应急管理体制机制，加强安全生产，加强社会治安综合治理，加强国家安全工作和国防建设。建设服务型政府既是发达国家政府改革的前沿问题，也是我国政府建设的重要目标。

对公共服务的具体含义和内容，不同研究者和部门有不同的看法。按照联合国的政府职能分类体系，政府的公共服务包括普遍公共服务与公共安全、社会服务、经济服务、未按大类划分的支出等。以姜异康为组长的国家行政学院课题组（2008）认为，公共服务是以政府等公共部门为主提供、满足社会公共需求，供全体公民共同消费与平等享用的公共产品和服务。公共服务主要包括基础教育、基本医疗服务、就业服务、基本社会保障、保障性住房、基础科技和文化、公共安全、环境保护、基础设施等方面。王海龙（2008）根据公民对公共服务的需求层次以及政府对公共服务的供给能力两个维度，把公共服务分为保障性公共服务和发展性公共服务。保障性公共服务是指在一定时空条件和社会经济发展阶段下，建立在一定社会共识的基础上，政府使用公共权力和公共资源满足全社会公众或某一类群体共同的、直接的、基本的、关心到公民人权的社会生产过程；发展性公共服务是指一定时空条件和社会经济发展阶段下，建立在一定社会共识基础上，政府使用公共权力和公共资源满足全社会公众或某一类群体共同的、直接的、更高层次和更高质量的、关系到公民人权的社会生产过程。

2012 年 7 月，国务院公布了《国家基本公共服务体系"十二五"规划》，该规划指出：基本公共服务是指建立在一定社会共识基础上，由政府主导提供、与经济社会发展水平和阶段相适应，旨在保障全体公民生存和发展需求的公共服务，享受基本公共服务属于公民的权利，提供基本公共服务是政府的职责。该规划提出的基本公共服务的内容包括基本公共教育、劳动就业服务、社会保险、基本社会服务、基本医疗卫生、人口和计划生育、基本住房保障、公共文化体育、残疾人基本公共服务九个方面。《国家基本公共服务体系"十二五"规划》还对农民工的基本公共服务进行了专门的论述，其中指出：以输入地政府管理为主，加快建立农民工等流动人口基本公共服务制度，逐步实现基本公共服务由户籍人口向常住人口扩展，结合户籍制度改革和完善农村土地管理制度，逐步将基本公共服务领域各项法律法规和政策与户口性质相脱离，保障符合条件的外来人口与本地居民平等享有基本公共服务。积极探索各种有效方式，对符合条件的农民工及其子女，分阶段、有重点地纳入居住地基本公共服务保障范围。

在现代社会中，一个人的生活幸福感在很大程度上取决于他所能够享受的公共服务，获得政府提供的相关公共服务是公民实现其权利的重要保障。1948 年 12 月由联合国大会通过的《世界人权宣言》中对公民应该获得的公共服务已经进行了详细的规定。其中，第二十二条规定了社会保障方面的公共服务，"每个人、作为社会的一员，有权享受社会保障，并有权享受他的个人尊严和人格的自由发展所必需的经济、社会和文化方面各种权利的实现，这种实现是通过国家努力和国际合作并依照各国的组织和资源情况"。第二十三条规定了公平就业方面的公共服务，"（一）人人有权工作、自由选择职业、享受公正和合适的工作条件并享受免于失业的保障；（二）人人有同工同酬的权利，不受任何歧视；（三）每一个工作的人，有权享受公正和合适的报酬，保证使他本人和家属有一个符合人的尊严的生活条件，必要时并辅以其他方式的社会保障；（四）人人有为维护其利益而组织和参加工会的权利。"第二十五条规定了福利和救济方面的公共服务，"（一）人人有权享受为维持他本人和家属的健康和福利所需的生活水准，包括食物、衣着、住房、医疗和必要的社会服务；在遭到失业、疾病、残废、守寡、衰老或在其他不能控制的情况下丧失谋生能力时，有权享受保障；（二）母亲和儿童有权享受特别照顾和协助。一切儿童，无论婚生或非婚生，都应享受同样的社会保护。"第二十六条规定了教育方面的公共服务，"人人都有受教育的权利，教育应当免费，至少在初级和基本阶段应如此。初级教育应属义务性质。技术和职业教育应普遍设立。高等教育应根据成绩而对一切人平等开放。"

公共服务也是生产力，提供公共服务是现代政府合法性的重要来源。在任何一个现代国家，政府几乎都是其最大的经济部门，政府部门通过税收和其他方式占用了大量的社会资源，只有通过提供更好的公共服务才能够让公众对政府的活动感到满意。只有提供更好的服务，才能更好地管理。服务和管理是政府部门的双重角色。通过提供更好的公共服务，政府能够和居民建立更多的信任和联系，能够掌握居民的相关信息，才能够对社会进行更好的管理。现代社会是一个生产要素高度流动的社会，人才、资本、技术等要素都在寻找更好的地方从而达到更优的配置。良好的公共服务可以提高一个地区的竞争力，促进区域的经济和社会整体发展。

公共服务体系是对公共服务概念的具体和深化。公共服务的内容涉及居民生活的方方面面，公共服务的最优提供方式根据其内容的不同而不同，居民对公共服务的需求和偏好也会随时间的变化而变化，因此，为了满足居民对公共服务的需求，必须引入系统性的思维和方法。《国家基本公共服务体系"十二五"规划》认为，基本公共服务体系，指由基本公共服务范围和标准、资源配置、管理运行、供给方式以及绩效评价等所构成的系统性、整体性的制度安排。针对农民工群体的具体情况，其公共服务体系包括公共服务客体（对象界定）、公共服务内容、公共服务主体、公共服务机制、公共服务评价标准五项主要内容。

2.2　公共服务客体

任何一种公共服务首先要明确为谁提供服务的问题，也就是要确定公共服务的客体。在确定公共服务的受益对象时一般采用两种不同的原则，即普遍性原则和特殊性原则。普遍性原则是指政府对所有的居民都无差别地提供公共服务，很多城市的图书馆、博物馆、美术馆、体育馆、公园等文化、体育、休闲公共设施都向所有居民开放。但是大部分具有关键意义的公共服务采用的都是特殊性原则。特殊性原则需要根据某种标准来判断哪些居民是服务对象，哪些居民不是服务对象，这些标准必须具备客观性和可操作性。常见的判断标准有身份（户口、职业等）、收入水平、身体特征（残疾）、事件（事故）、缴费（会员）等。

农民工是社会流动中的一部分。我国的人口流动可以分为两大类，第一类是带户籍流动，第二类是不带户籍流动。带户籍流动是指当事人及其户籍一起迁移到另外一个地域。带户籍流动在我国的户籍管理规则中属于正常的体制内流动，主要包括升学（进入高等学校学习）、参军、工作调动等。带户籍流动也分为两种情况。第一种情况是户籍的性质发生改变，即由农业户口转变为非农业户口，这种情况下，不仅户籍所属的地区发生变化，户籍的性质也发生了变化，而且按照现在的户籍管理规定，农业户口可以转为非农业户口，但是非农业户口却不能转为农业户口。第二种情况是户籍的性质不发生变化，例如具有非农业户口的人因为就业、换工作、购房等原因可以迁移户口。不带户籍的流动是指当事人已经在另外的地方工作、生活，但是户籍仍然留在其他地方，造成人户分离的现象。由于我国原有的人口管理主要依靠户籍，这种不带户籍的人口流动会给城市的人口管理带来一定的挑战。不带户籍的流动也分为两种情况。第一种情况是非农业户籍的人在没有相应的户籍调动手续的情况下流动到另一个地方工作、生活，这主要是城镇居民的流动。第二种情况是农业户籍的人在没有相应的户籍调动手续的情况下到另一个地方工作、生活。农民工的流

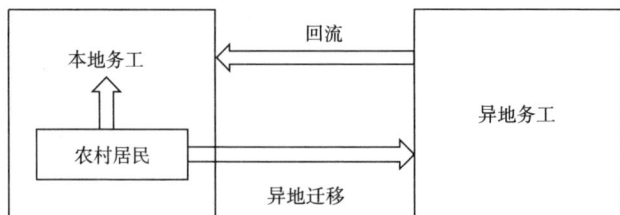

图 2-1　农民工的迁移特征与基本分类

动大多属于第二种情况。另外，由于中小城镇的户口门槛比较低，有一部分农民工通过购买、投资等方式获得了中小城市的非农业户口，但是他们工作生活的地方又在其他城市，这部分农民工属于第一种情况。

农民工内部也分为不同的群体，不同的群体对公共服务的需求也不相同。根据迁移特征的不同，农民工及相关需要提供公共服务的主要包括以下群体。

常住农民工

在一个地方工作或者生活超过一年以上的农民工称为常住农民工，这部分农民工有较为稳定的工作和住所，他们也可能从事个体经营、服务业或者是开办小企业，也有可能收入较低、生活困难。这部分农民工长期在一个城市工作，或者从一个城市转移到另一个城市，已经完全脱离农业劳动。这部分农民工最渴望获得和本地市民相同待遇的公共服务。

短期农民工

在一个地方工作或者生活不超过一年，往返于城市的工作地点和农村的户籍所在地之间，仍然在一定程度上从事农业劳动。这部分农民工也称为"亦工亦农"的农民工，也有一部分农民工为了子女能够在城市获得较好的教育而选择成为短期农民工。短期农民工和户籍所在地的农村社区联系紧密，仍然从事一定的农业劳动，他们对公共服务的需求更侧重于基础性公共服务。

返乡农民工

返乡农民工是指在城镇有一定的工作经历或资金积累，返回出生所在地的农村或者附近城镇，从事农业劳动或者非农业劳动的农民工。返乡农民工返乡之后可能从事农业劳动，重新回归其农民的身份，也有可能从事农产品加工、商业性农业、工业、服务业等，也有可能自己投资创业。返乡农民工对其户籍所在地的公共服务有更高的要求。

农民工随迁家属

农民工随迁家属是指和农民工一起进入城市工作或生活的家属。农民工往往是其家庭的主要经济收入来源，农民工对家属负有扶养、抚养或赡养的义务。因此，农民工家属的福利也会直接影响农民工的利益。另外，农民工的家属也属于流动人口，家属也有接受相应公共服务的权利。农民工的随迁子女、随迁老人、随迁配偶对公共服务有各自特定的需求。

农民工留守家属

农民工的留守家属是指农民工流动到城市之后，仍然留在户籍所在地工作或生活的家属成员。家庭是社会最坚实的基础，核心家庭成员在一起生活是保持家庭稳定的重要条件。但是，由于经济和户籍管理等多方面的原因，一部分农民工选择让配偶、子女或父母在原籍地留守，于是形成了农民工的留守配偶、留守子女以及空巢老人的社会问题。

2.3 公共服务内容

不同的农民工类别及其家属对公共服务的需求也不同。根据当前农民工的一般情况，可以把公共服务分为五个类别：劳动就业服务、社会保障服务、公共教育服务、卫生计生服务、文体生活服务（见表2-1）。

表2-1 农民工公共服务内容

公共服务类别	基础性公共服务	发展性公共服务
劳动就业服务	职业介绍、劳动纠纷调解、劳动安全保障	就业指导、技能培训、技能提升、职位晋升支持
社会保障服务	医疗保险、工伤保险、养老保险、生育保险、失业保险、劳保福利	住房保障、贫困救助、伤残救助、疗养
公共教育服务	义务教育、公共就业培训	学前教育、学历教育、进修
卫生计生服务	免费婚检、免费产检、	生育指导、儿童福利、生育补贴
文体生活服务	工会活动	文体活动、兴趣组织、参与社区事务

劳动就业服务是农民工公共服务的基础。农民工进入城市，最基本的需求是要能够顺利找到合适的工作。部分城市通过为农民工提供免费的职业介绍、劳动纠纷调解，加强农民工的劳动安全保障，为农民工提供基础性的劳动就业服务。发展性劳动就业服务则包括就业指导、技能培训、技能提升、职位晋升支持等。

农民工如果要在城市长期生活，获得相应的社会保障服务是必不可少的条件之一。社会保障包括社会保险、社会救助、社会福利、社会优抚四个方面。对农民工而言，基础性社会保障服务包括医疗保险、工伤保险、养老保险、生育保险、失业保险、劳保福利等，发展性社会保障服务包括住房保障、贫困救助、伤残救助、疗养等。

子女教育是农民工反映最为强烈的问题。基础性公共教育服务包括为农民工子女提供义务教育，为农民工提供公共就业培训，把农民工纳入本地的人才培养计划。发展性公共教育服务包括学前教育、学历教育、进修等。

卫生计生服务是农民工管理上的难点。由于历史的原因，我国的卫生计生服务在较长的一段时间都是以管控和罚款等强制手段为主。最近几年，卫生计生部门开始转变思路，采取以服务促管理的方针来推进卫生计生服务项目。对农民工而言，基础性的卫生计生服务包括免费婚检和免费产检等，发展性的卫生计生服务包括生育指导、儿童福利、生育补贴。

文体生活服务主要是指农民工在精神生活方面获得的公共服务。基础性的文体生活服务主要指农民工能够参加工会组织的各种文体、娱乐、社会活动。发展性的文体生活服务是指农民工能够参与社区、社会组织或者其他机构举办的文体活动、兴趣活动，能够参与社区事务和地方事务等。

2.4 公共服务主体

公共服务主体是指在公共服务的决策、执行、控制、监督等过程中具有一定自主性的机构或者组织。农民工作为一个数量庞大的群体，其相关的公共服务内容非常复杂，单一的服务主体很难满足农民工的多样化需求，因此需要我们社会的多种主体同时为农民工提供不同的公共服务。另外，公共服务的高效率提供需要根据服务的内容、服务的对象、服务的范围等不同的特征选择不同的服务主体。各种不同的公共服务主体各有自己的优势和劣势，公共服务主体之间的分工合作有利于形成高效、健康、可持续的公共服务体系。因此，现代国家中公共服务的提供大多采取多元主体的供给模式。叶响裙（2014：50）认为，所谓公共服务多元主体供给，是指作为公共部门的政府以及作为非公共部门的企业、社会组织等主体分别参与到公共服务安排、生产和付费的环节，共同为消费者提供公共服务的制度安排与服务提供方式。当前，和农民工的公共服务提供密切相关的主体包括政府机构、群团组织、基层自治组织、事业单位、社会组织和企业六大类（见表2-2）。

表2-2　针对农民工的主要公共服务主体

公共服务主体类别	具体内容
政府机构	民政部门、人力资源和社会保障部门、卫生计生部门、教育部门、公安部门、工商部门、住房和城乡建设部门、流动人口服务管理办公室、农民工工作领导小组等
群团组织	工会、共青团、妇联、残疾人联合会、红十字总会、中华职业教育社、计划生育协会等
基层自治组织	居民委员会、村委会
事业单位	公办幼儿园、中小学、成人教育机构、职业教育机构、职业认定机构、职业介绍中心、人才交流中心等
社会组织	慈善总会、基金会、社会工作服务机构、社会团体、民办幼儿园、民办教育机构、商会、行业协会等
企业	建筑类企业、制造类企业、服务类企业、小作坊企业、个体工商业户等

政府机构

在所有的公共服务中，政府机构都是最重要的主体。在提供公共服务方面，政府机构具有效率高、一致性强、覆盖面广等优势。政府是公共服务提供的最终责任方，是公共服务体系的构建者，常常也是公共服务的直接提供方和出资方。为农民工提供公共服务的政府机构主要有民政部门、人力资源和社会保障部门、卫生计生部门、教育部门、公安部门、工商部门、住房和城乡建设部门、流动人口服务管理办公室、农民工工作领导小组等。另外，政党（中国共产党和各民主党派）、人民代表大会、政协等机构也可以为农民工提供相应的公共服务。

群团组织

群团组织是党和政府部门的外围组织，也是党和政府部门联系社会各团体的桥梁和纽带。群团组织的运作经费来源于公共财政，群团组织的工作人员和居民的关系比较密切，相比政府部门而言，群团组织更容易接触到被服务的对象。另外，群团组织的性质半官半民，群团组织提供的公共服务既有官方的权威性，又有民间的灵活性。这种情况有利于群团组织根据本地农民工的具体需求和实际情况设计针对性的公共服务项目。当前，和农民工的公共服务密切相关的群团组织主要包括工会、共青团、妇联、残疾人联合会、红十字总会、中华职业教育社、计划生育协会等。

基层自治组织

基层群众性自治组织是指在城市和农村按居民的居住地区建立起来的居民委员会和村民委员会。它是建立在我国社会的最基层、与群众直接联系的组织，是在自愿的基础上由群众按照居住地区自己组织起来管理自己事务的组织。居委会、村委会等组织是与农民工直接打交道的机构，针对农民工的绝大部分服务和管理的工作都由居委会、村委会的工作人员执行。另外，居委会、村委会作为基层自治机构，可以吸收农民工积极参与，也可以针对本区域的农民工及其家属，自主设计相关的服务项目。

事业单位

事业单位是我国特有的一类组织形式，是指受国家行政机关领导，没有生产收入、所需经费由公共财政支出、不实行经济核算，主要提供教育、科技、文化、卫生等非物质生产和劳务服务的社会公共组织。事业单位接受政府领导，是表现形式为组织或机构的法人实体。事业单位的行为具有较强的公益性，其提供的服务具有很强的专业性。和农民工的公共服务密切相关的事业单位有公办幼儿园、中小学、成人教育机构、职业教育机构、职业认定机构、职业介绍中心、人才交流中心等。

社会组织

社会组织是指除政府与企业之外，向社会某个领域提供社会服务，具有非营利性、非政府性、志愿公益性或互益性特点的组织机构，我国的社会组织具体包括社会团体、基金会和民办非企业三大类（王名，2010：6）。社会组织既可以通过经营或者募捐使用非财政资金为农民工提供公共服务，也可以通过政府购买服务的形式使用财政资金来为农民工提供公共服务。社会组织提供的公共服务可以定位更为精确、内容更为专业、形式更为新颖。当前，向农民工提供公共服务的社会组织主要有慈善总会、基金会、社会工作服务机构、社会团体、民办幼儿园、民办教育机构、商会、行业协会等。

企业

企业不仅为农民工提供工作的机会，也能够向农民工提供一定的公共服务。尤其是建筑类企业和制造类企业，农民工的社保主要通过企业来办理，农民工的劳动安全、工会活动、劳动福利等都需要通过企业来得以保障。

2.5 公共服务机制

公共服务机制是一个社会中特定的公共服务得以顺利提供所依据的一系列规则和制度的组合。随着公共服务内容的不断细分以及公共服务主体的演变，公共服务的供给机制也在不断创新。Savas（2000）按照服务的生产者（service producer）和服务的安排者（service provider）的不同性质，把公共服务的供给机制分为四大类别（见表 2-3）。所谓服务的生产者，是指直接组织生产或直接向消费者提供服务的组织或机构，服务的安排者（提供者）负责指派生产者给消费者，指派消费者给生产者，或者选择服务的生产者。按照 Savas（2000）的分类，第一大类的制度安排是指公共服务的生产者和安排者都是公共部门，具体包括政府服务、政府间协议等方式。第二大类的制度安排是指生产者是私人部分，安排者是公共部门的供给机制，具体包括合同承包、特许经营、补助等形式。第三大类是指生产者是公共部门，安排者是私人部门的供给机制，具体包括政府出售等形式。第四大类是生产者是私人部门，安排者也是私人部门的供给机制，具体包括自由市场、志愿服务、自我服务、凭单制等形式。当前，农民工公共服务中常见的供给机制有直接提供、政府购买服务、公私伙伴关系（PPP）、准市场机制、社会规制、自我服务等。

表 2 - 3 公共服务供给的制度安排

生产者	安排者	
	公共部门	私人部门
公共部门	政府服务 政府间协议	政府出售
私人部门	合同承包 特许经营补助	自由市场 志愿服务自我服务凭单制

资料来源：Savas, E. S. Privatization and Public - Private Partnerships, New York: Seven Bridges Press LLC, 2000.

直接提供

直接提供是指公共服务主体直接向农民工或他们的家属提供特定的公共服务。在直接提供的情况下，公共服务所需的资金、提供公共服务的决策、公共服务的具体执行都主要发生在同一个公共服务主体的事务范围之内。按照公共服务主体的不同，直接提供机制又可以分为政府直接提供、群团组织直接提供、基层自治组织直接提供、事业单位直接提供、社会组织直接提供和企业直接提供等。

政府购买服务

根据 2014 年 12 月财政部、民政部、工商总局联合发布的《政府购买服务管理办法（暂行）》，政府购买服务是指通过发挥市场机制的作用，把政府直接提供的一部分公共服务事项以及政府履职所需服务事项，按照一定的方式和程序，交由具备条件的社会力量和事业单位承担，并由政府根据合同约定向其支付费用。政府购买服务运用的是财政资金，但是具体的服务提供则由承接政府购买服务的社会组织、企业或者事业单位来负责。政府购买服务实现了公共服务的决策和执行环节的分离，有利于节省财政资金、提高公共服务的专业性、提高公共服务的供给效率。

公私伙伴关系（PPP）

一般而言，PPP 是指公共部门和私人部门之间就提供公共物品而建立的各种形式的合作关系。财政部在《关于推广运用政府和社会资本合作模式有关问题的通知》（财金〔2014〕76 号，2014 年 9 月 23 日）中认为，

PPP 是指在基础设施及公共服务领域建立的一种长期合作关系。通常模式是由社会资本承担设计、建设、运营、维护基础设施的大部分工作，并通过"使用者付费"及必要的"政府付费"获得合理投资回报。政府部门负责基础设施及公共服务的价格和质量监管，以保证公共利益最大化。刘晓凯和张明（2015）认为，PPP 的典型模式是设计—建造—融资—运营，广义的 PPP 模式包括 BT（建造—转移）、BTO（建造—转移—运营）、BOT（建造—运营—移交）、BOOT（建造—拥有—运营—移交）、BOO（建造—拥有—运营）、DBFO/M（设计—建造—融资—运营/维护）以及服务合同、管理合同、租赁、特许经营、资产剥离等多种方式。

准市场机制（Quasi – markets）

准市场机制是一系列政府管制和市场规则相互混合而形成的机制。最早提出准市场机制概念的 Le Grand（1993）认为，准市场表现为供应商不一定关注利润，采购往往是通过专门预算下，由代表消费者的第三方进行。张樨樨和徐子轶（2015）认为，广义的准市场机制是指在公共服务领域引入一定的市场元素及其机制，狭义的准市场机制是指一种新的公共服务提供机制，他将市场竞争理念机制引入公共服务领域，旨在突破政府对公共服务垄断性供给局面，以期实现公共服务供给量和质的提升。

社会规制（Social Regulation）

社会规制是政府对社会关系领域指定的强制性或者指导性的规制。王健等（2002：82）认为，社会规制是政府运用行政和法律手段，辅之以社会管理手段对涉及生产、消费和交易过程中安全、健康、卫生、环保、提供信息、社会保障等社会行为进行规制，以协调社会成员的利益，增进社会福利，维护社会的公平和稳定。城市的最低工资制度、危险岗位的津贴制度、签订劳动合同的制度等都属于典型的社会规制。

自我服务（Self – service）

自我服务是指一个群体内部形成一定的组织形态，主要运用内生的资源，实现资源共享和互助互惠，从而达到为群体内部的成员提供公共服务的目的。大部分农民工在工作和生活中主要的交往对象仍然是农民工，农民工的自我服务更加容易贴近农民工的需要。在文艺、体育、娱乐、生活等方面，农民工并不一定都是需要外界照顾的弱势群体，农民工自身也有很强的技能、资金和智慧，在很多地方完全有能力为自己的群体提供一定的公共服务。另外，自我服务也体现了农民工自身的社会价值和尊严，有些农民工群体不仅可以为自己提供服务，还可以为其他社会群体提供服务，体现了农民工作为一个社会群体的价值和责任。

2.6　公共服务评价标准

公共服务的评价标准是应该提供哪些公共服务、公共服务提供的效果如何、公共服务的提供是否合理等问题的回答依据。公共服务的提供属于一个社会的公共事务，无论是由公共部门提供，还是私人部门提供，或是由两者合作提供，公共服务的必要性、效果以及成效都需要经受社会的评价。公共服务评价是公共服务提供过程中非常重要的环节。通过评价，人们可以发现现有的公共服务中存在的问题，然后寻找合适的修改方案。我国虽然没有建立统一的公共服务评价方法，但是近年来如上海、深圳、杭州等城市都在探索建立本地的公共服务评价体系。公共服务的评价标准比较多，最常用的有4E标准、满意度标准和公众参与标准，其中4E标准是指产出（Efficacy）、效率（Efficiency）、效果（Effectiveness）、公平（Equality）。

产出（Efficacy）标准

产出是对公共服务活动的直接衡量，包括服务多少人次、参加人数有多少、覆盖人数、培训人数、补助金发放人次和金额等。产出标准是衡量公共服务的基础性指标，适合具有服务人数、人次、参加者数量、金额等要素的公共服务，但是不同公共服务项目之间的产出不能够进行直接的比较，产出指标往往只是作为同一个项目进行横向比较，或者同一个公共服务项目在不同的地区之间进行比较。

效率（Efficiency）标准

效率是指公共服务的投入与产出之间的比较，同样的投入，产出较高的项目其效率也较高；同样的产出水平，投入较低的项目其效率就较高。

效率也指在提供公共服务的过程中没有资源浪费的情况。如果在提供公共服务的过程中存在不必要的资源浪费，效率就不够高，需要改进。

效果（Effectiveness）标准

效果是指公共服务产生的社会所期望的影响。对农民工而言，公共服务的效果可能是提高其就业能力、降低工伤事故发生率、提高农民工及家属的身体健康程度、提高留守儿童的学习成绩等。

公平（Equality）标准

公平是指公共服务的提供与否以及如何提供符合当事人和社会公众关于公平的认知。对于农民工的公共服务而言，公平是一个非常重要的标准，但同时也是一个比较复杂的标准。首先，公平标准要符合城乡公共服务均等化的要求。公共服务均等化是指政府要为社会公众提供基本的、在不同阶段具有不同标准的、最终大致均等的公共物品和公共服务。农民工和其他群体一样有获得公平的公共服务的权利。其次，农民工的公共服务需要考虑农民工的义务和权利的公平，考虑农民工特殊需求和公共服务特殊提供之间的公平。最后，农民工公共服务的公平还要考虑本地市民和其他群体之间对公平的感知。

满意度（Satisfaction）标准

满意是指一个人因为达到某个目标而产生的一种情绪状态，是一种个人的心理感受或心理状态，包括认知、情感、态度、情绪、愿望和信念等（刘武，2009：40）。和工商企业采取顾客满意度测量一样，公共部门对服务接受者的满意度进行测量。公共服务接受者对公共服务内容以及提供机构的满意度是对公共服务最根本的评价。

公众参与（Public Participation）标准

公众参与是指在公共服务的决策、计划、提供、评价等环节，让公共服务的接受者或者其他公众能够依据一定的程序参与其中。公众参与既是公共服务供给机制的一种，也是评价公共服务的重要指标。较高的公众参与往往意味着公共服务更具有回应性，更具有公平性和透明度。

第三章

农民工的劳动就业服务

农民工离开自己的户籍所在地，进入城市或者发达地区的农村，其首要目的是为了获得更好的工作岗位、更高的劳动报酬、更广阔的职业发展空间。因此，获得一份满意的工作是农民工最基本的需求。有了稳定的工作，农民工才有了在城市安身立命的基础。但是，对于很多农民工而言，要实现这个最基本的愿望并不容易。

农民工 F 的案例

F 今年 33 岁，男性，已婚，看上去也很年轻，但是他已经是一个"老"农民工了。他为了接受我们的访谈，特意从苏州坐火车赶到杭州，这令我们非常感动。F 出生在安徽农村，读初中的时候，成绩不太好，处于叛逆期，和父母的关系非常僵。他决心离开父母，去一个很远的地方打工。大约 13 岁的时候，他独自坐火车到广州，希望在广州找到工作。但是他没有什么技能，只能找到一些临时性的工作，经常换工作，也经常搬家。他都记得自己搬了多少次家。打工的过程中危险重重。他有一次被一伙犯罪分子劫持，最后身无分文跑了出来。他后来跟着亲戚到西安、西宁等西部城市打过工，在亲戚的制衣作坊中干活。2003 年，F 来到杭州，在一家服装加工厂工作。2011 年，F 到苏州找到了一份电子工厂的工作，工资更高，工作也比较稳定。2013 年，F 在父母的催促下和同乡的一位女孩结婚了，他们打算在苏州安家，将来有条件了，还打算把双方的父母接到苏州去生活。

（访谈日期：2015 年 7 月）

大部分农民工和案例中的 F 一样，他们在工作初期没有很好的工作技能，只能在工作中边干边学，以工作经验代替工作技能。他们大部分情况下依靠亲戚、朋友、老乡等提供工作信息，在职业生涯中会出现较多曲折。在现代社会中，劳动就业是重要的民生问题，政府和其他机构会提供很多重要的支持。这样的支持称为公共就业服务。2000 年，劳动和社会保障部发布的《劳动力市场管理规定》中指出，公共就业服务是指由各级劳动保障部门提供的公益性就业服务，包括职业介绍、职业指导、就业训练、社区就业岗位开发服务和其他服务内容。

3.1　农民工的劳动就业现状

近年来，由于房租、日用品等物价上涨，农民工的工资也呈上升趋势。根据国家统计局发布的《2015 年农民工监测调查报告》的数据，2015年，农民工的人均月收入为 3072 元，比 2014 年增加 208 元，增幅为7.2%。农民工工资的行业间差距比较大。平均工资最高的是交通运输、仓储和邮政业，2015 年的人均月收入为 3553 元，平均工资最低的是居民服务、修理和其他服务业，2015 年的人均月收入为 2686 元。总体来看，农民工的劳动就业状况虽然有所改善，但是仍然处于社会就业的底层。农民工就业的层次低、收入低、工作环境差、工作稳定性差，拖欠农民工工资的事件仍然时有发生。

我们的问卷调查对象主要集中在大城市，农民工的平均收入比全国的水平要高一些。在 686 份有效问卷中，11.0% 的农民工选择月收入在 2000元及以下，38.1% 的农民工选择月收入在 2001 ~ 4000 元，24.4% 的农民工选择月收入在 4001 ~ 6000 元，10.7% 的农民工选择月收入在 6001 ~ 8000元，12.6% 的农民工选择月收入在 8000 元以上。由此可见，农民工内部的收入差距也非常大。从行业来看，在开展问卷调查的北京、上海、深圳、杭州、南京等这些大城市中，农民工从事服务业的比例比较高，占被访者总数的 29.83%，电子、机械制造业次之，占被访者总数的 17.84%，然后依次是建筑业、纺织和服装业、交通运输业，占被访者总数的比重分别为7.75%、7.60% 和 3.36%（见图 3 - 1）。

从农民工外出务工的主要原因（多选题）来看，被调查者的回答既体现了务实的一面，又体现了理想的一面。在 709 份有效问卷中，51.76% 的被访者选择自己外出务工的主要原因是"年轻人想出来闯一闯，大城市机

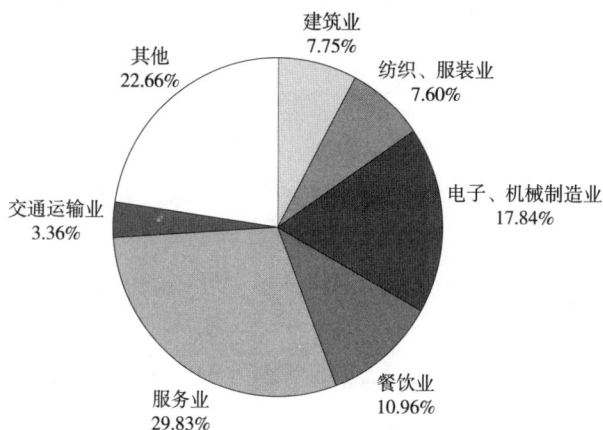

图 3 - 1　农民工的职业分布

会多"，31.73% 的被访者认为主要原因是"家乡务农收入太低"，26.66% 的被访者认为主要原因是"为了让子女接受更好的教育"（见图 3 - 2，本题为多选题，各项百分比之和可能超过 100%）。

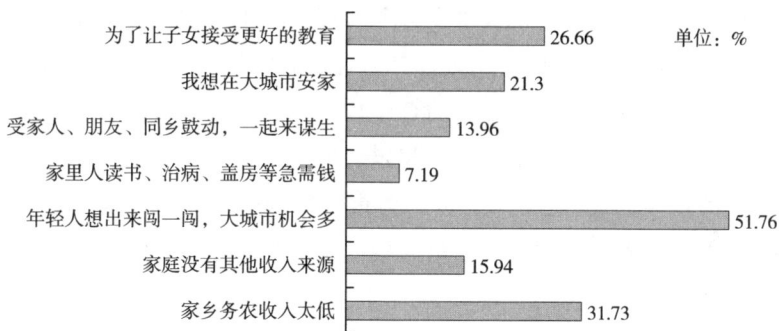

图 3 - 2　农民工外出务工的原因

　　城市不仅是农民工的工作场所，也是农民工学习和获得新技能的场所。2008 年金融危机以来，很多大城市因为产业转型升级的需要，主动加大对农民工的职业训练力度，希望农民工通过职业培训提升自己的能力，以适应新兴产业发展的需要。图 3 - 3 表示在问卷调查的城市中，农民工回答了接受新的技能培训或者获得新的职业技术资格的比重。从调查的结果来看，上海市的农民工接受职业培训的比例最高，为 22.8%，其次是深圳，回答获得新的技能培训或者获得新的职业技术资格的农民工比重为 18%，其他三个城市北京、南京和杭州的比重分别为 16.2%、14.3% 和 9.2%。

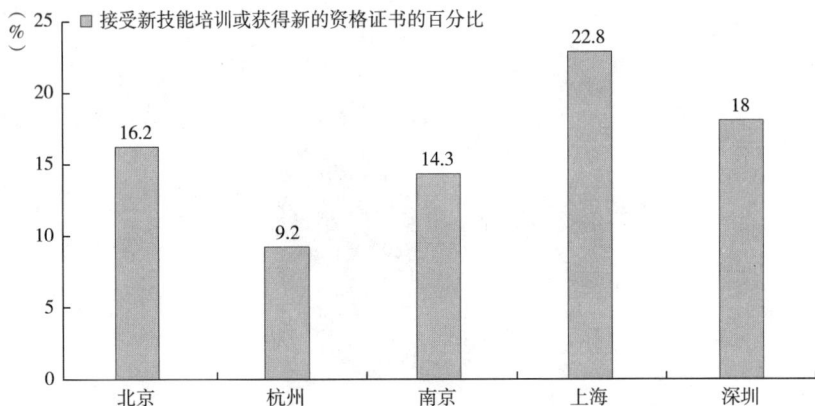

图3-3　农民工接受新技能培训或获得新的资格证书的情况

3.2　劳动就业公共服务的政策和法规

行政法规

进入21世纪以来，大量的农民工和大学毕业生涌向就业市场，就业成为重要的民生问题，同时也催生了劳动力市场的迅速发展。2000年11月，劳动和社会保障部发布了《劳动力市场管理规定》，旨在发展和规范劳动力市场，保护劳动者和用人单位的合法权益。《劳动力市场管理规定》虽然没有专门针对农民工的就业做出规定，但是对于一般的劳动和就业服务具有很强的指导意义。首先，《劳动力市场管理规定》指出劳动者有接受相关的教育和培训的权利，其中第五条规定：劳动者年满16周岁，有劳动能力且有就业愿望，符合法律规定条件，可凭本人身份证件和接受教育、培训的相关证明，通过职业介绍机构介绍或直接联系用人单位等渠道求职。劳动者就业前，应当接受必要的职业教育或职业培训。城镇初高中毕业生就业前应参加劳动预备制培训。其次，《劳动力市场管理规定》提出劳动者在失业期间需要进行失业登记，第六条规定：在法定劳动年龄内，有劳动能力且有就业要求的城镇失业人员，应当进行失业登记。失业人员凭失业登记证明享受公共就业服务、就业扶持政策或按规定申领失业保险金。失业登记的具体程序和失业登记证明的样式，由省级劳动保障行政部门统一规定。最后，《劳动力市场管理规定》指出地方政府有提供公共就业服务的义务，第二十七条规定：直辖市和设区的市劳动保障行政部门应统筹管理本行政区域内公共职业介绍机构和公共就业服务工作。

表 3-1　农民工劳动就业服务的主要行政法规（一）

法规名称	主要目标	具体措施
《劳动力市场管理规定》	劳动者接受教育和培训	劳动者年满 16 周岁，有劳动能力且有就业愿望，符合法律规定条件，可凭本人身份证件和接受教育、培训的相关证明，通过职业介绍机构介绍或直接联系用人单位等渠道求职。劳动者就业前，应当接受必要的职业教育或职业培训。城镇初高中毕业生就业前应参加劳动预备制培训。
	失业登记	在法定劳动年龄内，有劳动能力且有就业要求的城镇失业人员，应当进行失业登记。失业人员凭失业登记证明享受公共就业服务、就业扶持政策或按规定申领失业保险金。失业登记的具体程序和失业登记证明的样式，由省级劳动保障行政部门统一规定。
	公共就业服务	直辖市和设区的市劳动保障行政部门应统筹管理本行政区域内公共职业介绍机构和公共就业服务工作。

2003 年，国务院办公厅发布了《国务院办公厅关于做好农民进城务工就业管理和服务工作的通知》（国办发〔2003〕1 号）（以下简称《通知》），这是第一个专门针对农民工的系统性行政法规。关于农民工的劳动就业公共服务，2003 年国务院办公厅的通知主要有四个方面的规定。第一，《通知》明确要求取消对农民进城务工就业的不合理限制，规定：各地区、各有关部门要取消对企业使用农民工的行政审批，取消对农民进城务工就业的职业工种限制，不得干涉企业自主合法使用农民工。这条规定在很大程度上保证了农民工的"迁徙自由"，农民工可以到任何可以工作的地方工作。第二，《通知》要求切实解决拖欠和克扣农民工工资问题，规定：用人单位必须依法与农民工签订劳动合同。用人单位必须以法定货币形式支付农民工工资，不得以任何名目拖欠和克扣。第三，《通知》要求改善农民工的生产生活条件，规定：使用农民工的单位，必须按照国家标准和行业要求，为农民工提供必要的安全生产设施、劳动保护条件及职业病防治措施。从事矿山、建筑和危险物品生产经营作业的农民工上岗前必须依法接受培训。第四，《通知》指出了做好农民工培训工作的重要性，规定：各地区、各有关部门应把农民工的培训工作作为一项重要任务来抓，结合实际，制定专门的培训计划，提高农民工素质。流出地政府在组织劳务输出时，要搞好农民工外出前的基本权益保护、法律知识、城市生

活常识、寻找就业岗位等方面的培训，提高农民工遵守法律法规和依法维护权益的意识。无论是农民工的输出地政府，还是农民工的输入地政府，都有责任向农民工提供必要的技能培训、法律培训、安全培训，有责任改善农民工的工作条件，保证农民工获得合理的工作报酬。

表 3-2   农民工劳动就业服务的主要行政法规（二）

法规名称	主要目标	具体措施
《国务院办公厅关于做好农民进城务工就业管理和服务工作的通知》(国办发〔2003〕1号)	取消对农民进城务工就业的不合理限制	各地区、各有关部门要取消对企业使用农民工的行政审批，取消对农民进城务工就业的职业工种限制，不得干涉企业自主合法使用农民工。
	切实解决拖欠和克扣农民工工资问题	用人单位必须依法与农民工签订劳动合同。用人单位必须以法定货币形式支付农民工工资，不得以任何名目拖欠和克扣。
	改善农民工的生产生活条件	使用农民工的单位，必须按照国家标准和行业要求，为农民工提供必要的安全生产设施、劳动保护条件及职业病防治措施。从事矿山、建筑和危险物品生产经营作业的农民工上岗前必须依法接受培训。
	做好农民工培训工作	各地区、各有关部门应把农民工的培训工作作为一项重要任务来抓，结合实际，制定专门的培训计划，提高农民工素质。流出地政府在组织劳务输出时，要搞好农民工外出前的基本权益保护、法律知识、城市生活常识、寻找就业岗位等方面的培训，提高农民工遵守法律法规和依法维护权益的意识。

2014年，国务院发布了《关于进一步做好为农民工服务工作的意见》（国发〔2014〕40号），其中提出要实施农民工职业技能提升计划，对农村转移就业劳动者开展就业技能培训，对农村未升学初高中毕业生开展劳动预备制培训，对在岗农民工开展岗位技能提升培训，对具备中级以上职业技能的农民工开展高技能人才培训，将农民工纳入终身职业培训体系。

法律

和农民工的劳动就业公共服务比较相关的法律有《劳动法》和《就业

促进法》。自 1995 年 1 月 1 日开始实施的《中华人民共和国劳动法》主要规定了劳动者不受歧视的劳动权、劳动合同签订、公民劳动权益的保护等，其中第十二条规定：劳动者就业，不因民族、种族、性别、宗教信仰不同而受歧视。《劳动法》颁布的时候，农民工问题还没有引起社会的广泛关注，因此，《劳动法》中没有特别针对农民工的条款。

自 2008 年 1 月 1 日开始实施的《中华人民共和国就业促进法》对农民工的劳动就业有比较详细的规定。首先，《就业促进法》明确了各级政府部门负有促进就业的责任，例如第五条规定：县级以上人民政府通过发展经济和调整产业结构、规范人力资源市场、完善就业服务、加强职业教育和培训、提供就业援助等措施，创造就业条件，扩大就业。其次，《就业促进法》明确指出了相关的群团组织也负有促进就业的责任，其中第九条规定：工会、共产主义青年团、妇女联合会、残疾人联合会以及其他社会组织，协助人民政府开展促进就业工作，依法维护劳动者的劳动权利。最后，《就业促进法》明确规定政府对农村富裕劳动力的转移负有特殊责任，其中第二十二条规定：各级人民政府统筹做好城镇新增劳动力就业、农业富余劳动力转移就业和失业人员就业工作。最后，《就业促进法》还强调保障公平就业，规定各级人民政府创造公平就业的环境，消除就业歧视，制定政策并采取措施对就业困难人员给予扶持和援助。

表 3-3　农民工劳动就业服务相关的主要法律

法规名称	主要目标	具体措施
《中华人民共和国就业促进法》	政府促进就业的责任	县级以上人民政府通过发展经济和调整产业结构、规范人力资源市场、完善就业服务、加强职业教育和培训、提供就业援助等措施，创造就业条件，扩大就业。
	群团组织促进就业的责任	工会、共产主义青年团、妇女联合会、残疾人联合会以及其他社会组织，协助人民政府开展促进就业工作，依法维护劳动者的劳动权利。
	促进农民工就业	各级人民政府统筹做好城镇新增劳动力就业、农业富余劳动力转移就业和失业人员就业工作。
	保障公平就业	各级人民政府创造公平就业的环境，消除就业歧视，制定政策并采取措施对就业困难人员给予扶持和援助。

《就业促进法》还规定，国家实行城乡统筹的就业政策，建立健全城乡劳动者平等就业的制度，引导农业富余劳动力有序转移就业。县级以上地方人民政府推进小城镇建设和加快县域经济发展，引导农业富余劳动力就地就近转移就业；在制定小城镇规划时，将本地区农业富余劳动力转移就业作为重要内容。县级以上地方人民政府引导农业富余劳动力有序向城市异地转移就业；劳动力输出地和输入地人民政府应当互相配合，改善农村劳动者进城就业的环境和条件。县级以上人民政府关于促进本地区就业都设有专项资金。根据《就业促进法》，政府的就业专项资金主要用于职业介绍、职业培训、公益性岗位、职业技能鉴定、特定就业政策和社会保险等的补贴，小额贷款担保基金和微利项目的小额担保贷款贴息，以及扶持公共就业服务等。

农民工工资保证制度

农民工在劳资谈判的过程中处于弱势，每到年底，拖欠农民工工资导致的农民工讨薪事件在全国各地都有发生。为了维护农民工的切身权益，2006 年 1 月，国务院发布了《国务院关于解决农民工问题的若干意见》（国发〔2006〕5 号），该文件指出要抓紧解决农民工工资偏低和拖欠的问题，要求各地建立农民工工资支付保障制度。根据该文件的精神，很多地方政府都建立了农民工工资保证制度。例如，武汉市在 2015 年建立了建设领域农民工工资保证金，规定在新开工项目的建设单位在办理施工许可证前，应当按照施工总承包合同价款总额的 5‰向人力资源（社会保障）行政部门缴纳农民工工资保证金，最高不超过 200 万元。农民工工资保证金专门用于施工项目发生农民工讨薪突发事件的处理，如果建筑企业在该项目工程建设过程中克扣、拖欠农民工工资导致发生突发事件的，经农民工申请，区人力资源（社会保障）行政部门核实后，可从工资保证金中垫付农民工被拖欠、克扣的工资。[①] 北京、天津、新疆等地都建立了类似的农民工工资保证金制度。

---

① 根据《武汉市建设领域农民工工资保证金管理办法（试行）》的通知（武人社发〔2015〕59 号）。

3.3 劳动就业公共服务的主要项目

除了建立针对农民工的劳动就业公共服务制度，政府部门、群团组织、社会组织和相关企业还启动了一些专门的公共服务项目，以项目的形式为农民工提供更加具有针对性的公共服务。这些项目主要包括"春风行动"和"雨露计划"。

春风行动

春风行动是人力资源和社会保障部联合扶贫办、总工会和妇联发起的系列活动，该活动旨在帮助农民工提高工作技能、寻找更好的工作机会。2008年9月，国务院办公厅转发人力资源和社会保障部《关于促进以创业带动就业工作指导意见的通知》，要求各省、自治区、直辖市人民政府，国务院各部委、各直属机构从放宽市场准入、改善行政管理、强化政策扶持、拓宽融资渠道、加大培训力度、提高培训质量、建立孵化基地、健全服务组织、完善服务内容、提供用工服务等十多个方面加强针对农民工的创业扶持、技能培训、职业介绍等方面的综合服务。该《通知》的一个显著特点就是拉开了各级政府部门共同关注农民工问题，主动寻求改善农民工就业困境，促进农民工就业创业的序幕。

春风行动一般在每年春节农民工开始返城期间举行，大概从2月中旬持续到3月底。每年的春风行动虽然有相同的内容，但有着不同的主题和侧重点。例如，2016年春风行动的主体是"搭建供需平台、促进转移就业"，侧重于将促进农村贫困人口转移就业作为工作重点。春风行动的常规性活动内容包括：（1）广泛收集求职者和用人单位两方面的信息。（2）多渠道为农民工提供岗位和政策信息，提高农民工的就业质量。（3）组织针对农民工的专场招聘会。（4）有针对性为农民工提供技能培训服务。（5）扶持农民工返乡创业，提供创业技能培训和政策扶持。（6）开展农民工就业服务的宣传工作。

春风行动主要由各级人力资源和社会保障部门、扶贫办、工会和妇联等组织举办和推进，其他部门也会根据自己的业务范围和工作特点开展独具特色的春风行动。例如，江苏省司法厅从2016年3月上旬到6月中旬开展了司法系统的春风行动，主要开展了"走进企业"法律服务活动、农民工和困难群众权益保障活动、特殊人群帮困扶助活动、法律服务提质增效活动。

雨露计划

雨露计划是由国务院扶贫开发领导小组办公室发起的针对贫困地区农村青年的职业培训项目。雨露计划从 2002 年开始实施，至今已经有 14 年的历史。雨露计划的实施对象主要包括：（1）扶贫工作建档立卡的青壮年农民。（2）贫困户中的复员退伍士兵。（3）扶贫开发工作重点村的村干部和能帮助带动贫困户脱贫的致富骨干。（4）中职或高职的在校学生。雨露计划由县一级的扶贫办具体组织，由于各地的资源和资金不同，在具体的培训内容和培训补助金额方面也不一样。以广西壮族自治区的天峨县为例，该县的雨露计划惠及的培训项目包括普通高校本科学历教育（一本和二本）、职业学历教育、扶贫巾帼励志班、短期技能培训、农民实用技术培训五大类。其中短期技能培训的补助标准是 A 类培训每人每期 3500 元，B 类培训每人每期 3000 元，C 类培训每人每期 2500 元。

3.4 农民工输入地的劳动就业公共服务

农民工的劳动和就业活动主要发生在输入地，按照公共服务的就近提供原则，输入地政府是农民工劳动就业公共服务的主要提供者。输入地政府为农民工提供的劳动就业公共服务主要包括：（1）职业介绍服务。（2）技能培训服务。（3）劳动维权服务。

职业介绍服务

几乎所有的大城市都建立了针对农民工的职业介绍服务机构。从 2009 年开始，上海规定所有公共就业服务机构向农民工免费开放。上海市不仅有市级层面的职业介绍中心，而且每个区都设有职业介绍分中心。深圳市职业介绍服务中心（深圳市农民工就业服务中心）为户籍居民和外来劳动者提供政策咨询和免费的就业服务。职业介绍中心每年会举办多场面向农民工的招聘会。免费的就业服务中心使得农民工在就业过程中有了可靠的信息来源，减少了农民工在就业过程中上当受骗的可能。

技能培训服务

对人力资源的投资是最好的投资。虽然农民工群体具有较强的职业流动性和地域流动性，很多大城市仍然选择为农民工提供免费或者优惠的技能培训服务。上海市对于本地企业和经济发展急需人才（绿化工、钟表维修工、中式烹调师、西式烹调师、社会工作者等）的技能培训实行补贴政策，无论参加培训的人是否为本地户籍，只要在上海市内的企业参加工作就能够获得技能培训的补贴。上海市人力资源和社会保障局发布的《2013～2015 年上海市农民工技能提升行动计划》提出，三年时间内完成 50 万农民工职业技能培训，其中在岗农民工国家职业资格等级的技能培训不低于50%，每年培养外来农民工高技能人才 1 万人，外来技能劳动者中的高技能人才比例每年提高 1 个百分点，使农民工技能结构比例更趋合理。江苏省政府出台的《关于进一步加强为农民工服务工作的实施意见》指出，到 2020 年，实现有培训愿望的农民工免费接受基本技能职业培训覆盖率达 100%。

劳动维权服务

农民工的劳动维权既是一个法律问题，也是一个社会问题。农民工的劳动维权首先依靠人力资源和社会保障部门的监察执法，对企业违反劳动保障法规的行为进行查处。其次，农民工的劳动维权可以通过工会的职工维权中心得到保障。各地总工会都设有维权中心或者法律工作部，负责维护职工的劳动权利。最后，农民工的劳动权利还可以通过第三方的机构得到维护。例如，南京市住建委下设的关爱农民工志愿服务中心具有保护农民工劳动权益的功能。

3.5　农民工输出地的劳动就业公共服务

输出地是农民工的"娘家"，输出地政府主要负责信息调查和提供、创业扶持等方面的公共服务。

信息调查和提供

输出地的劳动保障部门负责对本地劳动力就业情况进行登记，掌握本地居民外出务工的信息。基层政府为农民工提供外出务工证明。条件较好的输出地政府也从事招聘信息的收集和发布，让农民工不用出远门就能够了解初步的就业信息。有些输出地政府还直接和当地农民工主要就业地点的职业介绍中心取得联系，由输出地政府负责组团向外地输送农民工。

创业扶持

政府对农民工的创业扶持分为两种情况。第一种情况是发达地区地方政府对本地农民的创业扶持。例如，宁波市江北区早在 2007 年就通过发放小额贷款（创业贷款、开业贷款）的形式支持本地农村户籍的进城人员创业。2007 年，宁波市江北区还成立了浙江省第一家失业人员的"创业俱乐部"，该俱乐部致力于沟通政府与创业者、创业者与创业者之间的关系，充分整合政府和社会资源，为会员提供完整、系统的创业信息、创业指导以及劳动保障政策等方面的指导（严慎：2009）。由于地方政府和工会提供的创业扶持小额贷款有很强的公共服务属性，因此这部分服务往往只针对具有本地户籍的农民工。在我们调研的北京、上海、南京、杭州、深圳等大城市，政府的创业扶持小额贷款基本上不针对外地户籍的农民工。

第二种情况是农民工输出地政府针对返乡农民工提供的创业支持。例如，安徽省从 2008 年开始就加强对返乡农民工进行职业培训，并提供创业支持。其中，2008～2010 年安徽省分三批完成了 300 个农民产业园的建设，2011 年又启动了第四批 50 个农民创业园的建设（张茜：2013）。2015年 6 月，国务院办公厅发布了《关于支持农民工等人员返乡创业的意见》，对输出地政府完善农民工等人员返乡创业的公共服务做出了系统性的规定，要求降低农民工返乡创业门槛，落实定向减税和普遍性降费政策，加大财政支持力度。

3.6 农民工劳动就业公共服务的完善对策

从政策层面来看，无论是输出地政府还是输入地政府，针对农民工劳动就业的公共服务内容已经相当丰富。但是，从这些政策实际执行的情况来看，仍然有很多需要完善的地方。

首先，劳动就业公共服务的使用率不高。政府针对农民工的技能培训项目侧重于家政、绿化、烹饪、修理等城市居民不愿意从事的行业。农民工群体正处于新老交替的阶段，随着老一代农民工逐渐退出劳动力市场，家政、绿化、烹饪、修理等传统上由农民工承担的工作出现了一定的劳动力短缺的问题。但是，新生代农民工大多不愿意从事这些行业，他们的择业偏好和城市居民的择业偏好没有明显的区别。因此就出现了政府希望农民工参加的培训农民工不愿意去，农民工希望参加的培训政府又不提供。政府提供的职业介绍服务也有同样的问题。政府部门每年都会组织农民工专场招聘会，但是来参加的基本上都是年龄比较大的农民工。因此，在设计技能培训项目和开展职业介绍的时候，政府应该多考虑新生代农民工的需求特征。

其次，劳动就业公共服务的达到率不高。针对农民工的劳动就业服务内容很多，但是真正达到农民工的却不多。农民工劳动就业公共服务的宣传不够，大部分农民工对本地的政府、政策、公共服务不甚了解。人力资源和社会保障部门、工会等机构缺乏能够和农民工进行持续沟通的渠道。在这个问题上，王飞（2013）主张依靠城市社区的力量，通过社区工作人员和在社区居住的农民工建立稳定的联系。有了社区这张网，人力资源和社会保障部门、工会等机构就能够掌握本地区农民工的就业状况，向他们持续提供劳动和就业方面的信息。

最后，劳动就业公共服务存在明显的户籍差别。在政府提供的职业培训方面，外地户籍的农民工和本地居民在培训课程、补助程度上存在明显的差别。政府的创业支持小额贷款基本上只面向本地户籍的农民工。像北京、上海、深圳、杭州、南京这样的大城市，本地户籍人口很少参加政府提供的职业培训，创业扶持小额贷款属于发展性公共服务，申请者的绝对数量并不高。因此，在职业技能培训和创意支持小额贷款方面，即使在职业技能上完全采取同城待遇，财政上的负担并不会明显增加，现在的户籍差别更多的是象征上的意义。农民工的劳动就业服务归根到底是为了本地经济的长远发展而设计，因此，在提供职业技能培训和创业支持小额贷款的时候，更应当考虑的是农民工人力资本的提升和创业成功率的大小，而不是农民工的户籍。

第四章

农民工的社会保障服务

　　每个人的一生中都会遇到疾病、失业、年老、生育、事故、残疾、贫穷等多方面的风险。传统社会依靠村社、家族、宗族的力量帮助人们克服风险，现代社会则主要依靠政府或者其他公共机构建立社会保障制度来帮助人们应对风险，使得任何一个公民都不会因为风险而失去公平竞争和正常发展的机会。因此，社会保障是一个公民应该获得的非常重要的公共服务之一。世界各国的社会保障制度不同，对社会保障的理解和定义也不一样。根据郑功成（1994：5～6）的定义，社会保障是国家或社会依法建立的、具有经济福利性的、社会化的国民生活保障系统。在我国，社会保障包括各种社会保险、社会救助、社会福利、军人福利、医疗保障、福利服务以及各种政府或企业补助、社会互助等社会措施。

农民工 R 的案例

　　R 今年 30 岁，男性，未婚，在外打工已经有 16 年的经历。R 还是小孩的时候母亲因病去世，父亲农闲的时候在武汉的一个亲戚办的家庭作坊里打工，农忙的时候回家干一些农活。R 的儿童时代就是在不同的亲戚家寄养中度过。小学三年级之前，R 的学习成绩还非常好，期末考试常常能够拿到班里的第一名。但是，长期的寄养生活还是对学习习惯、学习能力造成了无可挽回的影响。上初中的时候，R 已经非常厌学，常常去镇上的游戏厅。初中还没有毕业，刚刚 14 岁的 R 就跟着父亲到了广东省中山市打工。中山市的电子厂、服装厂、玩具厂很多，年轻人很容易找到工作。起初 R 在一家服装厂工作，负责熨衣服。当时他对自己的工资收入还比较满意。不过，他不知道工厂是否为自己交了社保。R 的父亲也在中山市打工。两人的距离不远，节假日还经常可以见面。每年的春节，R 和父亲一起回老家过年，春节过后再到广东打工，年年如此，就像候鸟一样。十多年来，经济形势有好有坏，R 每年都想找一个工资更高的工作。也遇到过打工的工厂倒闭、关门、老板跑路等情况。R 找工作的范围主要在中山市、东莞市、番禺市等地。R 如今在一家生产电路的工厂工作。近几年政府强制要求企业为农民工购买社会保险，R 曾经打听过工厂为自己交了哪些社会保险，才知道有医疗保险、养老保险和工伤保险这些名词。但是 R 几乎没有使用过这些保险。平时身体的小毛病，一般到附近的诊所去看看就可以解决。R 喜欢选择包吃包住的工厂，这样生活开支小，有更多的时间加班，每年能够存 5 万元的工资。R 和父亲决定用攒起来的钱在老家盖一栋三层的楼房，希望能够碰到一位心仪的姑娘。

R 关于社会保障的接触和认知在农民工中非常具有代表性。尽管中央和很多地方政府部门严格要求用工企业为农民工足额缴纳相应的社会保险，但是由于制度设计、企业政策以及农民工自身认识等多方面的原因，农民工在获得社会保障方面还存在着很多困难。

4.1　农民工社会保障现状

2011 年 7 月 1 日起实施的《中华人民共和国社会保险法》第二条规定：国家建立基本养老保险、基本医疗保险、工伤保险、失业保险、生育保险等社会保险制度，保障公民在年老、疾病、工伤、失业、生育等情况下依法从国家和社会获得物质帮助的权利。因此，获得相应的社会保险是中华人民共和国公民的法定权利。该法第九十五条还特别规定，进城务工的农村居民依照本法规定参加社会保险。农民工和城镇居民一样应该被纳入社会保障的范围。但是，当前我国的社会保障制度仍然处于多轨并行的局面。在医疗保险方面，有城镇居民医疗保险、城镇职工医疗保险、新型农村合作医疗三种社会保险并行。在养老保险方面，有城镇居民养老保险、城镇职工养老保险、新型农村社会养老保险等。不同的社会保险在缴费比例、办理程序、享受待遇等方面各不相同。另外，我国的社会保障政策虽然由中央政府统一指导，但是具体实施则由县市一级的地方政府负责。地方政府在具体的制度设计上有很大差异。社会保障制度的多轨并行和地域分割使得在不同地区之间流动的农民工难以获得高质量的社会保障服务。

农民工参加社会保险的比例较低

社会保险是社会保障体系的主要部分，对农民工的切身利益有很大影响，但是农民工参加社会保险的比例并不高。根据国家统计局发布的《全国农民工监测调查报告》，2014 年我国农民工参加养老保险、工伤保险、医疗保险、失业保险、生育保险的比例分别为 16.4%、29.7%、18.2%、9.8%、7.1%。2008~2014 年，农民工参加社会保险的比例虽然有较大幅度的提高，但是总体比例不高，而且近年来参保率的增长速度在变慢（见表 4 - 1）。

表 4 - 1　外出农民工参加社会保险的比例

单位:%

年份 险种	2008	2009	2010	2011	2012	2013	2014
养老保险	9.8	7.6	9.5	13.9	14.3	15.7	16.4
工伤保险	24.1	21.8	24.1	23.6	24.0	28.5	29.7
医疗保险	13.1	12.2	14.3	16.7	16.9	17.6	18.2
失业保险	3.7	3.9	4.9	8.1	8.4	9.1	9.8
生育保险	2.0	2.4	2.9	5.6	6.1	6.6	7.1

资料来源：根据 2009~2014 年《全国农民工监测调查报告》相关数据整理。

农民工参加社会保险的比例受很多因素的影响。从险种来看，农民工参加工伤保险的比例最高，参加医疗保险的比例次之，参加失业保险和生育保险的比例非常低。2004 年，劳动和社会保障部专门下发的《关于农民工参加工伤保险有关问题的通知》（劳社部发〔2004〕18 号）中规定：农民工参加工伤保险、依法享受工伤保险待遇是《工伤保险条例》赋予包括农民工在内的各类用人单位职工的基本权益，各类用人单位招用的农民工均有享受工伤保险待遇的权利。另外，农民工从事的建筑、生产制造、采掘、交通运输等行业的职业风险比较高，企业也希望通过缴纳工伤保险化解一部分生产风险。因此，农民工参加工伤保险的比例比较高。

从地域来看，东部地区的农民工参保率最高，西部地区和中部地区农民工的参保率不高，但是西部地区农民工的参保率比中部地区农民工的参保率高。以工伤保险为例，2014 年，东部地区的农民工参保率约为 30%，西部地区约为 20%，中部地区约为 18%（江泽清，2015）。

从学历和年龄来看，学历较高的农民工参加社会保险的比例要高一些，新生代农民工参加社会保险的比例也高于年龄较大的农民工。根据张辛欣（2016：22）的调查，2013 年，长三角、珠三角地区新生代农民工参加养老保险、失业保险、工伤保险、医疗保险、生育保险的比例分别为 44.45%、27.26%、53.57%、52.09%、23.48%，比全国的平均水平高很多。

农民工不愿意参加社会保险的主要原因有：费用太高、对社保了解太少、续保和转接不方便、社保的待遇不高、投保手续复杂、不相信社保等。

企业的员工福利支出比例高

农民工社会保险的参加率太低，很大一部分原因是农民工所在的企业采取了规避社保责任的做法。但是对于一部分中小企业而言，当前的税负再加上员工的社会保障支出，企业的负担已经达到比较高的水平。我国的企业一般需要缴纳增值税、营业税、消费税，此外还需要缴纳 13% 的附加税费，包括 7% 的城市维护建设费、5% 的教育费附加和 1% 的防洪费。

企业员工的社会保险支出根据当地政府规定的社会保险缴费基数和费率进行计算。以山东省莱芜市为例，该市规定（莱政办发〔2012〕10 号），职工按照个人上年度月工资总额确定缴费基数，单位按照全部参保职工缴费基数之和确定缴费基数，个人的缴费基数不能超过全市上年度在岗职工平均工资的 300%，不能低于全市上年度在岗职工平均公资的 60%。以正常的民营企业为例，企业承担的五项保险缴费比例为职工工资总额的 25.5%（元晓丽，2016：21）。

表 4-2 山东省莱芜市各项社会保险缴费比例

单位：%

保险项目	单位承担缴费比例	个人承担缴费比例
养老保险	国有、集体企业 18	8
	民营企业 16	8
		自由职业者 20
医疗保险	7	2
	困难企业 5	个人不缴费
失业保险	1	0.5
工伤保险	风险较小行业 0.5	
	中等风险行业 1.0	个人不缴费
	风险较大行业 2	
生育保险	1	个人不缴费

资料来源：元晓丽：《农民工社会保障问题研究——以莱芜市为例》，山东大学政治学与公共管理学院，2016，第 22 页。

由于企业的社保缴费基数和全市的平均工资挂钩，导致一些利润率低的行业社保支出的相对比重会高于平均水平。农民工从事的行业大多属于劳动密集型行业，员工工资和福利开支占经营成本的比重较高。因此，一部分农民工所在的企业感觉社保支出明显加重了企业负担。加上部分农民工认为社会保险对自己作用不大，很多情况下默认了企业漏缴社保的行为。

农民工获得的社会救助很少

社会救助是国家和其他社会主体对于遭受自然灾害、失去劳动能力或者其他低收入公民给予物质帮助或精神救助，以维持其基本生活需求，保障其最低生活水平的各种措施。我国的社会救助政策主要包括针对城镇居民的最低生活保障制度和针对农村居民的"五保户"制度。农民工的生活处于农村和城镇之间，成为被社会救助制度遗漏的对象。因此，一旦农民工家庭因疾病、事故、灾害等原因陷入贫困，将很难得到制度化的救助。

农民工的社会福利难以落实

社会福利是国家和社会通过社会化的福利津贴、实物供给和社会服务，满足社会成员的生活需要并促使其生活质量不断得到改善的一种社会政策（郑功成，2004：20～21）。我国针对劳动者的社会福利有法定节假日、探亲休假、高温补贴、高空野外作业补助、医疗休养制度等。当前，这些社会福利制度在事业单位、国有企业、外资企业、规模较大的民营企业中执行得比较好，农民工就业比较集中的中小型民营企业中只是部分执行或者完全不执行。

农民工的住房保障比较缺乏

保障性住房是指政府为中低收入住房困难家庭所提供的限定标准、限定价格或租金的住房，一般由廉租房、经济适用住房、政策性租赁住房、定向安置房等构成。由于工作不稳定以及购买力有限，农民工往往选择住在企业提供的宿舍或者租住城市边缘的廉价出租房。农民工的居住环境普遍比较差，卫生和安全隐患多。当前，很多大城市已经允许符合一定条件的农民工申请本市的廉租房和经济适用房。但是，由于保障房数量较少，申请程序复杂，农民工获得保障房的机会非常小。

4.2　农民工社会保险

社会保险是劳动合同的必要条款。企业和农民工签订劳动合同的时候，也应当按照规定，约定缴纳社会保险的义务。2008 年 1 月 1 日起实施的《中华人民共和国劳动合同法》第四十九条规定，国家采取措施，建立健全劳动者社会保险关系跨地区转移接续制度。在工伤保险、失业保险、生育保险方面，农民工加入的保险和一般城镇职工加入的保险是相同的，不存在并轨的问题。主要的问题是提供农民工参加社会保险的比例，改善这三种保险的待遇。在医疗保险和养老保险方面，农民工的社会保险正逐渐与其他群体并轨，将来的农民工社会保险在城乡和地域之间更容易转接和使用。

医疗保险

2016 年，国务院发布了《关于整合城乡居民基本医疗保险制度的意见》，该意见指出，要整合城镇居民基本医疗保险和新型农村合作医疗两项制度，建立统一的城乡基本医疗保险。城乡居民医保制度的覆盖范围包括现有城镇居民医保和新农合所有应参保（合）人员，即覆盖除职工基本医疗保险应参保人员以外的其他所有城乡居民。

表 4 - 3　城乡居民基本医疗保险制度的整合

法规名称	主要目标	具体措施
《国务院关于整合城乡居民基本医疗保险制度的意见》（国发〔2016〕3 号）	整合城镇居民基本医疗保险和新型农村合作医疗两项制度，建立统一的城乡基本医疗保险。	统一覆盖范围，统一筹资政策，统一保障待遇，统一医保目录，统一定点管理，同一基金管理。
		整合经办机构，提高统筹层次，完善信息系统，完善支付方式。

在新的医疗保险制度框架下，农民工的医疗保险可以是城乡基本医疗保险，也可以是职工基本医疗保险。在基本医疗保险的选择上，农民工和城镇居民没有任何差别，实现了城乡居民公平享有基本医疗保险的权益。

在不同的城市，农民工的大病医疗保险制度设计大不相同，大致可以分为三种模式。第一种模式称为独立式。即设立单独的农民工大病医疗保险，独立运行，独立核算。南京市从 2006 年开始就建立了针对农民工的大病医疗保险制度。根据南京市的《农民工大病医疗保险暂行办法》，农民工大病医疗保险费由聘用单位按月缴纳，缴纳标准为上年度在岗职工平均工资的 2%。参加农民工大病医疗保险的人员应同时参加农民工大病医疗互助保险，标准为每人每月 4 元。2010 年，南京市还专门针对建筑行业的农民工出台了单独的大病医疗保险制度。

第二种模式称为补充式。即将农民工的大病医疗保险作为社会医疗保险的一个补充部分，统一管理，单独核算。深圳市采取的就是补充式农民工大病医疗保险模式。根据 2016 年颁布的《深圳市社会医疗保险办法》，原来同时并行的综合医疗保险、住院医疗保险和农民工医疗保险将统一纳入社会医疗保险，分别更名为基本医疗一档、基本医疗二档、基本医疗三档。

表 4-4　农民工大病医疗保险的三种模式

模式	特征	代表性城市
独立式	设立独立的农民工大病医疗保险，甚至根据不同的行业设立险种。	南京
补充式	把农民工大病医保作为地方补充医保，单独管理。	深圳
统一式	把农工大病医保并入基本医疗保险。	重庆

第三种模式称为统一式。即把农民工大病医疗保险和城镇职工基本医疗保险统一，统一管理、统一核算。重庆市采取的就是典型的统一式。根据 2012 年重庆市人民政府办公厅发布的《关于农民工大病医疗保险和城镇职工基本医疗保险并轨有关问题的通知》（渝办发〔2012〕30 号），重庆市从 2012 年 1 月 1 日起就取消农民工大病医疗保险制度，将农民工大病医疗保险并入城镇职工基本医疗保险，参加原农民工大病医疗保险的农村户籍人员将全部转为参加城镇职工医疗保险，同时将农民工大额医疗费互助保险并入城镇职工大额医疗费互助保险。实施并轨后，农民工与城镇职工执行完全相同的医疗保险政策，统一参保登记、统一申报缴费、统一征缴管理。

养老保险

农民工的养老保险制度同样也有多轨并一的趋势。2014年2月，国务院发布了《关于建立统一的城乡居民基本养老保险制度的意见》（国发〔2014〕8号），决定将新型农村社会养老保险和城镇居民社会养老保险合并实施，在全国范围内建立统一的城乡居民基本养老保险制度。按照该《意见》中的规定，凡是年满16周岁（不含在校学生）、非国家机关和事业单位工作人员及不属于职工基本养老保险制度覆盖范围的城乡居民，都可以在户籍地参加城乡居民养老保险。因此，从2014年开始，在城乡基本养老这一块，农业户籍和非农业户籍已经没有待遇上的区别。

同样在2014年2月，人力资源和社会保障部、财政部发布的《城乡养老保险制度衔接暂行办法》（人社部发〔2014〕17号）解决了城镇职工基本养老保险和城乡居民基本养老保险两种制度的衔接问题。具体而言，参加城镇职工养老保险和城乡居民养老保险人员，达到城镇职工养老保险法定退休年龄后，城镇职工养老保险缴费年限满15年（含延长缴费至15年）的，可以申请从城乡居民养老保险转入城镇职工养老保险，按照城镇职工养老保险办法计发相应待遇。另外，城镇职工养老保险缴费年限不足15年的，可以申请从城镇职工养老保险转入城乡居民养老保险，待达到城乡居民养老保险规定的领取条件时，按照城乡居民养老保险办法计发相应待遇。

表4-5　城乡养老保险制度衔接办法

法规名称	主要目标	具体措施
《城乡养老保险制度衔接暂行办法》（人社部发〔2014〕17号）	解决城镇职工基本养老保险和城乡居民基本养老保险两种制度的衔接问题	参加城镇职工养老保险和城乡居民养老保险人员，达到城镇职工养老保险法定退休年龄后，城镇职工养老保险缴费年限满15年（含延长缴费至15年）的，可以申请从城乡居民养老保险转入城镇职工养老保险，按照城镇职工养老保险办法计发相应待遇。
		城镇职工养老保险缴费年限不足15年的，可以申请从城镇职工养老保险转入城乡居民养老保险，待达到城乡居民养老保险规定的领取条件时，按照城乡居民养老保险办法计发相应待遇。

4.3　农民工社会救助

2014 年 2 月，国务院发布了《社会救助暂行办法》，初步构建了我国的社会救助政策体系。按照救助的性质，我国的社会救助可以分为长期生活类救助（最低生活保障、特困人员供养）、专项分类救助（医疗救助、教育救助、住房救助、就业救助）、临时应急救助（受灾人员救助、临时救助）、补充救助（社会力量参与救助）四大类。《社会救助暂行办法》规定了社会救助工作应当遵循公开、公平、公正、及时的原则。但是，《社会救助暂行办法》有一个很大的不足，就是忽视了农民工的特殊性，损害了农民工接受救助的权益（谢勇才、王茂福，2016）。《社会救助暂行办法》规定，最低生活保障和特困人员供养都必须由申请者向"户籍所在地的乡镇人民政府、街道办事处提出书面申请"，而且申请医疗救助、教育救助、住房救助和就业救助的重要前提是申请人必须是低保家庭成员或者特困供养人员。按照《社会救助暂行办法》的规定，农民工无法在工作所在地获得相应的社会救助。

当前，由工会、慈善总会、红十字会等组织举办的救助项目开始把农民工纳入正式的救助范围。例如，从 2015 年开始，杭州市总工会在调查困难职工名单的时候，就把农民工纳入调查建档范围，各级工会中签订劳动合同 6 个月以上的职工就可以申报困难职工或者特困职工。杭州市笕桥镇慈善分会的《笕桥镇困难家庭大病救助管理办法》就把救助对象规定为：持有杭州市户籍的笕桥镇常住居民，或非本市户籍在笕桥镇范围居住且缴纳养老保险一年以上的"新杭州人"。由此可见，很多地方政府、群团组织和社会组织已经感觉到把农民工纳入本地社会救助体系的必要性。在一些经济比较发达的地区，社会救助的主要工作对象恰恰是农民工及其家属，而不是本地户籍的居民。

4.4　农民工社会福利

我国的社会福利制度主要包括老年人福利、残疾人福利、妇女儿童福利三个方面。针对居民的社会福利由地方政府或者基层组织提供，针对职工的社会福利则由企业或单位提供。提供什么内容的社会福利，向哪些人提供社会福利等问题还没有统一的法律或者规章制度可循。在社会福利的提供上，农民工也没有被作为一个特殊的群体来看待。另外，农民工到底需要哪些内容的社会福利，仍然是一个处于探讨阶段的问题。

农民工的社会福利具有多方面的性质。首先，农民工是在企业工作的工人，其社会福利应该参照企业职工的社会福利（即劳动福利）。我国的企业职工劳动福利项目非常多，主要包括：（1）企业为职工提供的除职工工资、奖金、津贴、纳入工资总额管理的补贴、职工教育经费、社会保险费和补充养老保险费（年金）、补充医疗保险费及住房公积金以外的福利待遇支出，包括发放给职工或为职工支付的各项现金补贴和非货币性集体福利。（2）企业为职工提供的交通、住房、通讯待遇。（3）企业给职工发放的节日补助、未统一供餐而按月发放的午餐费补贴等。（4）带薪休假，探亲休假，治疗休养等。例如，2008年1月1日起实施的《职工带薪年休假条例》（中华人民共和国国务院令第514号）第二条规定，机关、团体、企业、事业单位、民办非企业单位、有雇工的个体工商户等单位的职工连续工作1年以上的，享受带薪年休假。但是，该条例在很多农民工所在的企业中并没有落实。

其次，农民工从农村来到城镇就业，同时也是工作地的居民，应该参照当地居民享受社会福利，比如体育锻炼、免费体检等。

最后，农民工也有各种不同的群体属性，他们可能是残疾人、也可能是老人，还可能是妇女，这部分农民工也应该参照这三种群体享受相应的社会福利。

4.5　农民工住房保障

农民工在务工地的居住形态包括住在单位宿舍、工地工棚、生产经营场所、与他人合租住房、独立租赁住房、务工地自购房、回家居住等。从表4-6中可以看出，农民工主要的居住形式是住在单位提供的宿舍，或者与他人合租，或者独立租赁住房。

表4-6　外出农民工的居住情况

单位：%

居住类型　　年份	2008	2009	2010	2011	2012	2013	2014	2015
单位宿舍	35.1	33.9	33.8	32.4	32.3	28.6	28.3	28.7
工地工棚	10.0	10.3	10.7	10.2	10.4	11.9	17.2	11.1
生产经营场所	6.8	7.6	7.5	5.9	6.1	5.8	17.2	4.8

续表

年份 居住类型	2008	2009	2010	2011	2012	2013	2014	2015
与他人合租	16.7	17.5	18.0	19.3	19.7	18.5	36.9	18.1
独立租赁住房	18.8	17.1	16.0	14.3	13.5	18.2	36.9	18.9
务工地购房	0.9	0.8	0.9	0.7	0.6	0.9	1	1.3
回家居住	8.5	9.3	9.6	13.2	13.8	13.0	13.3	14
其他	3.2	3.5	3.5	4.0	3.6	3.1	3.3	3.1

数据来源：根据国家统计局 2008~2015 年《全国农民工监测调查报告》中的数据整理而成。

我国的住房保障制度包括住房公积金制度、廉租房制度、公租房制度、经济适用房制度等。住房保障制度主要针对本地户籍的居民，部分城市和地区也把农民工纳入本地的住房保障系统之内。住房公积金由企业决定是否缴纳，部分效益好、规模大的企业选择为所雇用的农民工购买住房公积金。绝大部分地区的廉租房制度和经济适用房制度只针对本地户籍的居民，农民工被排除在外。住房和城乡建设部 2012 年发布的《公共租赁住房管理办法》第三条规定：本办法所称公共租赁住房，是指限定建设标准和租金水平，面向符合规定条件的城镇中等偏下收入住房困难家庭、新就业无房职工和在城镇稳定就业的外来务工人员出租的保障性住房。明确在城镇稳定就业的外来务工人员是公租房的主要服务对象之一。

各地在公租房的建设以及使用制度方面有一定的差异。四川省政府办公厅印发的《加强农民工住房保障工作指导意见》中指出，每年竣工的公共租赁住房房源按一定比例定向提供给农民工，2015 年根据农民工住房需求供应比例为 30%。2016 年，上海市公租房对承租人的准入条件放宽到与上海市单位签订二年以上（含）劳动合同，对居住证和缴纳社会保险金的年限均没有要求。2016 年，上海市新增 3 个市筹公租房项目供应，总房源7000 余套。截至 2015 年，广西壮族自治区，已建设各类工业园区和外来人员集中区新建公共租赁住房近 18 万套，推进城市棚户区改造房 16.5 万套，解决了超过 56 万名农民工和新就业群体的阶段性居住困难问题。

不过，公租房也存在数量少、申请时间长、政策不稳定等方面的不足。首先，公租房价格便宜，环境好，但是每年供应的数量太少，申请成功的比例不高。其次，公租房的申请过程一般要 3 个月左右，对流动性强的农民工而言，等待的时间太长。最后，公租房政策不稳定，每年的供应量会根据很多因素进行调整。2015 年 12 月，由于全国城市房地产面临去库存的压力，住房和城乡建设部发布通知，决定 2016 年不再新批公租房建设。

4.6　完善农民工社会保障的政策选择

农民工群体的出现对我国现有的社会保障体制是一个很大的挑战，为了能够把农民工的不同群体都纳入社会保障体系之内，我国的社会保障系统也一直处于改革和完善的过程中。从当前的政策演变来看，针对农民工的社会保障服务正朝着三个方向发生变化。

第一，社会保障正在和户籍分离，和居住结合

户籍障碍的存在是农民工难以获得平等的社会保障服务的重要原因。户籍制度的改革已经开始消除城乡差别，由居住证取代户籍。由于历史的原因，在我国很难完全取消户籍以及户籍区分，但是以前附着在户籍上的很多权益开始和户籍分离，而和居住证结合起来。无论是社会保险，还是社会救助、社会福利、住房保障，都可以转移到居住证上来，而脱离原来的户籍限制。

第二，社会保障制度多轨合一，形成统一的管理制度

公平、平等、正义是社会保障的重要原则。但是，此前，我国的社会保障制度在很多地方是多轨并行的。在一个城市，针对不同人群，存在不同的医疗保险、养老保险、住房保障。由于人们获得的社会保障服务不同，很容易产生制度上的不平等、不公平、不正义。农民工也是这样的制度的受害者。因此，把不同的医疗保险、养老保险、住房保障统一起来，形成统一的管理制度。这样，至少同一个地区的居民面对的是同一个社会保障制度。制度上的统一是达到公平的重要保证。

第三，社会保障的规定由软到硬，对企业起到优胜劣汰的作用

企业是经济发展的重要动力，但是企业同样也要承担社会责任。在经济增长优先的时代，部分企业对《劳动法》《劳动合同法》《社会保险法》以及相关社会保障等方面的法律、规章并没有严格遵守。企业的不规范经营行为是导致农民工无法公平获得社会保障服务的重要原因之一。但是，随着劳动和社会保障部门对企业违法经营行为的查处越来越严厉，一部分无视社会保障责任的企业将被淘汰，最终形成一个良好的企业经营氛围。

第五章

农民工的公共教育服务

　　儿童是社会的未来，子女的健康是家庭最大的期盼。农民工或因为生计，或因为梦想而离开家乡，来到陌生的城市工作。农民工大部分处于青壮年时期。有的农民工选择让子女留在家乡，有的农民工选择带上子女在城市生活。无论哪种情况，农民工的子女在接受教育方面都存在不小的障碍。可以说，对于那些有子女的农民工，最棘手的问题往往就是子女的教育问题。

农民工 Q 的案例

　　Q 今年 43 岁，男性，已婚，来自四川，虽然年龄不算很大，但是属于第一代农民工。Q 读小学的时候成绩很好，还考上了镇上的重点初中。因为家庭经济困难，他初一的时候就在父亲的要求下辍学了。这让他一直觉得非常遗憾。辍学之后，Q 在家干过农活，还学了一些手艺，当过专业的"养蜂人"的学徒，其间到过湖南、湖北、河南、陕西等地。20 岁的时候，Q 在武汉的一家制衣厂打过工，也在服装店做过售货员。打工期间，Q 认识了后来的妻子，两人回四川老家结婚。结婚后，夫妇两人到广州打工，孩子放在老家由爷爷照看。两人在广州打工期间攒了一些钱，在老家的村子边建了三层的楼房，日子还算顺利。Q 和妻子都非常关注子女的成绩。家里的老大是男孩，老二是女孩，两人年龄相差 10 岁。老大在老家的小学读书。当老大读小学五年级的时候，Q 发现儿子的成绩下滑得厉害。不仅如此，儿子还有很多其他方面的问题，比如身体虚弱，经常生病，基本上没有体育锻炼的习惯，很少和别人交流，语言表达能力差，在学校没有好朋友。Q 觉得儿子长期在老家留守，缺乏父母陪伴可能是问题的根源，于是决定辞掉在广州的工作，和妻子回老家，陪儿子上学。这段时间，Q夫妇从工人变成了农民。农田里的收入不多，好在Q有些手艺。他买了一辆小货车，运着从广州批发来的服装挨村销售，也能获得不错的收入。一家人在一起生活对青春期的儿子有很大帮助。初中和高中阶段，儿子都进入了当地最好的学校。2014年，儿子考上了大学，学的是比较热门的财经专业，Q觉得终于可以松一口气了。那一年，女儿才8岁，在老家上小学。2015年春节过后，Q决定来广州工作。在外出打工的人群里，Q已经属于年龄偏大的人，不容易找到生产线的工作。幸运的是，Q以前在广州打工的时候还认识一些朋友，他们介绍Q从事汽车贷款的生意。现在，Q和同村的一个亲戚一起在广州运营一家汽车贷款的店子。严格来讲，Q现在的身份也不是"工人"，更像个生意人，自己做老板。也许是因为现在的工作比较轻松，Q选择把女儿带在身边，一家人在广州一起生活。Q一家都没有广州户口，也没有在广州买房子。不过，现在的教育政策允许农民工的子女在本地接受义务教育。和以前在工厂工作不同，做汽车贷款业务的Q很快在当地建立了一些社会关系。Q很轻松地为女儿找到了一个比较满意的学校，女儿也很适应广州的小学教育，这让Q感到非常欣慰。

农民工并不是一个孤立的产业工人，他们有配偶、父母、子女、兄弟姐妹，每一个农民工背后都有一个甚至多个需要照顾的家庭。Q的经历还算比较幸运，但是也反映了农民工的家庭在流动的过程中面临的种种阻力。很多农民工都和Q一样，需要在工作和照顾子女二者中做出选择，既担心留守在家的子女缺少亲情，又担心随迁进城的子女能否有一个公平的入学机会。公平地获得教育机会和教育资源是公民的基本权利，但是因为父母工作的流动性，这项权利对于农民工子女而言却不是那么容易就能实现。

5.1　农民工子女的教育现状

农民工子女的数量分布

随着农民工数量的增加，农民工子女成为一个不可忽视的社会群体。根据段成荣等（2013）基于我国第六次人口普查数据的测算，2010年，我国 0~17 周岁流动人口的规模为 3582 万，其中 0~14 周岁流动儿童的规模为 2291 万。在 0~17 周岁的流动人口中，户口性质为农业户口的占 80.35%，非农业户口的占 19.65%。按照这个比例估算，全国农民工随迁子女（0~17 周岁）的数量为 2877 万。从教育的阶段来看，处于学前教育阶段（0~5 周岁）的流动儿童数量为 899 万，占总数的 25.09%，处于小学教育阶段（6~11 周岁）的流动儿童数量为 929 万，占总数的 25.94%，处于初中阶段（12~14 周岁）的流动儿童数量为 464 万，占总数的 12.95%，处于高中阶段（15~17 周岁）的青少年数量为 1290 万，占总数的 36.02%。

表 5-1　全国流动儿童和青少年的数量分布（2010 年）

单位：万,%

	0~5 周岁		6~11 周岁		12~14 周岁		15~17 周岁	
	人数	比重	人数	比重	人数	比重	人数	比重
2010 年	899	25.09	929	25.94	464	12.95	1290	36.02

数据来源：段成荣、吕利丹、王宗萍、郭静：《我国流动儿童生存和发展：问题与对策——基于 2010 年第六次全国人口普查数据的分析》，《南方人口》，2013 年第 4 期，第 44~55 页。

根据教育部发展规划司发布的《教育部发展规划司·农民工随迁子女和留守儿童义务教育状况专题分析报告》，2008 年，全国义务教育阶段农民工随迁子女人数为 884.7 万人，其中，小学阶段 677.7 万人，初中阶段 207 万人；全国义务教育阶段在校生中的留守儿童有 2140.1 万人，其中小学阶段有 1397.7 万人，初中阶段有 742.4 万人。从地域分布上看，广东、浙江、江苏三个省份的农民工随迁子女人数最多，这三个省份在小学就读的农民工随迁子女占全国总数的 41.4%，在初中就读的农民工随迁子女占全国总数的 31.9%。义务教育阶段的农村留守儿童有 80% 以上集中在中、西部地区，四川、湖南、安徽、河南、江西、广西等六个省份为留守儿童大省。

随迁子女的学前教育

学前教育虽然不属于义务教育的范畴，但是由于儿童素质教育和知识教育的提前，大部分家长都对儿童的学前教育非常重视。另外，现代社会双职工家庭居多，农民工家庭父母工作时间比较长，学前教育可以在一定程度上减轻父母照顾子女的压力。由于规划滞后以及经费投入不足，公办幼儿园的数量远远跟不上社会需求的变化。在很多大城市，上公办幼儿园比上小学还困难。本地户籍的居民尚且要为子女能进一个理想的公办幼儿园排队、摇号，农民工的子女进入公办幼儿园的困难程度可想而知。

　　幼儿园入园名额紧张的重要原因之一是政府对学前教育的经费投入非常低。从1993年起，我国内地的公办幼儿园等学前教育机构逐步减少，到2007年，包括企业和事业单位所属的幼儿园，公办幼儿园的数量从122000所减少到5063所。与公办幼儿园的大量减少相反，民办幼儿园以每年大约25%的速度增加。民办幼儿园在招生方面大多没有户籍上的限制，是农民工随迁子女的主要选择。但是，民办幼儿园缺乏财政支持，条件较好的民办幼儿园收费非常高，收费低的办园条件又很差。大多数学前流动儿童在流入地未入读幼儿园，这与国家提出的基本普及学期教育、努力解决流动儿童入园问题的要求有较大差距（段成荣、吕利丹、邹湘江，2013）。

随迁子女的义务教育

　　2006年修订的《中华人民共和国义务教育法》第十二条规定：适龄儿童、少年免试入学。地方各级人民政府应当保障适龄儿童、少年在户籍所在地学校就近入学。父母或者其他法定监护人在非户籍所在地工作或者居住的适龄儿童、少年，在其父母或者其他法定监护人工作或者居住地接受义务教育的，当地人民政府应当为其提供平等接受义务教育的条件，具体办法由省、自治区、直辖市规定。2010年公布的《国家中长期教育改革和发展规划纲要（2010—2020年）》中提出，要"坚持以流入地政府管理为主、以全日制公办中小学为主，确保进城务工人员随迁子女平等接受义务教育"。

　　目前，农民工随迁子女的义务教育基本得到保障，根据"六普"的数据，大约2.94%的适龄流动儿童尚不能按义务教育法的规定接受义务教育（段成荣、吕利丹、邹湘江，2013）。但是，由于财政能力以及对义务教育政策的理解不同，很多城市仍然为农民工子女接受义务教育设置了不同的门槛。主要有"社保""居住""借读费"等方面的门槛。由于这些入学门槛的存在，大部分农民工子女只能进入民办学校或者由民办学校转制的公办学校就读，实在没有机会，就只能回户籍所在地的学校就读，成为留守儿童。

随迁子女的高中教育

　　高中、职业高中、中等职业技术学校等虽然不属于义务教育的范畴，但是市场经济的发展对劳动的素质和技能要求越来越高，接受高中阶段的教育，进入大学接受高等教育，仍然是很多农民工家庭改变自身经济状况的重要途径。农民工随迁子女在流入地接受高中教育的比例非常低。根据沈小革和周国强（2006）对广州和深圳3407名流动儿童和相同数量的本地户籍儿童的对比调查，他们发现流动儿童中有65.51%的人没有从初中升入本地高中，而城市儿童未升学的比例仅为3.22%。

表5-2　广州、深圳流动儿童与城市户籍儿童初中升高中情况对比

学生类型	城市儿童		流动儿童	
	升入高中人数	比例（%）	升入高中人数	比例（%）
重点高中	541	15.88	33	0.97
普通高中	1405	41.24	366	10.74
职业高中	1101	32.32	477	14.00
中专学校	196	5.76	292	8.57
补　习	54	1.58	7	0.21
未升学	110	3.22	2232	65.51
合　计	3407	100	3407	100

资料来源：沈小革、周国强：《流动人口子女教育公平问题研究》，群众出版社，2006，第181页。

导致大部分农民工随迁子女无法在流入地接受高中阶段教育的原因比较多。首先，高中阶段的教育属于竞争性教育，大部分高中在录取学生的时候有入学考试。农民工随迁子女在义务教育阶段的学习基础差，即使有资格参加高中的入学考试，在成绩上也处于弱势。其次，很多大城市对于农民工随迁子女在本地参加中考仍然有较多的限制。例如，北京市只允许农民工随迁子女参加本地的中等职业学校的入学考试。上海市允许农民工随迁子女参加本地高中阶段的学校招生考试，但是只能报考中等职业学校，一部分符合上海市进城务工人员管理制度规定的基本要求并达到一定积分的农民工，其子女可以报考上海市的普通高中。最后，即使农民工随迁子女能够进入流入地的普通高中就读，高考的时候仍然会受到很多限制。从2012年开始，各地陆续公布异地高考方案，农民工子女比较集中的北京、上海、广东的门槛仍然较高。例如，广东省规定，2013年起，通过积分入户广东的异地务工人员、高技能人才，其随迁子女可在广东报名参加高考。但是能够通过积分入户门槛的农民工

数量极少。

留守子女的教育

根据教育部发布的《2015 年全国教育事业发展统计公报》，全国义务教育阶段在校生中农村留守儿童共 2019.24 万人。其中，在小学就读1383.66 万人，在初中就读 635.57 万人。处于义务教育阶段之外的农村留守儿童数量同样庞大。根据全国妇联 2013 年发布的《我国农村留守儿童、城乡流动儿童状况研究报告》中指出，根据我国 2010 年第六次人口普查的样本数据推算，全国共有 6102.55 万农村留守儿童，占农村儿童总数的37.7%，占全国儿童的 21.88%。

农民工的留守子女虽然都能够根据国家政策享受免费的义务教育。但是，农民工的留守子女在接受教育方面存在多方面的困境，现在已经成为一个尖锐的社会问题。

首先，农民工留守子女接受的教育质量较低。2001 年以来，由于农村地区生源减少，全国农村地区的中小学进行了大规模的"撤点并校"。1997~2010 年的 14 年间，全国减少小学 371470 所，其中农村小学减少302099 所，占全国小学总减少量的 81.3%。"撤点并校"使得农村地区的中小学教育资源大部分集中到乡镇和县市一级。农民工主要流出地的师资流失也非常严重。农村和城市在教育质量上的差距越来越大。

其次，农民工留守子女普遍面临教育内容不完整的问题。现代教育强调学生综合素质的提升，除了学校教育之外，家庭教育和社会教育也是非常重要的组成部分。留守子女主要由爷爷奶奶隔代照顾，导致家庭教育的严重缺失。农村地区社会教育资源匮乏，留守子女很难获得应有的社会教育，个人的兴趣爱好得不到培养和发展。农村的学前教育投入少、师资缺乏、教学条件和质量都比较差。大部分适龄留守子女没有进入幼儿园。

最后，农民工留守子女的安全问题堪忧。由于市场经济的影响，农村传统的乡村共同体也在逐渐解体。农村社会也由原来的熟人社会正在变成一个半熟人社会。年迈的爷爷奶奶在思想观念、知识储备、信息接受、行动能力上都很难对留守子女给予充分的照顾和指导。农民工留守子女在食品安全、交通安全、水火安全、性侵害等方面的教育欠缺，时常导致恶性事故发生。

5.2 随迁子女的学前教育

学期教育是儿童接受教育的开端,对于提高国民的整体素质具有重要意义。2010 年,国务院发布了《关于当前发展学前教育的若干意见》,指出要"坚持公益性和普惠性,努力构建覆盖城乡、布局合理的学前教育公共服务体系,保障适龄儿童接受基本的、有质量的学前教育"。2010 ~ 2013 年教育部发起"学前教育三年行动计划",重点解决"入园难、入园贵"的问题。主要的措施包括:(1) 加快公办幼儿园建设。(2) 把城镇小区配套幼儿园办成普惠性幼儿园。(3) 扶持企事业单位办园、集体办园和普惠性民办幼儿园。2013 年全国共有幼儿园 19.86 万所,比 2010 年增加4.82 万所,增长了 32%。

调整学前教育的办学结构是解决农民工随迁子女"入园难"问题的关键。北京市通过鼓励举办小规模幼儿园,为农民工随迁子女提供价格合理、质量达到基本标准的学前教育服务。根据北京市政府 2011 年颁布的《北京市举办小规模幼儿园暂行规定》,小规模幼儿园是指办园规模较小、相关设施条件(办园规模、场地面积)达不到《北京市幼儿园、托儿所办园、所条件标准》的基本标准、办园规模在 4 个班及以下、收托幼儿 40—100 名左右的幼儿园。举办小规模幼儿园的个人应该具有北京市户籍,在北京有固定居所。这条规定把很多已经在经营,但是还没有取得合法资格的"黑幼儿园"排除在外。根据余晖和黄亚婷(2013)的调查,当前北京市的农民工随迁子女主要进入的学前教育机构包括幼儿园(主要是民办幼儿园)、学前班(农民工随迁子女小学附设或公办小学附设)、非正规学前教育机构等三种。但是,按照现在的条件,这三类学前教育机构都很难转变成小规模幼儿园。

上海市主要依靠民办三级幼儿园和"看护点"来为农民工随迁子女提供学前教育服务。上海市的正规学前教育机构主要分为公办幼儿园、民办幼儿园和看护点三大类别。公办幼儿园又分为市级示范园、区级示范园、一级园、二级园、三级园。对于非本地户籍的儿童,上海市采取积分排序的方式安排进入幼儿园。因积分较低不能被公办幼儿园录取的儿童将视情况统筹安排到民办幼儿园或看护点。公办幼儿园、民办幼儿园都属于注册登记的正规学前教育机构,看护点属于未注册的学前教育机构,但是也接受教育部门的统一管理。看护点的收费标准和公立幼儿园差不多，但是办学条件和教育质量要差很多。2014 年，上海市共有 460 所正规的学前看护点，仅仅能够容纳全市农民工随迁子女的两成左右。因此，在城郊或者工业聚集区存在很多"非法"的看护点。如何把这些"非法"看护点纳入教育部门的统一管理，提高学前教育的服务质量是一个艰巨的任务。

5.3　随迁子女的义务教育

农民工随迁子女在义务教育阶段就读的学校主要分为四大类型。第一种是公办的小学和初中，这部分学校严格按照国家关于义务教育"两免一补"的规定，收费低，教学质量高。第二种是民办小学和民办初中，民办学校的质量有非常好的，也有比较差的，其收费标准也各不相同。第三种是农民工子弟学校，专门招收农民工子弟的学校，主要集中在小学阶段，这部分学校现在数量很少，办学条件和教育质量一般，收费比较低。第四种是非法办学，即没有在教育部门注册的学校。

2008 年国务院出台的《关于做好免除城市义务教育阶段学生学杂费工作的通知》规定，"进城务工人员随迁子女接受义务教育要以流入地为主、公办学校为主解决。地方各级人民政府要将进城务工人员随迁子女义务教育纳入公共教育体系，根据进城务工人员随迁子女流入的数量、分布和变化趋势等情况，合理规划学校布局和发展。对符合当地政府规定接收条件的进城务工人员随迁子女，要按照相对就近入学的原则统筹安排在公办学校就读，免除学杂费，不收借读费。地方各级人民政府要按照预算内生均公用经费标准和实际接收人数，对接收进城务工人员随迁子女的公办学校足额拨付教育经费"。因此，国家政策对于农民工随迁子女接受义务教育的要求包括两个方面：一是"两为主"，即以流入地为主，以公办学校为主。二是"两免一补"，即对城乡义务教育学生免除学杂费、免费提供教科书，对家庭经济困难寄宿生补助生活费。

为了保证农民工子女能够在城市获得平等的受教育机会，很多城市在中小学建设方面投入了大量经费。上海市 2012 年义务教育阶段的学生中 52% 是外来农民工的子女。杭州市 2012 年义务教育阶段就读的外来务工人员子女人数为 221659 人，占义务教育阶段全部在校生人数的 32.16%，其中六城区 94429 人，占义务教育阶段全部在校生人数的 42.11%。

但是，由于城市财政支持有限，几乎所有的大城市都没有能力满足所有农民工子女在本地接受义务教育的需求。因此，很多城市指定了不同的入学"门槛"。从农民工随迁子女入学条件的难易程度来看，重庆市的门槛最低。重庆市没有专门的农民工子弟学校，进城农民工子女基本上能够就读于城市的公办学校。2015 年，重庆全市对进城农民工随迁子女入学实行"零门槛"政策，随迁子女只需出具法定监护人务工证明、户籍证明、租房证明、暂住证明"四证"，就可就读指定学校，无入学限制性条件。重庆市能够采取"零门槛"政策的重要背景是，和其他大城市相比较，重庆市农民工随迁子女的比重比较小。2011 年，重庆市义务教育阶段接收进城农民工随迁子女就学人数为 27.8 万人，只占全市义务教育阶段学生总数的 8.5%（黄金，2012：18）。

北京市的农民工子女入学条件比较严格。根据《北京市教育委员会关于 2012 年义务教育阶段入学工作的意见》的规定，非本市户籍的适龄儿童、少年，因父母或者其他法定监护人在本市工作或者居住需要在本市接受义务教育的，由其父母或其他法定监护人持本人在京暂住证、在京实际住所居住证明、在京务工就业证明、户口所在地乡镇政府出具的在当地没有监护条件的证明、全家户口簿等证明、证件，经居住地所在街道办事处或者乡镇人民政府审核确认后，到居住地所在区县教委确定的学校联系就读；学校接收有困难的，可申请居住地所在区县教委协调解决。

上海市对于农民工子女的入学条件更多侧重于父母在本地工作的稳定性。2016 年，上海市对于进城务工人员适龄随迁子女接受义务教育的条件是：适龄儿童须持有效期内《上海市临时居住证》，父母一方须持有效期内《上海市居住证》；或者父母一方持有效期内《上海市临时居住证》满 3 年（从首次登记日起至 2016 年 6 月 30 日），且连续 3 年在街镇社区事务受理服务中心办妥灵活就业登记。对于能够获得《上海市居住证》或者连续 3 年以上在同一个地方居住的农民工才符合资格。

深圳市对农民工子女的入学条件相对低一些，《2016 年深圳小学学位申请指南》规定非深圳户籍的儿童需要提供的材料包括：1. 户籍证明材料；2. 住址证明材料；3. 就业或社保证明材料；4. 计划生育信息审核；5. 就学联系函；6. 学位申请表。这些材料比较容易提供。但是，深圳市每个区对于农民工子女入学条件的规定各不相同，大部分采取的是积分制，有住房、有正式工作的农民工子女得分高，可以优先入学。

表 5 - 3　各地农民工子女义务教育阶段入学政策

地区	时间	政策内容	说明
河北省	2016 年	依据常住人口规模变化编制城镇义务教育学校和幼儿园布局规划，确保城镇学校建设用地和学位供给，保障随迁子女入学需求。进一步完善城乡义务教育经费保障机制，建立健全城乡统一、重在农村的义务教育经费保障机制，引导各地完善扶持农民工子女入学入园的政策措施。	《河北省农民工工作领导小组 2016 年工作要点》
北京市	2012 年	非本市户籍的适龄儿童、少年，因父母或者其他法定监护人在本市工作或者居住需要在本市接受义务教育的，由其父母或其他法定监护人持本人在京暂住证、在京实际住所居住证明、在京务工就业证明、户口所在地乡镇政府出具的在当地没有监护条件的证明、全家户口簿等证明、证件，经居住地所在街道办事处或者乡镇人民政府审核确认后，到居住地所在区县教委确定的学校联系就读；学校接收有困难的，可申请居住地所在区县教委协调解决。	《北京市教育委员会关于 2012 年义务教育阶段入学工作的意见》
重庆市	2015 年	全市对进城农民工随迁子女入学实行"零门槛"政策，随迁子女只需出具法定监护人务工证明、户籍证明、租房证明、暂住证明"四证"，就可就读指定学校，无入学限制性条件。	
南京市	2013 年	外来务工人员子女到我市公办小学就读，应由其父母（法定监护人）向暂住地所在区县教育局提出申请，出具户口簿、流入地暂住证（本市郊县需出具暂住地社区证明）、监护人相对稳定工作证明（与用工单位签订的劳动合同，工商营业执照等）、计划生育证明（独生子女证），如属中途转学还需提供未接受完九年义务教育的学籍材料，合称"五证"。	《外来务工人员子女小学入学指南》
深圳市	2016 年	非深户籍儿童：1. 户籍证明材料；2. 住址证明材料；3. 就业或社保证明材料；4. 计划生育信息审核；5. 就学联系函；6. 学位申请表。	《2016 年深圳小学学位申请指南》
上海市	2016 年	进城务工人员适龄随迁子女接受义务教育的条件：适龄儿童须持有效期内《上海市临时居住证》，父母一方须持有效期内《上海市居住证》；或者父母一方持有效期内《上海市临时居住证》满 3 年（从首次发证日起至 2016 年 6 月 30 日），且连续 3 年（从首次登记日起至 2016 年 6 月 30 日）在街镇社区事务受理服务中心办妥灵活就业登记。	

资料来源：笔者根据各地教育部门的相关文件整理。

5.4 随迁子女的高中教育

农民工随迁子女在流入地接受义务教育之后，马上面临的就是通过中考进入高中或者职业学校进一步学习的问题。由于我国的高考制度以省（直辖市、自治区）为单位制定大学录取计划，不同省份大学的录取分数线不同，不同省份的学生考上大学的难易程度也比较悬殊。因此，农民工随迁子女的中考政策又和"高考移民"的问题纠缠在一起。吴霞（2011）对各地的农民工随迁子女在流入地的中考政策进行了对比。

根据吴霞（2011）汇总的各地农民工随迁子女在流入地的中考政策资料，可以发现，农民工的流出地省份、高考竞争比较激烈的省份倾向于允许农民工随迁子女和本地学生一样报考本地高中，反之，农民工的流入省份与高考竞争不太激烈的省份，倾向于禁止农民工随迁子女和本地学生一样报考本地高中。例如，湖北省 2013 年开通了随迁子女入学绿色通道，对外地农民工子女和当地户籍学生完全一视同仁。凡在该省就业的外地农民工子女，只要在省内拥有 3 年完整高中学习经历并取得学籍，有稳定住所，就可在湖北参加高考；而在该省初中就读三年的，也允许参加中考中招。安徽省从 2009 年就规定放开中考的户籍限制，进城务工就业农民及其他流动人员子女可在流入地就读学校报名并在流入地参加考试录取，也可按本人意愿回户籍所在地报名参加考试录取，在外省接受并完成义务教育的我省学生，自愿回我省报考升学的，原则上回户籍所在地报名参加考试录取。但是，像上海、天津、广州、深圳等地对于农民工随迁子女在流入地参加中考就设置了很多限制。上海市发布的《2010 年上海市部分全日制普通中等职业学校自主招收在沪农民工同住子女方案》中规定，上海市农民工随迁子女在本地参加中考的条件是在全日制中学连续就读两年及以上，年龄不超过 18 周岁，中考的时候只能报考中等职业学校。天津市也规定农民工随迁子女在本地参加中考只允许报考中等职业技术学校（包括职业高中、普通中专、技工学校）。

为了促进高考公平，从 2012 年开始，各地陆续出台了本地区的异地高考政策。异地高考政策和中考政策具有相同的特点。从异地高考的政策来看，北京、上海、广东、天津的政策最为严格，其他地方的异地高考政策相对比较开放。例如，农民工随迁子女在北京市参加高考的条件是：在京参加高考的学生父母有北京市的暂住证或工作居住证、有合法稳定住所、有合法稳定职业已满 6 年、在京连续缴纳社会保险已满 6 年（不含补缴）的。而且只能报考高职类院校。上海市关于异地高考的政策规定是：进城务工人员符合上海市进城务工人员管理制度规定的基本要求并达到一定积分的，其子女可在上海市参加高中阶段学校招生考试，接受高中阶段教育，包括普通高中教育或中等职业教育；其子女在上海市参加高中阶段学校招生考试并完成高中阶段完整学习经历后，可在上海市参加普通高等学校招生考试。考虑到上海市的农民工随迁子女绝大多数只能报考中等职业技术学校，因此能在上海市正常参加高考的农民工子女非常少。

5.5 留守子女的教育

如果说各种社会制度和政策安排使得农民工成为社会的弱势群体，那么农民工的留守子女则是弱势群体中的弱势。留守子女在分离的家庭环境中成长，他们自己无法选择，被剥夺了亲情的温暖和家庭的安全感。留守子女难以获得良好的教育，不仅对他们将来的生存技能产生影响，留守的经历也会影响他们形成正确的人生观和世界观。段成荣等（2014）的研究发现，农村的留守儿童在教育上具有累积性滞后的特点，留守儿童的入园率为 65.5%，比全国平均入园率低 2 个百分点，农村留守儿童的高中入学率只有 23.1%，比全国水平低 20 个百分点，不到城镇儿童的一半。如果农民工留守子女的状况得不到改善，农民工在社会上的弱势将会直接传到他们的留守子女身上，形成一个更为弱势的群体。

2010 年以来，农民工留守子女的问题开始引起社会和各级政府的高度重视。2013 年 1 月，教育部、中华全国妇女联合会、中央社会管理综合治理委员会办公室、共青团中央、中国关心下一代工作委员会联合发布了《关于加强义务教育阶段农村留守儿童关爱和教育工作的意见》，要求各地切实改善留守儿童教育条件，改善留守儿童营养状况，加强留守儿童受教育全程管理，加强留守儿童的心理健康教育和法制安全教育。

2016 年 2 月，国务院发布了《关于加强农村留守儿童关爱保护工作的意见》，要求建立全面的农村留守儿童关爱服务体系，并健全农村留守儿童救助保护机制。农村留守儿童关爱服务体系包括：（1）强化家庭监护主体责任。（2）落实县、乡镇人民政府和村（居）民委员会职责。（3）加大教育部门和学校关爱保护力度。(4) 发挥群团组织关爱服务优势。农村留守儿童救助保护机制包括：(1) 建立强制报告机制。(2) 完善应急处置机制。(3) 健全评估帮扶机制。(4) 强化监护干预机制。

表 5 - 4　国务院关于加强农村留守儿童关爱保护工作的意见

法规名称	主要目标	具体措施
《国务院关于加强农村留守儿童关爱保护工作的意见》(国发〔2016〕13 号)	家庭、政府、学校尽职尽责，社会力量积极参与的农村留守儿童关爱保护工作体系全面建立，强制报告、应急处置、评估帮扶、监护干预等农村留守儿童救助保护机制有效运行，侵害农村留守儿童权益的事件得到有效遏制。	(1) 强化家庭监护主体责任。(2) 落实县、乡镇人民政府和村 (居) 民委员会职责。(3) 加大教育部门和学校关爱保护力度。(4) 发挥群团组织关爱服务优势。
		(1) 建立强制报告机制。(2) 完善应急处置机制。(3) 健全评估帮扶机制。(4) 强化监护干预机制。

农民工流出地基层政府是推进农村留守儿童关爱和保护政策的主要力量。例如，湖南省怀化市民政部门从 2013 年就开始探索建立"空巢老人和留守儿童关爱服务中心"，把这两类人群纳入当地的"三社联动"工程，建立了政府主导，民政牵头，教育、公安、卫计等部门和妇联、共青团等群团组织参与的留守儿童关爱工作领导机制 (原晓晓，2016)。

公益组织、社会组织、社会工作服务机构等社会力量也是关爱农村留守儿童的重要力量。2011 年，由邓飞等多位媒体人士发起的"免费午餐"计划不仅改善了农村留守儿童的营养状况，而且引起了社会对于留守儿童的广泛关注。成都市乐能社会工作发展中心是一家专门从事农村社区发展和留守儿童教育的社会组织。乐能社会工作发展中心在天全县乐坝村已经从事了两年的留守儿童教育服务。乐坝村的儿童中近 64% 是留守儿童。留守儿童在学习习惯、生活习惯、待人接物的礼貌等方面大多存在一定的问题，导致他们在后来的学习中跟不上进度，久而久之出现厌学、逃学、打架等问题。乐能社会工作发展中心每周安排老师到村小学给学生上课。通过角色扮演、小组活动、手工制作等活动让留守儿童养成按时作息、遵守安全规则、礼貌待人的习惯。这样的教育活动对留守儿童帮助很大，很多基层政府希望通过政府购买服务的方式邀请社会组织到农村为留守儿童提供类似的服务。

5.6 农民工公共服务教育的完善对策

一个健康的社会应该让每一个儿童都有一个公平成长的环境。在保持社会公平、激发社会活力、促进社会流动等方面，教育都扮演着重要的角色。农民工子女不应该因为父母的户籍身份而丧失获得公平教育的机会。但是，从农民工子女所享受的学前教育、义务教育、高中教育等方面的政策来看，仍然有很多方面需要完善。

第一，政府对基础教育方面的投入不足是农民工子女无法获得公平的教育服务的重要原因。长期以来，各级政府的财政比较重视高等教育方面的投入，却忽视了基础教育，导致公办中小学和幼儿园的数量远远达不到社会的需求。另外，投入不足还导致基础教育的师资力量缺乏，教学实施落后，优秀的师资和良好的教学设施集中在大城市，造成基础教育资源分布严重不均衡。即使本地户籍的家长也会为子女能进好的学校而相互竞争，基础教育资源的不足和分布不均让农民工子女的入学政策总是处于两难境地，无法做到真正的公平。因此，只有加大对基础教育的投入，让基础教育资源在城乡之间、城市之间以及城市内部更加均衡分布，才能从根本上解决农民工子女"入学难、入学贵"的问题。

第二，应该采取相关措施，让农民工子女流入地能够从其流出地获得一定的财政补偿。从很多大城市的农民工子女入学政策来看，地方财政利益的影响非常大。我国基础教育的大部分经费都是由地方财政负担。国家关于每个学生的义务教育经费应该随学籍的迁移而迁移，做到钱随人转。很多东部发达地区的城市中，农民工随迁子女在义务教育阶段的比重已经超过50%。如果这笔经费能够通过中央政府转移到农民工流入地政府，不仅能够大大改善当地的办学条件，而且也会提高流入地政府的办学积极性。

第三，建立基层政府、群团组织和社会组织的联动机制，创新关爱农村留守儿童的方式方法。父母是留守儿童的第一责任人，应该强化父母的家庭责任。建立留守预警机制。留守儿童是一种监护权缺位的表现，留守儿童的父母有责任向政府或者公共机构汇报儿童的状况，尤其是12岁以下的低龄留守儿童，应当得到政府的重点关注。

第六章

农民工的卫生计生服务

健康是生活和工作的基础，卫生和计生服务是政府对公众身体健康的基本保障。相对而言，农民工群体的工作条件更为恶劣，生活环境更差，更容易暴露在疾病风险之中。新生代农民工大部分处于婚育年龄，他们无法得到来自父母和亲属的支持，更需要从公共机构中获得计生、婚育、健康等方面的服务。

农民工 L 的案例

L 今年 28 岁，女性，已婚，来自湖北。L 的家庭比较困难，这是她出来打工的重要原因。L 的父亲身体不好，干不了重体力活，田地的收入很少，是村里的低保户。L 十岁的时候，母亲改嫁了，L 和父亲还有小自己 6 岁的妹妹一起生活。L 上到小学五年级就辍学了，她小时候不喜欢学习，成绩也不好，但是因为要照顾妹妹，很会做家务。辍学之后主要帮父亲做农活。L 第一次出来打工的时候才 12 岁，不是正式的工作，而是到姨妈家帮忙打杂。L 的姨妈当时在广州开了一个制衣作坊，正好需要人手。L 在制衣作坊打杂，没有固定的工资，姨妈会给少许的零花钱，重要的是能够学习裁剪的手艺。L 的学习能力很强，没到三年的时间，下料、裁剪、缝制、熨烫等技术都掌握了。制衣坊的劳动强度很大，经常每天工作 14 个小时以上。L 和其他工人一样得到了固定的工资。在广州，服装业发展迅猛的时期，熟练的制衣女工非常抢手，工资也比一般的工人高出很多。L 也离开了姨妈的制衣坊，到规模比较大一些的服装厂工作。制衣行业主要采用计件工资制，熟练工人的工资比普通工人能够高出一倍以上。但是，制衣行业加班很多，经常是夜间工作，白天休息，只有吃苦耐劳的未婚女性才能忍受。L的生活非常节俭，她很少逛街，很少到商场买东西，到广州打工十多年了，仍然不清楚广州的地理方位。L把打工积攒的钱主要用来支持妹妹的学业，妹妹的成绩比较好，考上了市重点高中，但是每年的学费和生活费需要一万以上。长期的加班让L的身体很虚弱，夜间工作对视力的损伤很严重，所以年纪稍大一些的女性都不得不离开这个行业。L在广州生活多年，对本地人却一点都不熟悉，身边都是来打工的外地人，和本地人的生活基本上没有交集。打交道最多的就是查暂住证和计生证明的人。每次碰到查证的人，L都如临大敌，这个时候才深刻体会到自己是个外地人。L在广州没有买任何社会保险，生病的时候都是自己去诊所或者医院看病，从来没有去过当地的社区卫生站。2013年，L和来自四川的H谈恋爱，H也在广州打工多年，两人的经历比较类似，一年之后就结婚了。结婚后，L和丈夫回到四川的农村老家，在县城的人民医院生下了宝宝。L和丈夫都办了新农合的医保，不过新农合对于妇女的分娩和生育没有任何补助，在老家生小孩至少要花5000元，也没有免费的检查。2015年，L在宝宝刚一岁的时候重新回到广州。现在，L和丈夫一起在广州开了一家自己的制衣坊，没有资金雇用工人，只能自己接活自己加工。L对自己现在的生活状况还比较满意，唯一放心不下的是儿子在老家由爷爷奶奶照顾着。L和丈夫暂时还没有生育二孩的打算，她希望有一天能够回老家的县城工作，也许在县城开一个制衣坊，或者服装店，这样可以把孩子和父母都接到身边，对孩子的教育也有好处。

卫生和计生虽然也属于公共服务的范围，但是和其他公共服务不同，这类公共服务属于个人化的服务，带有很强的私密性。农民工在选择是否接受这类服务上会考虑多方面的利害关系。L的经历在女性农民工中具有普遍性，他们在打工的地方最不愿意见到的人就是计生和卫生系统的工作人员，他们对于计生和公共卫生部门提供的服务项目不甚了解，对相关的免费服务项目总是将信将疑。因此，如何让农民工群体能够主动了解并接受本地的公共卫生服务，提高全民身体素质，是公共卫生和计生部门面临的主要问题。

6.1　农民工卫生计生服务现状

农民工大多属于国内的人口流动，由于人口流动自身有一定的筛选机制，也存在"移民健康效应"，即新移民的健康状况好于当地居民的健康状况。曾贱吉和欧晓明（2014）针对珠三角地区 625 名农民工的调查显示，75.1% 的农民工认为自己的身体状况好或很好，只有不到 2% 的农民工认为自己的身体差或很差。但是，曾贱吉和欧晓明（2014）同时也发现，农民工群体中存在着严重的公共卫生隐患，主要表现在：（1）农民工居住和工作的环境亟待改善。（2）农民工正日益成为性病、艾滋病等传染性疾病的易发高危人群。（3）相当一部分农民工缺乏对传染性疾病防治知识的了解。（4）工作单位普遍不重视农民工的职业病和工伤的防范和补助。和红和任迪（2014）根据"2010 年中国青年流动人口健康意识调查"的数据发现，新生代农民工中，21.4% 的人认为目前的健康状况比离开老家时变好，64.0% 的人认为目前的健康状况与离开老家时相比没有变化，14.6% 的人认为目前的健康状态变差，农民工流出家乡的时间越长，其健康状况越差，女性的健康状况比男性的健康状况要更差。

2009 年 7 月，卫生部、财政部、国家人口和计划生育委员会联合发布了《关于促进基本公共卫生服务逐步均等化的意见》，首次正式明确了我国基本公共服务的范围包括建立居民健康档案、健康教育、预防接种、传染病防治、儿童保健、孕产妇保健、老年人保健、慢性病管理、重性精神疾病管理九项，基本公共卫生服务项目主要通过城市社区卫生服务中心（站）、乡镇卫生院、村卫生室等城乡基层医疗卫生机构免费为全体居民提供。2013 年，卫生部和人口计划生育委员会合并成立卫生和计划生育委员会。但是在基层业务开展方面，卫生和计生仍然属于两个不同的系统。2013 年，卫计委进一步扩大了基本公共服务的范围，共包括建立居民健康档案、健康教育、预防接种、儿童保健、孕产妇保健、老年人保健、慢性病患者健康管理、重性精神疾病患者管理、传染病和突发公共卫生事件报告和处理、卫生监督协管、中医药健康管理服务等 11 类 43 项。

公共卫生服务是一种知识密集型的劳动。近几年来，中央政府在基层公共卫生机构建设上的投入很大，2014 年，全国城市社区公共卫生服务中心（站）的数量为 34238 家，乡镇卫生院 36902 家，村卫生室 645470 家。① 但是，公共卫生服务机构人力资源的分布非常不平衡，大城市、中

---

① 根据国家卫计委发布的《2014 年我国卫生和计划生育事业发展统计公报》。

心城区的人力资源丰富，远郊区、农村地区的医务人员数量少、无职称的
人员比例高（郑建，管仲军，2014）。

表 6－1　基本公共卫生服务项目

服务大类	服务内容
建立居民健康档案	服务对象是辖区内常住居民（包括居住半年以上非户籍居民）。服务项目和内容：1. 建立健康档案。2. 健康档案维护管理。
健康教育	服务对象是辖区内居民。服务项目和内容：1. 提供健康教育资料。2. 设置健康教育宣传栏。3. 开展公众健康咨询服务。4. 举办健康知识讲座。5. 开展个体化健康教育。
预防接种	服务对象是辖区内 0～6 岁儿童和其他重点人群。服务项目和内容：1. 预防接种管理。2. 预防接种。3. 疑似预防接种异常反应处理。
儿童保健	服务对象是辖区内 0～6 岁儿童和其他重点人群。服务项目和内容：1. 新生儿家庭访视。2. 新生儿满月健康管理。3. 婴幼儿健康管理。4. 学龄前儿童健康管理。
孕产妇保健	服务对象是辖区内居住的孕产妇。服务项目和内容：1. 孕早期健康管理。2. 孕中期健康管理。3. 孕晚期健康管理。4. 产后访视。5. 产后 42 天健康检查。
老年人保健	服务对象是辖区内 65 岁及以上常住居民。服务项目和内容：1. 生活方式和健康状况评估。2. 体格检查。3. 辅助检查。4. 健康指导。
慢性病患者健康管理	服务对象分别是辖区内 35 岁及以上的原发性高血压患者和 2 型糖尿病患者。服务项目和内容均为：1. 筛查。2. 随访评估和分类干预。3. 健康体检。
重性精神疾病患者管理	服务对象是辖区内诊断明确、在家居住的重性精神疾病患者。服务项目和内容：1. 重性精神疾病患者信息管理。2. 随访评估和分类干预。3. 健康体检。
传染病和突发公共卫生事件报告和处理	服务对象是辖区内服务人口。服务项目和内容：1. 传染病疫情和突发公共卫生事件风险管理。2. 传染病和突发公共卫生事件的发现和登记。3. 传染病和突发公共卫生事件相关信息报告。4. 传染病和突发公共卫生事件的处理。
卫生监督协管	服务对象是辖区内居民。服务项目和内容：1. 食品安全信息报告。2. 职业卫生咨询指导。3. 饮用水卫生安全巡查。4. 学校卫生服务。5. 非法行医和非法采供血信息报告。
中医药健康管理服务	服务项目和内容1. 开展老年人中医体质辨识。2. 儿童中医调养服务。

公共卫生服务必须建立在对居民健康信息的全面掌握之上。但是，基层公共卫生服务机构并没有能力收集农民工的健康信息。因此，农民工群体一直是公共卫生服务的难点。2013 年 11 月，国家卫计委发布了《流动人口卫生和计划生育基本公共服务均等化试点工作方案的通知》，要求在六个方面加强流动人口的卫生计生工作：（1）建立健全流动人员健康档案。（2）开展流动人口健康教育工作。（3）加强流动儿童预防接种工作。（4）落实流动人口传染病防控措施。（5）加强流动孕产妇和儿童保健管理。（6）落实流动人口计划生育基本公共服务。该方案在全国 27 个省（区、市）的 40 个流动人口比较集中的城市开展试点工作。

计划生育公共服务源自人口控制和计划生育管理。人口控制和计生管理的关键环节是查验育龄妇女的《婚育证明》，按照国家计划生育政策严格控制女性的生育行为。2001 年，国务院公布了《计划生育技术服务管理条例》，对各地的计划生育技术措施进行了统一规范，并强调"计划生育技术服务实行国家指导和个人自愿相结合的原则"，主张在计划生育的过程中，居民有自己的知情权和选择权。此后，计划生育政策在执行的过程中更加强调从"管理"到"服务"的转型。2007 年，国务院人口计生委发布了《流动人口、农民工计划生育便民维权措施》的通知，针对流动人口和农民工在接受计划生育服务的过程中经常发生的权利被侵害的现象制定了十条维权措施。

表 6 - 2　流动人口、农民工计划生育便民维权措施

编号	维权措施
1	各级人口计生部门要按照政务公开的要求，通过相关网站、宣传单、宣传册、宣传画、宣传窗等多种形式，及时向流动人口、农民工提供计划生育政策法规、生殖健康常识和便民服务措施等动态信息，保证流动人口、农民工实行计划生育的知情权。
2	各级人口计生工作机构要通过有效方式，向流动育龄群众公布辖区内指定的计划生育技术服务定点机构、开展计划生育和生殖健康服务的医疗保健机构的地址、服务项目及联系电话，为流动人口、农民工提供方便、可及的计划生育和生殖健康服务。
3	现居住地应及时为持有《流动人口婚育证明》的流动人口、农民工依法提供国家规定的计划生育免费基本技术服务，开展避孕节育和生殖健康检查，并如实出具《流动人口避孕节育情况报告单》。
4	现居住地要畅通服务渠道，在流动人口、农民工集聚的社区、企业和集贸市场设立标识明显的计划生育避孕药具、计划生育和生殖健康宣传资料免费发放点，主动送宣传、送知识、送服务、送药具上门，满足服务需求。

续表

编号	维权措施
5	现居住地县级人口计生部门应及时将流动已婚育龄妇女避孕节育检查情况等信息，通过全国流动人口计划生育信息交换平台等便捷方式通报其户籍地县级人口计生部门，逐步取消由流动已婚育龄妇女本人邮寄避孕节育报告单的方式，减轻流动育龄群众负担。
6	户籍地要简化办事程序，免费为群众办理《流动人口婚育证明》，可以实行乡（镇、街）办村（居）发，严禁在与外出人员签订合同和办理证件时，搭车乱收费，或以各种名义收取押金、保证金。
7	流动人口的户籍地和现居住地要加强沟通与联系，及时为符合条件的流动育龄夫妻办理有关生育服务证、婚育情况证明及相关手续，不得互相推诿；无正当理由不得拒绝承认现居住地计划生育技术服务机构或指定的医疗保健机构出具的《流动人口避孕节育情况报告单》。
8	户籍地要依法落实流出人口及其家庭应该享有的奖励优惠政策。加强对流动人口、农民工家庭的上门访视工作，建立定期联系制度，尽力帮助流出人口解决家庭困难。
9	严厉查处、公开曝光各种强令流动已婚育龄妇女返乡孕检、跨省设立管理站开展孕检和乱收费等侵害流动人口、农民工权益的违法行政行为。
10	通过公布国家和省级人口计生部门维权电话，在《流动人口婚育证明》中增设基本权益栏目、在各级人口计生部门的网站设立投诉信箱等方式，畅通流动人口、农民工计划生育和生殖健康诉求渠道，接受社会和群众监督。

2007 年之后，各地计生部门开始调整工作思路，把流动人口和农民工纳入自己的服务范围，把以前单纯的强制性管理化为综合性服务。流动人口和农民工能够享受的计划生育基本公共服务包括：计划生育法规政策宣传、计划生育技术服务、优生优育、生殖健康、奖励优待等。

6.2　农民工的公共卫生服务

公共卫生服务是指所有具有公共影响的卫生服务项目，除了卫计委规定的基本公共卫生服务项目之外，对农民工而言，职业病防治以及心理疾病防治也是两项非常重要的公共卫生服务。

基本公共卫生服务

农民工接受公共卫生服务的情况根据地域的不同差距很大。一线城市的公共卫生资金投入充分，医生素质高，农民工接受公共卫生服务的比例和质量都比较高。以儿童预防接种为例，北京、上海、杭州等地的公共卫生服务中心都能够严格按照国家的规定免费注射疫苗，需要收费的免疫项目也能够尽到明确告知的义务，对本地户籍的儿童和外地户籍的儿童做到一视同仁。但是有些二三线城市的公共卫生服务机构会向外地户籍的儿童收取一定的费用，免费疫苗和收费疫苗之间的告知信息不清楚。因此，一部分农民工选择在老家为儿童注射疫苗，常常错过儿童注射疫苗的最佳时间。

农民工对本地社区的公共卫生服务机构的知晓度和利用率都不高。根据孙兰等（2010）对上海市闵行区的调查，本地居民"听说过而且去过社区卫生服务中心"的比例为81.1%，外来流动人口"听说过而且去过社区卫生服务中心"的比例仅为55.6%，本地居民"过去2周去过社区服务中心"的比例为50.3%，外来流动人口"过去2周去过社区服务中心"的比例仅为6.9%。本地居民建立健康档案的比例为92%，而外来流动人口建立健康档案的比例只有24.5%。

女性的孕期保健、分娩以及产后的母婴照料是重要的基本公共卫生服务项目，也是一个社会整体生活水平提升的标志。由于财政资金的制约，目前只有少数城市能够向流动人口和农民工提供这项服务。根据王晖等（2016）的研究，2013年，北京、上海、广东的流动人口孕产妇中，73.3%的孕产妇主要在流入地度过孕产期，其中北京、上海、广东三地的比例分别为61.3%、80.5%和77.1%。在产后一周访视方面，北京、上海、广东三地的流动人口产妇中54.5%会得到一周访视方面的服务，其中北京、上海、广东三地的比例分比为39.8%、81%和42.4%。上海在这两项指标上都超过了北京和广东。

职业病防治

职业病防治是一个劳动保护的问题，也是一个公共卫生问题。根据2001年颁布的《中华人民共和国职业病防治法》，职业病是指企业、事业单位和个体经济组织等用人单位的劳动者在职业活动中，因接触粉尘、放射性物质和其他有毒、有害因素而引起的疾病。[①] 一方面由于农民工对于

① 根据范存（2012）的总结，我国的十大类职业病具体包括：1. 尘肺，有硅肺，煤工尘肺等；2. 职业性放射病；3. 职业中毒，有铅及其化合物中毒、汞及其化合物中毒等；4. 物理因素职业病，有中暑、减压症等；5. 生物因素导致职业病，有炭疽、森林脑炎等；6. 职业性皮肤病，有接触性皮炎、光敏性皮炎等；7. 职业性眼病，有化学性眼部烧伤、电光性眼炎等；8. 职业性耳鼻喉疾病，有噪声聋、铬鼻病；9. 职业性肿瘤，有失眠所致肺癌、间皮癌，联苯胺所致膀胱癌等；10. 其他职业病，有职业性哮喘、金属烟热等。

职业病的危害认识不够，另一方面用人单位更倾向于让农民工从事比较危险的工种，导致农民工群体成为职业病最主要的受害者。根据吴传安（2008）对深圳市宝安区 8014 名农民工的调查，民工中认为自己对《职业病防治法》了解的人仅占总人数的 7.56%。

在推进农民工职业病的防治方面，著名媒体人士王克勤 2011 年联合中华社会救助基金会发起成立的"大爱清尘"公益项目产生了巨大的作用。根据中华社会救助基金会大爱清尘基金在北京发布的《中国尘肺病农民生存状况调查报告（2015）》，全国尘肺病农民患者已超 600 万人，罹患尘肺病的农民工与雇主或用人单位签订了劳动合同的比例仅有 14%，办理了工伤保险的比例更低，只有 9.2%。

心理疾病防治

心理疾病是指一个人由于精神上的紧张，外界的干扰、压力等原因，从而使自己的思维、情感、行为上发生偏离社会常规的现象，可以分为感觉障碍、知觉障碍、注意障碍、记忆障碍、思维障碍、情感障碍、意志障碍、行为障碍、意识障碍、智力障碍、人格障碍等。现代社会工作压力大、生活节奏快、人和人之间的交往缺乏信任，不同职业的人群都有一定比例的心理疾病患者。相对于本地居民而言，农民工的社交范围比较窄、工作和收入不稳定、工作内容更加单调乏味，更容易患上心理疾病。另外，新生代农民工年龄小，心理状态不稳定，心理抗压能力弱，是心理疾病的高发人群。

教育部在 2002 年发布的《中小学心理健康教育指导纲要》中就指出，大中城市和经济发达地区，要普遍开展心理健康教育工作。有条件的城镇中小学和农村中小学，要从实际出发，有计划、有步骤地开展心理健康教育工作。如今，大中城市的中小学都设有专门的心理老师和心理辅导教室，大学校园里面也都设有心理辅导员和心理咨询室。公益性咨询机构是当前针对农民工提供心理疾病防治服务的主要途径。例如，上海市普陀区建交委在 2010 年就成立上海首家建筑工地农民工心理疏导流动工作站，并开通了心理咨询热线电话 021 - 52756038，南京市在 2010 年也成立了由 5 名资深的心理学专家组成的关爱农民工心理咨询志愿服务热线督导组，并开通了爱农民工心理咨询志愿服务热线 025 - 96889910。但是，使用心理咨询热线的农民工数量非常少。

6.3 农民工的计生服务

计生服务属于本地化的服务项目，计划生育服务所使用的经费以及所依靠的工作人员都由地方政府安排，计划生育的服务项目也主要是面向本地的常住人口，包括本地户籍人口和外地户籍人口。但是，农民工的流动性使得本地化的计生服务遇到很大的挑战，计生服务体制也逐渐由最初的各负其责变为全国"一盘棋"。

国务院 2009 年 5 月公布的《流动人口计划生育工作条例》专门对流动人口的计划生育工作进行了规范和统一。该条例第四条规定：流动人口计划生育工作由流动人口户籍所在地和现居住地的人民政府共同负责，以现居住地人民政府为主，户籍所在地人民政府予以配合。这一条把流动人口计划生育的主要责任由原来的户籍所在地政府变为现居住地政府。该《条例》还要求：流动人口现居住地和户籍所在地的乡（镇）人民政府、街道办事处之间建立流动人口计划生育信息通报制度，及时采集流动人口计划生育信息，运用流动人口计划生育信息管理系统核实、通报流动人口计划生育信息。通过人口计生管理的信息化实现全国"一盘棋"。

2009 年 6 月，国家人口计生委发布了《全国流动人口计划生育服务管理工作规范》对各地的计划生育工作体制进行了统一规定。该《工作规范》要求：（1）协调与公安、民政、人力资源社会保障、住房城乡建设、卫生、工商、统计、教育、财政等相关部门的流动人口服务管理，形成人口计生部门与相关部门共同做好流动人口计划生育工作的合力。（2）加强人口计生部门内部及人口计生系统工作的统筹协调，坚持属地化、规范化和信息化管理，形成本部门、本系统"一盘棋"的良好工作局面。（3）流动人口享有现居住地的计划生育服务设施、文化产品等服务资源，逐步实现流动人口计划生育、优生优育和生殖健康基本公共服务均等化。《全国流动人口计划生育服务管理工作规范》的主要目的是建立一个"部门合作、区域协作、信息共享、服务均等"的计划生育管理和服务体制。

服务体制更多的是解决人口控制和计划生育管理上的问题。为了提高计划生育管理过程中流动人口自身的主动性和积极性，计划生育公共服务项目越来越完善和亲民。表 6－3 是湖南省郴州市发布的流动人口宣传资料中规定的"流动人口计划生育基本公共服务内容",其服务内容比国家卫生计生委 2013 年公布的《流动人口卫生和计划生育基本公共服务均等化试点工作方案的通知》中规定的六大项基本服务项目更为广泛。

表 6-3　流动人口计划生育基本公共服务项目 (2015 年)

编号	服务项目
1	免费获得计生相关的政策、法规、优生优育、生殖健康、避孕节育和其他各类医疗卫生等知识的宣传和培训。
2	与户籍人口同等享受街道(社区)图书室、文化馆、健身房等各类活动场所。
3	流动育龄妇女免费获得各种避孕药具;流动已婚育龄妇女每年免费获得 2 次的妇科病检查服务、国家规定的计划生育手术(早期人工终止妊娠术)、放(取)宫内节育器、(卵)精管结扎术等服务。
4	获得免费孕前优生健康检查。
5	符合条件的流动人口免费办理《一孩生育证》《流动人口婚育证明》和《避孕节育情况报告单》。
6	获得免费健康咨询、儿童一类疫苗免费接种、热线电话等服务。
7	获得免费租房、就业、子女入托、入学等信息服务。
8	通过开设维权咨询,免费获得流动人口法律咨询和法律援助服务。
9	流动人口困难家庭享有与本地居民同等的扶贫帮助。
10	免费获得卫生计生基本公共"套餐"服务。

　　广东省佛山市在 2016 年也开展了针对"新市民"的卫生计生服务管理集中宣传活动,其相关的宣传资料中列出的流动人口计生基本公共服务包括:1. 免费孕前优生健康检查服务。2. 免费产前医学检查服务。3. "惠民产房"服务。4. 计划生育手术免费、避孕药具免费发放。5. 流动人口节育奖。6. 流动人口计划生育节育手术保险。7. 申请积分入户。8. 政策性借读。9. 申请积分入学。各地计生部门在公共服务方面都尽量希望能够为农民工提供有吸引力的服务,甚至把技能培训、小学入学、积分入户等服务都包括进来。但是,这些服务项目可能和农民工自身的需求并不吻合。通过对郑州、南京、常州、杭州、上海等五个城市的问卷调查,龚文海(2013)发现流动育龄妇女最希望获得的人口计生公共服务项目包括"检查治疗妇科疾病""技能培训""婴幼儿优生优育指导""独生子女保险""性与生殖健康教育"等(见表 6-4)。另外,从龚文海(2013)获

得的调查数据来看，流动育龄妇女和本地常住人口在希望得到的人口计生公共服务项目的偏好方面没有明显的区别。

表6-4　居民最希望得到的人口计生公共服务项目

单位:%

项　　目	流动育龄妇女	常住居民
检查治疗妇科疾病	46.3	40.4
免费药具发放	1.2	0.4
育龄妇女免费查环查孕	8.3	7.0
家庭计划生育指导	0.9	0.7
性与生殖健康教育	25.7	30.1
婴幼儿优生优育指导	40.8	48.2
技能培训	43.9	40.2
计划生育手术保险	12.6	11.7
独生子女保险	28.1	55.9
计划生育奖励	17.4	10.7
独生子女苦难家庭扶助	1.3	1.1
其他	0.2	0

数据来源：龚文海：《流动人口计划生育公共服务评估及创新——基于五地市的调查》，《西北人口》，2013，（2）：95~98。

6.4　农民工卫生计生公共服务的完善对策

公共卫生和计生服务是经济和社会发展的重要标志，联合国计划开发署（UNDP）的人类发展指数（HDI）就把预期寿命作为非常重要的指标。农民工从农村到城市，获得了享受更好的公共卫生和计生服务的机会，是国家和社会包容性发展的体现。但是，由于自身素质以及社会管理体制上的限制，农民工在接受公共卫生和计生服务方面仍然有诸多需要完善的方面。

第一，要简化健康建档程序，提高农民工健康建档的比例。建档是为农民工提供公共卫生服务的基础，一张小小的健康服务卡片就能够建立农民工与公共卫生服务机构之间的信任。在农民工签订劳动合同、租房合同、办理居住证（暂住证）、接受入职体检等过程中都可以一起完成健康建档的工作。

第二，针对农民工开展健康教育，提高农民工的健康意识。农民工接受公共卫生服务的比例不高，其中很重要的原因在于农民工自身的健康意识比较低。大部分农民工经济压力大，把获得更高的经济收入作为优先目标，常常忽视自己和家人的身体健康，不重视健康检查，直到病重才去就医。公共卫生服务重在预防，因此应该重点加强对农民工群体的健康意识教育，普及食品安全、个人卫生、职业病、慢性病、传染病等方面的知识。

第三，计生服务和计生管理适当分开，消除农民工接受公共服务的顾虑。计划生育公共服务的提供处于两难境地，一方面要为婚育阶段的农民工提供国家规定的服务项目，另一方面要达到控制人口的目的。把计生服务和计生管理捆绑在一起有利于提高政策的接受度。但是，很多农民工出于对于计生管理的恐惧和厌恶，本能地拒绝接受任何计生公共服务，这种情况使得流动人口的计生服务和计生管理目标都难以高质量地实现。2015年12月，国家放开二胎政策之后，计划生育管理政策获得公众认可的程度大为提高，再加上新生代农民工生育意愿下降，把计生管理和计生服务捆绑在一起的必要性已经不大。计生服务属于公共服务的范畴，计生管理属于执法的范畴。公共服务的目标是提高服务质量，提高服务效果，计生管理执法的目标是公正、严格。服务职能应该下移，执法功能应该上移。

| 第七章 |

农民工的文体生活服务

和本地的居民一样，农民工也是一个立体的存在，他们除了工作、收入、社会保障，还有精神文化、体育锻炼、生活和权益维护等方面的需要。随着新生代农民工数量增多，他们比过去更注重通过参与文化、体育等相关互动来体现自身的价值。从城市化进程的长远趋势来看，农民工群体必将融入城市社会之中。平等的文化、体育和生活方式有利于促进农民工对流入地的认同感，成功维护自身的合法权益能够让农民工获得更多的安全感。

农民工 Z 的案例

农民工 Z 今年 38 岁，男性，已婚。Z 来自湖南的农村，在农民工群体中，他属于学历比较高的。他高中毕业之后入伍当兵，在部队生活两年复原回老家，依然没有工作。小时候一起玩的朋友大多南下广东打工，1999年，他也一起去了广东。世纪之交的广东，正是各种小厂蓬勃发展的时候。在老乡的介绍下，Z 最初进到东莞市的一家电子器件加工厂工作。电子器件加工厂坐落在一个小镇上，有自己的员工宿舍和食堂。工厂的工作比较枯燥，工作时间之外，Z 和工友们大部分时间都在工厂内部或者工厂附近度过，和本地人几乎没有交流，也很少出远门。工人们没有特别的文体活动，主要的活动也就是打牌、玩手机、看电视。Z 感觉工厂的生活比高中和部队还单调。工厂里面既没有工会，也没有共青团，工人们大多以老乡会的形式搞一些活动。Z 希望通过自己的努力改变这种现状。2002年，Z 和几个关系好的老乡成立一个工友会。Z 设想的工友会是一个学习会、交友会、联谊会，主要的目的是丰富工友们的文化体育生活。为了活动的方便，工友会在场外租了一间房子，这里成为工友们经常聚会的场所。工友会没有外界的支持，更像一个自娱自乐的小团体。不过，工友会让 Z 认识了更多和自己经历相同或相似的农民工。Z 还通过工友会的活动认识了后来的妻子，2005 年他们回湖南老家结婚。2006 年，受国际经济形势的影响，Z 所在的工厂经营效益下滑，一半以上的工人被裁员，Z 没有被裁员，但是工友会的活动趋于停顿，会员减少了，工友会的财务陷入赤字。2007 年，经朋友介绍，Z 到杭州找到一个服装厂负责物流和仓储的工作。由于有组织工友会的经验，Z 很快加入杭州当地的一家农民工服务组织，并且成为其中的骨干。杭州的这家农民工服务组织和 Z 的工友会一样，主要开展农民工的业余学习、联谊、互助等方面的活动。Z 在杭州的工作地点离主城区不远，Z 也比较擅长和当地的基层政府官员打交道，把农民工服务组织的活动办得有声有色。2009 年，Z 还获得了杭州市的五四青年奖章，这让 Z 在老乡和农民工中的名气大涨。2010 年，Z 辞去服装厂的工作，成为农民工社会组织的三名专职工作人员之一。2011 年，Z 决定回长沙发展，他在长沙注册了一家农民工服务机构，主要在社区为农民工子女提供学业辅导服务，组织农民工的联谊和互助活动，偶尔也会碰到农民工维权和讨薪的事情。Z 觉得在长沙自己仍然是一个农民工，但是有了前面在外漂泊的经历，到了长沙就似乎到了自己的老家。

跨省流动的农民工是农民工的主体。但是，跨省农民工普遍存在的问题就是难以融入当地社会。由于语言障碍，生活习惯不同，社会关系缺乏等原因，跨省农民工几乎处于"文化孤岛"。老一代跨省农民工在流入地买房落户的比例并不高，大部分人在年龄较大、难以找到合适的工作岗位的时候会选择回老家，或者回原籍地的省城或者县城。新生代农民工，尤其是具有较高学历的农民工，很多人都和 Z 有相同的感受，包括社会身份的模糊感、自我认同的无力感、被其他群体的区隔感会经常困扰他们。甚至"农民工"这个词本身对他们来讲也是一种令人不愉快的标签，从文化心理的角度来看，农民工只是在需要向社会求助的时候，才愿意运用自己的"农民工"身份，在其他场合，他们更希望和其他市民一样。为农民工群体提供文体生活服务，既是农民工自身精神生活的需要，也是促进农民工更好地融入本地社会的需要。通过参与本地的文体活动，农民工自身也会感受到"农民工"不是一个身份标志，只是一种"职业状态"。任何一个农民工都可以通过自身的努力，从农民工的职业状态转变为"职工"的职业状态。

7.1 农民工文体生活服务现状

公共文化服务

根据于思瑶（2012）的定义，公共文化服务是指以政府部门为主的公共部门提供的、以保障公民的基本文化生活权利为目的、向公民提供公共文化产品与服务的制度和系统的总称，包括公共文化设施、资源和服务内容，以及人才、资金、技术和政策保障机制等方面的内容。对农民工而言，公共文化服务主要包括图书馆、科技馆、博物馆等公共文化设施，政府和社区提供的文化讲座、文艺演出，群团组织和社会组织举办的联谊活动和文化技能培训。

公共文化服务是公共服务体系的重要组成部分。2011 年 9 月，文化部、人力资源和社会保障部和中华全国总工会下发了《关于进一步加强农民工文化工作的意见》，指出：常住地政府是保障农民工文化权益、满足农民工文化需求的责任主体。要切实将农民工文化工作纳入常住地公共文化服务体系建设，将农民工作为公共文化服务体系的重要服务对象。要将农民工文化服务纳入公共图书馆、文化馆评估考核体系。要推进重大农民工文化惠民工程建设，以"公共电子阅览室"建设为依托进行"农民工网（夜）校"试点。

2014 年 9 月，国务院发布了《关于进一步做好为农民工服务工作的意见》，该《意见》强调要"着力促进农民工社会融合"，丰富农民工精神文化生活，把农民工纳入城市公共文化服务体系，利用社区文化活动室、公园、城市广场等场地，经常性地开展群众文体活动，促进农民工与市民之间交往、交流。

2016 年 3 月，文化部、国务院农民工工作领导小组办公室、全国总工会联合发布了《关于进一步做好为农民工文化服务工作的意见》，对各级政府和其他公共部门为农民工提供公共文化服务进行了详细的规定，指出：到 2020 年，全面实现农民工平等享受城镇基本公共文化服务，为农民工文化服务的内容和手段更加丰富，服务效能显著提升，政府、企业、社会共同参与为农民工文化服务的工作格局建立健全，农民工基本文化权益得到更好保障，农民工群体融入城镇的文化隔阂进一步消除，基本公共文化服务标准化、均等化水平稳步提高。

当前，很多大城市都已经加大了公共文化设施向农民工免费开放的力度，公共图书馆、文化馆、博物馆、美术馆等公共文化设施免费或者低价开放，图书馆的借阅资格基本上向所有持有本地居住证或暂住证的人群开放。文化大讲堂、文艺进社区、社区阅览室等活动和设施基本上向本社区的所有居民开放。农民工获取公共文化服务的条件和环境已经大为改善。

但是，农民工获取公共文化服务的条件改善并不意味着农民工真正能够获得满意的公共文化供给。姜海珊和李升（2016）对北京市农民工的调查结果表明，农民工在闲暇时间开展的文化活动主要是看电视、上网、看电影、看书报杂志、逛街、打牌（按照选择频次的多少排序），为农民工提供公共文化服务活动的主要是老乡会、单位、工会、社区（按照选择比例的高低排序），农民工对政府提供的公共文化服务表示"满意"的比例为23.5%，表示"一般"的比例为39.5%，表示"不满意的"比例为22.6%。由此可见，政府和其他公共机构花大力气提供的公共文化服务对于农民工来说使用率并不高，农民工的文化消费行为仍然以个人化、被动型的行为为主，农民工对政府提供的公共文化服务的满意度不高。

公共体育服务

根据刘亮（2011）的定义，公共体育服务是为实现和维护社会公众或社会共同体的公共体育利益，保障其体育权益的目标实现，以政府为核心的公共部门，依据法定职责，运用公共权力，通过多种方式与途径，以不同形态的公共体育物品为载体所实施的公共行为的总称。参加体育运动是所有人的一项权利，农民工也不例外。2016年6月，国务院发布的《全民健身计划》指出，要统筹建设全民健身场地设施，方便群众就近便捷健身，着力构建县（市、区）、乡镇（街道）、行政村（社区）三级群众身边的全民健身设施网络和城市社区15分钟健身圈，开展职工、农民、妇女、幼儿体育，推动将外来务工人员公共体育服务纳入属地供给体系。

尽管大部分城市社区都按照要求建设了相应的体育锻炼设施，但是大部分农民工由于工作时间长，体育锻炼的频率并不高。根据王敏和王钊

（2016）针对东莞市和中山市的调查，仅有 22.9% 的农民工每周锻炼的次数是三次或者三次以上，农民工体育锻炼的项目主要集中在篮球、乒乓球、羽毛球、散步、台球等场地占用少、器械使用少的项目上。马德浩（2016）在针对上海市农民工的调查中发现，农民工用的休闲时间大部分用在了做家务劳动、辅导子女学习等生存型休闲方式上，而用于体育锻炼或读书看报纸等发展型休闲方式上的时间还比较少，有 26.1% 的上海市农民工在 2012 年参加过体育活动，但仅有 3.6% 的农民工能够达到经常参与体育锻炼的判断标准（即每周参与 3 次及以上体育锻炼、每次锻炼在 30 分钟及以上，锻炼时身体中等出汗或出大汗）。

生活服务

生活服务是指婚姻介绍、租房介绍、春节购票、节假日慰问等和农民工的日常生活密切相关的一些服务项目。对于城市居民而言，家政服务是最主要的生活服务。城市居民一般采用市场化的方式来解决生活服务的提供文体。但是，对于农民工而言，相关的市场没有发展，或者畸形发育，因此需要政府或者其他机构的介入，才能为农民工提供足够的生活服务。

2014 年 9 月，国务院发布的《关于进一步做好为农民工服务工作的意见》指出，要"加强对农民工的人文关怀，关心农民工工作、生活和思想状况"。生活服务的具体内容随时代的发展而变化。

权益维护

权益维护是指农民工通过协商、仲裁、审判等形式保护自身合法权益的活动。农民工由于用工环境不规范、缺乏足够的法律知识，是一个权益容易受到损害的群体。我国有比较完善的法律援助制度，几乎每个市都设有法律援助中心或者法律援助处。2003 年 9 月开始实施的《中华人民共和国法律援助条例》第 10 条规定：公民因经济困难没有委托代理人的，可以向司法援助机构申请法律援助，其中包括"请求支付劳动报酬的"和"请求给予社会保险待遇或者最低生活保障待遇的"情况。

但是，由于司法成本高、司法过程较长，很多农民工并没有选择通过司法途径来维护自身权益。从另一个角度讲，协商和仲裁比司法更加节省社会成本。农民工可以通过工会、公益组织、民间的法律援助机构和资助方进行协商，也可以寻求当地劳动仲裁委员会的仲裁。媒体也是农民工维护自身权益的重要依靠力量。媒体通过对损害农民工权益的事件进行曝光，形成舆论压力，促使农民工权益得到保护。

7.2 农民工的公共文化服务

公共文化设施

图书馆、文化馆、博物馆、科技馆、美术馆等是最主要的公共文化设施。随着农民工群体平均学历的提高，将有更多的农民工和他们的子女对这些公共文化设施产生需求。开放性是公共文化设施的基本要求。杭州图书馆特别注重维护读者群体的多元化需求，致力于建设普遍均等、惠及全民的公共图书馆，只要有杭州市的市民卡或者居住证，都可以办理借阅手续，任何人都可以进图书馆阅读，不需要出示本地身份证，切实践行"平等、免费、无障碍"的开放理念。浙江省东阳市从2006年开始就在农民工比较多的村和社区建设"农民工文化活动中心"，政府通过建设经费财政补贴和运营经费财政补助的方式，把农民工纳入本地的公共文化服务体系。

公共文化设施还要主动为各种特殊群体提供设施利用方面的帮助。重庆市公共图书馆农民工服务联盟就是一个比较典型的例子。该联盟整合重庆市内各公共图书馆的文献资源，在农民工分布相对集中的地区设立农民工图书馆，农民工可以利用重庆市的"一卡通"系统借阅图书资料，该联盟还在寒暑假期间设立农民工子女学校，邀请农民工子女进入图书馆开展各类读书活动（李英，2014）。

公共文化活动

农民工不仅是公共文化的消费者和接受者，他们也是公共文化的参与者和创造者。农民工群体为流入地的公共文化活动带来了多元性和多样性。很多社区在组织"纳凉晚会""中秋游园会""广场演出""露天电影""儿童才艺比赛"等公共文化的过程中都会主动邀请农民工和他们的子女共同参与。在物质条件和制度保障还存在一定差距的条件下，公共文化活动是促进农民工和本地社区相互了解和相互信任的有效方式。

以打工生活为主题的摄影、文学、影视作品的出现和繁荣也为农民工的公共文化提供了升华的空间。从 2011 年起，安徽省文联、安徽省农民工工作领导小组办公室、中国中铁四局集团有限公司已经联合主办了两次"农民工·我的兄弟姐妹"全国摄影大赛。2015 年 8 月，210 幅反映农民工生活的摄影作品在北京王府井大街公开展出，产生很大的社会影响。另外，四川省人力资源和社会保障厅、四川省文化厅和四川省文化馆联合举办的农民工原创文艺大赛也获得了非常好的社会反响。在这些优秀的参赛作品中，农民工用文字反映了自己的经历、体验、思考和梦想。珠三角地区非常有名的《佛山文艺》《打工者》等文学类期刊主要刊登反映农民工生活和情感方面的作品，读者也以打工者、农民工、流动人口为主。

7.3 农民工的公共体育服务

公共体育设施

我国城市社区的基础性体育设施非常普及，带有体育锻炼器材的公园，开放的健身步道等公共体育设施数量较多。但是，对于农民工而言，这些公共体育设施的可及性和适用性不太好。大部分社区的公共体育设施都建在小区内部，而先建设的小区都是封闭式小区，只有在小区内居住才能比较方便使用这些公共体育设施。农民工居住相对比较集中的地区往往位于郊区，公共体育设施就比较少，开展体育锻炼的环境比较差。

把大中小学和体育场馆的一部分设施向社会免费开放是解决公共体育设施分布不均衡的有效方法。浙江省从 2011 年就开始推动中小学体育场地向全社会开放的做法。到 2015 年底，全省中小学的体育场地在规定的时间内向社会开放，附近居民可以凭市民卡、学生证、身份证等有效证件登记进入中小学锻炼。向社会开放的中小学体育场地绝大部分免费，只有少数特殊的场地向物价局申请批准之后才能够收取费用。

公共体育活动

人们是否经常参加体育锻炼往往受自己身边的人的影响最大。农民工缺乏体育锻炼除了工作时间长、体育运动场地少等客观因素之外，最主要的还是农民工自身对体育锻炼缺乏兴趣，缺少开展体育锻炼的氛围。因此，通过组织有针对性的体育运动，激发农民工群体开展体育锻炼的积极性，能够让农民工充分利用现有的体育设施，达到更好的锻炼效果。有些社区发起和举办农民工和本地居民的乒乓球比赛、拔河比赛、篮球比赛等。在农民工人数比较多的企业，有些工会还组织了农民工和正式员工之间的体育比赛活动。体育活动能够很快拉近农民工和本地居民、农民工和正式职工之间的感情联系，由于工作性质的缘故，农民工在某些体育项目上比较有优势，体育活动能够提高他们的自信心。

为了促进农民工持续参与体育活动，培育和建立农民工自己的体育组织是最好的方法。重庆广夏一建的农民工就建立了自己的足球队，合肥市的建筑工地也成立了一支农民工的足球队。农民工足球队完全是一种满足体育兴趣的自组织，其锻炼的专业性和技术性和业余足球队的水平都有较大差距。但是在激发农民工体育锻炼积极性方面，农民工的体育自组织具有不可替代的作用。从 2008 年开始，宁夏每年举办一次"进城务工人员体育节"，组织农民工参加拔河、小轮车往返跑、定点投篮等简单且带有趣味性的体育比赛项目。

7.4　农民工的生活服务

农民工远离家乡，长时间在外工作生活，会碰到许多生活上的问题。基层政府部门、群团组织、社区和社会组织能够发挥自身的力量，为农民工克服这些生活上的困难提供一些针对性的服务项目。这些项目主要包括：（1）火车站春节期间为农民工预订来回火车票。（2）工会春节期间组织包车送农民工回老家。（3）单位或社区举办农民工相亲联谊会。（4）工会和社会组织举办"小候鸟"托管班，让暑期进城陪伴服务的留守儿童有一个安全的照料场所。（5）电视台为农民工举办礼仪培训，让农民工在言谈举止和礼貌习惯上融入城市。（6）关爱留守儿童，带领留守儿童了解城市、了解父母的工作和生活。

近年来，由于农民工工资总体上涨，农民工群体和本地居民之间的收入差距在缩小。还有一部分有大学学历的新生代加入农民工群体，农民工和城市居民在学历上的差距也在缩小。但是，农民工和本地居民之间在生活习惯、社交礼貌、休闲方式等方面的区别在短时间内难以自然消除。有针对性的生活服务可以在一定程度上减少农民工的被差别感，从而能够以更积极的心态融入当地社会和社区。

7.5 农民工的权益维护

农民工的法律援助

法律是最主要的维权武器。司法系统从中央、省（自治区、直辖市）到市、县（区）各级都设有法律援助中心。司法系统的法律援助中心有强大的律师队伍，能够在多方面维护农民工的合法权益。例如，重庆市渝中区法律援助中心针对农民工维权事件增加的趋势，在全区 12 个街道和劳动等 6 个部门建立了 18 个法律援助工作站，在社区和律师事务所建立了法律援助联系点，建立了一个包括农民工在内的弱势群体申请法律援助的网络，对于农民工因工资、工伤、社保等纠纷申请法律援助一律免于经济状况审查，对农民工因诸如交通事故、医疗事故等请求赔偿的法律援助事项，与其他城市困难群体一视同仁，不差别对待。2010 年，区法律援助中心为农民工提供民事法律援助 514 件，占全部民事援助案件数的 63%。

和官方的法律援助机构相比较，民间的法律援助机构更加活跃。武汉大学法律援助中心是国内第一家依托高校为社会提供公益服务的民间法律援助机构。其他比较重要的民间法律援助机构有中国政法大学法律援助中心、中国政法大学准律师协会法律援助中心、北京至诚农民工法律援助与研究中心、北京义联劳动法援助与研究中心、石家庄市农民工法律援助中心等。其中，石家庄市农民工法律援助中心是在中华全国律师协会和石家庄市司法局的支持下，依托河北佳诚律师事务所的力量于 2006 年成立的农民工法律援助机构。从成立到 2013 年，该机构已通过法律手段为 5 万名农民工追回工资及工伤赔偿款 3668 万元，避免群体性矛盾冲突 200 余次。

农民工的行政支持

行政部门和群团组织对农民工权益的重视，能够从根本上减少农民工权益受损的情况。行政部门主要通过建立多部门联合行动机制，为农民工的权益维护做好制度支持。比较典型的例子有陕西省石泉县的农民工维权代表制度。石泉县总工会和人社局、司法局在全县建立了农民工维权的县、镇、村三级网络体系。该网络吸收了 161 名农民工维权代表，这些维权代表自身就是农民工，对农民工权益受损的情况比较清楚。2015 年止，这些受聘的农民工维权代表先后参与 500 多起侵害农民工权益案件，为农民工追回赔偿金 3000 多万元。另外，江苏省淮安市淮安区人社局、公安局、住建局、交通局、水利局、国资办、工商局和总工会八个部门在 2015 年 12 月底到春节之前联手对区内企业使用农民工的各类用人单位进行检查，督促用人单位按时足额支付农民工工资。

工会是维护农民工合法权益的重要群团组织。工会通过跨省、跨区域的联合行动或者协议能够有效解决农民工的异地维权问题。例如，重庆市总工会和云南省总工会在 2016 年签订了《农民工维权合作协议书》，根据协议，双方负责对方农民工输入后的组织管理工作和权益维护工作，加强协调沟通，促进社会各方给予其平等待遇，当接到农民工的投诉或输出地工会的联系时，组织相关部门或基层工会调查情况，维护权益。

农民工的社会组织支持

从事农民工权益维护工作的社会组织大部分由长期关注农民工群体的人士成立，有些发起人自身也有农民工的生活经历。这些社会组织以农民工为主要服务对象，同时也吸收农民工作为会员。因此，社会组织为农民工提供的支持更加具有平等性和自发性。例如，浙江省金华市的小小鱼服务部就是一家致力于维护农民工权益的社会组织。小小鱼服务部的创始人黄才根自己也曾经是一位农民工，2008 年他在浙江省武义县一家餐具厂打工时，一次车间事故导致他手臂受伤。黄才根通过自学法律维权，经历了仲裁、一审、二审的过程之后，终于获得了应有的赔偿。自身的维权过程让黄才根体会到农民工在权益维护方面的艰辛，于是他在 2008 年经过工商注册，成立了小小鱼服务部，主要为打工者提供法律援助、提升打工者法律意识，推动和促进打工者权益保障，引导打工者融入城市生活。

在大力开展依法治国、农民工权益越来越受到政府和社会重视的背景之下，农民工权益维护类社会组织的行为也越来越理性，他们向农民工提供的服务内容也越来越丰富。其他影响比较大的社会组织包括深圳市春风劳动争议服务部、广东番禺打工族服务部、小小鸟打工互助热线、北京农家女文化发展中心（打工妹之家）等。这些社会组织大部分以工商或者民办非企业单位的形式注册，因此在税收减免、接受捐赠等方面还存在较多的障碍，组织规模普遍比较小。

7.6　农民工文体生活服务的完善对策

文化、体育、生活、权益维护是农民工精神生活的重要组成部分，也是促进农民工社会融入，实现公共服务均等化的重要方面。现有的公共服务体系为农民工已经提供了比较基础层面的文化、体育、生活和权益维护方面的服务。但是，从农民工的实际需求来看，仍然有许多需要进一步完善的措施。

第一，应该更多地把农民工纳入主流文化活动中来，防止农民工文化出现颓废化、怪诞化、自我隔离化的趋势。农民工文学一方面很繁荣，出现了很多具有正能量的作品，另一方面也存在一些令人不安的趋势，有些学者已经注意到了这一点。因此，在农民工的公共文化提供方面，应该多强调共性和融合，避免把农民工当作一个非常特殊、怪异、不可理解的群体。

第二，在体育锻炼方面，应该有专门的资金用以支持农民工自发组织的体育团队。自发组织的体育团队是激发群众坚持体育锻炼的最好载体。城镇居民自发成立的体育团队经常可以从社区、工作单位、体育部门、群团组织等渠道获得资金支持。但是农民工自发组织的体育团队很难获得外界的支持。加上农民工的流动性比较强，因此，大部分农民工自发成立的体育团队都是昙花一现，很难坚持下来。如果能够获得外界的资金支持，即使一部分农民工因为工作流动而退出，体育团队仍然可以招收新的会员维持下来。

第三，农民工的生活服务不够系统，生活服务的内容比较碎片化。农民工的生活服务还没有形成一个能够为公众普遍接受的概念。各地政府和公共部门往往根据自己的理解和自身的优势为农民工提供生活方面的服务项目。这样，一方面导致不同地区的生活服务项目相差很大，另一方面导致同一个地区在生活服务内容上也很不稳定。因此，在农民工生活服务提供方面，当务之急是要形成一个比较统一的政策概念，明确农民工生活服务包含哪些主要的项目，采取哪些主要的提供方式，让各地早已存在的生活服务项目有一个明确、统一的指导。

第四，在农民工权益维护方面，应该加强行政支持体系和社会组织之间的联动。通过行政部门和群团组织的区域内联合以及跨区域互动，行政支持系统可以建立一个非常完善的农民工权益维护网络。但是，这个网络忽视了农民工权益维护类社会组织的力量。如果能够把农民工权益维护类社会组织整合进来，行政支持体系将能够更加准确地把握农民工群体的需求，在维护农民工合法权益方面的效率也更高。

第八章

农民工公共服务的机制创新

农民工群体产生于市场经济的大潮之中，农民工的公共服务反映了社会建设和政府改革的成就。对于经济体系而言，农民工可以说不是一个新事物，但是对于社会管理和地方治理而言，为农民工提供均等化的公共服务则完全没有先例可循。因此，为农民工提供公共服务需要机制创新。

从公共服务的供给来看，实现农民工公共服务均等化主要有三个方面的难点。首先，对原有的公共服务体系而言，农民工是一个新的群体。我国原有的公共服务体系建立在城乡分割的基础上，城镇公共服务体系主要针对有正式工作单位的本地居民。农民工群体的出现和壮大使得原有的公共服务体系不得不"升级"，在更高层面实现公共服务的均等化供给。其次，农民工具有双重身份，和公共服务中的"不得重复救济""不得重复保障"的原则相冲突。农民工大部分拥有农村户籍，随着农村地区社会保障和公共服务的不断完善，农民工在原籍地能够获得的利益和保障越来越多。如果在流入地也获得和当地居民同等程度的保障和公共服务，将会产生重复保障的问题。最后，农民工群体的内部差异也非常大，包括职业、收入、文化水平等方面，不同的农民工群体对公共服务的需求也存在很大差异。由于这三个方面的困难，农民工的公共服务往往需要地方政府和其他组织针对实际问题积极创新，然后在这些创新的基础上形成具有普遍意义的政策。

8.1 公共服务的创新方向

公共服务的创新是指政府或者其他组织在提供公共服务的过程中，发现（细分）了新的服务对象，提供了新的服务内容，引入了新的提供方式，形

成了新的标准、规则或者制度等。公共服务创新有自身的规律，当前的公共
服务创新主要体现在集成化、体系化、联动化、内生化四个方面。

集 成 化

集成化是把原来分散的服务项目在地理上集中起来，让接受服务的人
通过一个地方能够办理多个事项，接受多方面的服务。例如，很多地方提
供"一站式"服务、建立了"综合服务中心"、实行"首问负责制"等。
这些都是公共服务集成化的体现。

集成化符合政府职能改革的方向。公共服务大多属于政府职能或者政
府职能的延伸。当前，政府职能改革的总体原则是"事务权向下分解，决
策权向上集中"。集成化就是在服务层面把和某个服务群体相关的不同项
目集中起来，达到降低服务对象时间成本、提高服务效率的目的。

集成化能够有效节约社会成本。由于集成化常常以不同的被服务人群
为标准进行划分，省去了人们在不同部门之间来回奔波的成本。另外，集
成化使得相关部门之间实现信息共享，能够节约职能部门的内部管理
成本。

体 系 化

被服务群体由于职业、收入、身份的不同，对公共服务的需求也迥
异，因此，公共服务的提供需要体系化的设计。政府部门和其他组织在权
衡公平与效率、权利与责任、需求与供给等多方面因素的情况下，把被服
务群体分为不同的类别，然后针对不同类别提供不同的公共服务。比较典
型的例子就是很多大城市正在探索的"农民工积分入户"政策和"农民工
子女积分入学"政策。

公共服务的内容之间有相互关系，如果没有系统化的设计，很容易导
致政策冲突或政策阻塞。例如，职业培训和就业、公共卫生和医疗保险等
之间就存在很强的关联性，但是有些地方一方面大力培训农民工，另一方
面在农民工就业范围方面加强限制，有些地方鼓励把农民工纳入公共卫生
服务，但是在医疗保险报销上又有很多限制，这些政策有时候相互矛盾，
容易造成公共服务资源的浪费。

公共服务的主体之间独立决策，缺乏协同，因此需要系统化设计让不

同的公共服务主体各尽其能。政府部门、社区、群团组织、社会组织等在提供公共服务的时候并没有很好的协同机制，容易造成不同组织重复提供服务的问题。例如，一部分收入较低的农民工家庭会被"重复慰问""重复扶贫""重复培训"，而另一部分贫困的农民工家庭可能完全被忽略。公共服务体系化可以规范不同的主体的主要工作范围和服务对象，让所有群体都能够被覆盖。

联动化

联动化是指在提供公共服务的过程中，把该服务内容的所有利益相关者包括在服务提供的框架之中。性质完全不同的主体在服务提供框架中通过多种不同的机制进行沟通、联系、互动，各自扮演不同的角色。比较典型的例子有"服务联盟""服务平台"等。

联动化要求把公共服务的决策、设计、筹资、提供、评估等环节委托给不同的部门或者组织，提高创新的社会嵌入性，提高创新项目的可持续性。刘伟（2014）认为，那些有更多部门或组织参与、社会嵌入性比较强的政府创新项目更容易成功地维持下来，那些由政府部门单方面推行的创新项目则很容易因为政府部门的人事更迭而陷入困境。

联动化有助于提高公共服务决策的透明度，促进公共服务的标准化和均等化。在提供公共服务的每一个环节，由于有多个利益相关主体的参与，公共服务的决策信息必定在一定范围内公开共享，提高了决策的透明度。由于要兼顾所有利益相关主体的意见，公共服务必定要给出较为客观化的标准，让所有相关群体都能够从公共服务中获得一定利益，促使公共服务向均等化的方向发展。

内生化

公共服务的最终目的是提高被服务对象的能力，让被服务群体自我管理、自我服务。"授人以鱼不如授人以渔"，很多职业培训项目，返乡创业资助项目，以及孵化农民工自组织的项目都体现了"内生化"的趋势。

内生化有利于提高公共服务的质量。公共服务的提供并不是一个单向的、线性的过程，而是一个双向的、非线性的过程。被服务的对象自身的能力越强、反馈信息越积极，公共服务的质量就越高。农民工群体对自身的利益和需求都非常了解，能够让公共服务更加有针对性。

内生化有助于激发社会活力，尊重被服务对象的人格。内生化的服务项目并不把农民工看成一个被动接受"恩惠"的客体，而是一个有自己尊严、和其他居民平等的主体。一部分能力得到提升的农民工不仅可以自助，还可以互助，有的甚至可以主动帮助其他有需要的社会群体，形成农民工群体和社会的一种良性互动局面。

8.2　地方政府的农民工公共服务创新

在提供农民工公共服务方面，政府无疑承担着最主要的责任，中央政府主要从政策引导、政策设计、实施规范和监督等方面推进农民工公共服务创新，地方政府主要负责具体的政策创新和实施。省和县市级政府主要从政策设计层面创新，区和街道政府部门主要从政策实施层面进行创新。由于各级政府部门的创新、引导和推进，社会对农民工群体的态度从最初的"漠视""隔离"转变为后来的"同情""扶助"，到现在，"均等"和"融合"成为对农民工群体的主流看法。地方政府的农民工公共服务创新主要体现在集中服务、体系构建、政府间协同等三个方面。

集中服务

在农民工比较集中的地方建立专门的"农民工服务中心""农民工服务站""农民工之家"设施，为农民工集中提供职业介绍、就业培训、社会保障、代办居住证等多方面的服务。

2009 年，南京市玄武区红山街道和建邺区南苑街道分别成立了"新南京人服务中心"，"新南京人服务中心"具备管理服务、权益维护、文化教育、党团活动四大功能，承担就业服务、职业培训、社保经办、政策咨询、法律援助、文化娱乐、计划生育和公共卫生、学校教育、劳动争议调解仲裁、居住登记、党团组织管理等十余项工作。2010 年 7 月，南京市农民工工作领导小组办公室发布了《南京市新南京人服务中心建设标准（试行）》的通知，该标准规定："新南京人服务中心"的一站式服务窗口必须设置以下十个服务项目：1. 就业服务；2. 职业培训；3. 社保服务；4. 政策咨询；5. 法律援助；6. 文化娱乐；7. 计划生育和公共卫生；8. 居住登记；9. 劳动争议调处；10. 党团组织管理。可以根据本街道、社区（村）

的实际情况增设服务项目。另外,南京市还成立了"南京市建筑施工人员管理服务中心",为建筑行业的农民工提供综合性的一站式服务。

杭州市的"蓝领驿站"是一个主要为农民工中的蓝领工人提供党群建团、教育培训、文化娱乐、关爱解难等各种服务的开放式平台,该平台提供文化娱乐、法律维权、纠纷调解、志愿公益等 40 多项服务。"蓝领驿站"由杭州市党委组织部从 2014 年开始策划推动,主要设在蓝领农民工比较集中的萧山区。"蓝领驿站"的建设主要有"村(社区)+企业""大企业建站""市场园区建站""楼宇建站""镇街建站"五种方式。到 2015 年 11 月,全杭州市已建立了 56 家"蓝领驿站"。另外,济南市、苏州市、无锡市、南昌市等地在近几年都建立了本地的农民工综合服务机构。

重庆市还通过设立"农民工日"的形式为农民工提供时间意义上的集中服务。重庆市是国内第一个专门设立"农民工日"的城市,每年 11 月的第一个星期天定为"农民工日",从 2007 年开始,到 2015 年已经连续举办了九个"农民工日"。重庆"农民工日"倡导社会公平、营造和谐氛围,每年的主题不同,主要围绕农民工培训就业、劳动保护、社会保障、子女教育、医疗卫生、计划生育、住房安置、户籍管理、土地使用等方面为农民工提供服务。2015 年,重庆市第九个"农民工日"的主题是"我们是城市的主人",旨在让农民工能"个人融入企业、家庭融入社区、子女融入学校、整体融入城市"。

体系构建

体系构建是指在农民工服务的某一个方面,分析多种可能的情况,为不同类别的农民工提供不同层次、不同组合的服务项目。体系构建方面的创新往往能够使公共服务在效率和公平方面得到较好的兼顾。但是,政策体系的构建需要对政策的宏观把握和很强的协调能力,因此只有权威性的政府部门才能够办到。

宁波市在为农民工提供公共服务方面进行了较好的政策体系构建。例如,宁波市海曙区公安局在推行为外来务工人员主动发证方面就推行了ABCD 分级管理制度。这个制度将外来务工人员分为 A、B、C、D 四大类进行登记,A 类为有身份证的外来务工人员,B 类为有其他有效证件的外来务工人员,C 类为有担保人的外来务工人员,D 类为无任何身份证明和担保人的外来务工人员。重点加强对 C、D 两类外来人口的信息管理，对 D 类外来人口还有采集照片、指纹等，进行动态跟踪管理和服务（熊觉，2010）。

在社会保险、就业培训、子女入学等方面，宁波市对农民工也做了一定的分类。按照就业时间长短和就业的稳定性，农民工可以分为长期农民工和短期农民工。长期农民工类似于新市民或者"新××人"，短期农民工 1 年之内很可能会流动到其他城市。宁波市从 2007 年就开始对外来务工人员进行积分制管理，不同的积分情况享受公共服务的程度也不同。

政府间协同

一般情况下，农民工的公共服务由不同的政府部门提供。但是，在碰到"讨薪""综合治理"等复杂局面的时候，仅有主要职责部门的努力很难解决问题。这种情况下需要多个部门协同，建立跨部门合作机制，简化或者减少部门之间的手续和程序，从根本上解决农民工面临的难题。

针对农民工欠薪严重的情况，石家庄市 2014 年成立了联合清欠办公室，对全市范围内农民工欠薪问题进行清理。联合清欠办公室由人社、房管、建设、公安等部门安排专人进驻，组成综合协调组、举报投诉受理组和应急处置组 3 个集中办公小组，集中对全市各行业拖欠农民工工资举报投诉案件进行受理、处置和协调。呼和浩特市也从 2014 年开始，由市政府牵头，市政府督察室、公安局、司法局、人力资源和社会保障局、城乡建设委、城管执法局、住房保障和房屋管理局、信访局、中级人民法院九个部门组成了市联合清理拖欠农民工工资办公室，用于解决企业拖欠农民工工资的问题。

8.3　群团组织的农民工公共服务创新

群团组织是工会、共青团、妇联、科协、工商联等 22 家人民团体和群众团体的总称。群团组织体系性强、覆盖面广、影响巨大。群团组织是党和政府联系广大人民群众的重要桥梁和纽带，是党和政府事业的重要组成部分。2015 年 7 月，党中央首次召开群团工作会议，明确了在新形势下加强和改进党的群团工作的重要性和紧迫性，并发布了《中共中央关于加强和改进党的群团工作的意见》，提出群团组织的建设要强调政治性、先进性、群众性和服务性。很多群团组织的工作都和农民工公共服务的提供密切相关。其中，工会、共青团和妇联是最重要的三大组织。

工会

工会是和农民工关系最为紧密的群团组织。工会是代表工人利益的群团组织，主要为工人群体提供社会福利、开展职业培训、维护工人权益，但是在很长一段时间，农民工由于其存在双重身份，一直没有被纳入工会的管理系统。工会的创新主要体现在两个方面。第一个方面的创新是突破现有的工会管理体制，把农民工纳入工会中来。广东省从2012年就开始推进农民工加入工会的工作。2012年4月，广东省政府发布的《广东省实施〈中华人民共和国工会法〉办法》中就明确提出：任何单位和个人不得以职工户籍、就业期限、就业形式为理由，也不得以变更或者解除劳动合同、降低工资、不缴纳社会保险费等手段阻挠、限制职工依法参加工会。2015年11月，北京市第十四届人民代表大会常务委员会通过的《北京市实施〈中华人民共和国工会法〉办法》也规定：任何组织和个人不得以职工户籍、就业期限、就业形式等为由，以解除劳动合同、降低工资、不缴纳社会保险费等手段，阻挠和限制职工参加和组织工会；不得对参加和组织工会的职工进行打击报复。这些地方性的实施办法为农民工加入工会扫清了法律上的障碍。按照新的实施办法，农民工有权利加入工会组织，符合条件的企业应当建立工会。有些地方还为不符合设立工会条件的企业建立了联合工会，让在不同的小企业工作的农民工结合起来成立工会，最大限度把农民工纳入工会系统中来。2015年4月，中华全国总工会在全国开展了"农民工入会集中行动"。集中行动针对农民工数量比较集中的行业和区域，推动全国省级以上开发区（工业园区）全部建立工会组织，推动大型在建项目建立工会，推动小型在建项目以联合工会的形式建会，推动全国重点快递公司、百强家庭服务企业、全国农业合作社加工示范单位等企业规范建立工会组织。

第二个方面的创新是提高农民工在工会体系中的地位。2015年，《全国总工会改革试点方案》经中央全面深化改革领导小组审议通过。该方案最大的亮点就是要求增设农民工兼职副主席和挂职书记处书记，让工会能够切实代表广大农民工的利益。2016年1月，在中华全国总工会第十六届执行委员会第四次全体会议上，农民工巨晓林当选为中华全国总工会副主席，他是中国首位以普通农民工身份当选的全总副主席。2016年2月，在上海市总工会十三届七次全委会上，农民工朱雪芹作为农民工工会会员代表当选为兼职副主席。

共青团

共青团是党领导的先进青年的群众组织，是党和政府联系青少年群体的桥梁和纽带，在社会上有巨大的影响力。新生代农民工中有很大一部分属于青少年。2016年8月，中共中央办公厅印发了《共青团中央改革方案》，明确要求各级共青团组织"提高服务青年和维护青少年合法权益的能力，推动出台面向青年的普惠性服务政策，推进基层服务型团组织建设，建立团内外资源区域化统筹配置机制，形成共青团工作品牌体系；更加注重直接服务普通青年，努力打造直接联系服务青少年的阵地依托，推动团的各级领导机关组织实施直接面向青年的重点服务项目，开设直接面向青年的活动场所，提升服务能力"。

共青团组织的创新主要表现在两个方面。第一个方面是加强在青年农民工中建立共青团组织，扩大共青团组织的覆盖面，增强团组织和农民工之间的联系。作为一个以桥梁和纽带为己任的组织，共青团比较早就跨越户籍界限，尝试把青年农民工纳入团组织系统的方式。2011年1月，共青团济南市槐荫区委在西客站片区的青年农民工中建立了团组织。团组织的主要功能就是联系农民工、服务农民工，开展了青年安全示范岗创建活动，普及安全常识，提升农民工的安全意识，开展农民工技能培训，举办技能大赛，满足青年务工人员的求知欲，增强自豪感，请高校志愿者对农民工子女进行课外辅导，开展自我保护教育等。

第二个方面的创新是打造"共青团关爱农民工子女志愿服务行动"的品牌活动。2010年4月，共青团中央发布了《关于开展"共青团关爱农民工子女志愿服务行动"的通知》（中青发〔2010〕5号）。该通知要求各级团组织、志愿者组织，以及社会各方面的志愿者针对随父母进入城市的农民工子女和留在农村的农民工子女，主要开展学业辅导、亲情陪伴、感受城市、自护教育、爱心捐赠等方面的服务和活动。

妇联

妇联是代表和服务女性的群众性组织。妇女联合会实行的是地方组织和团体会员相结合的组织制度。女性农民工、农村留守妇女、农民工子女三大群体一直是妇联工作关注的对象。妇联和其他群团组织一样处于改革之中。2016年8月开始实施的《全国妇联改革方案》重点着眼于解决妇联组织中存在的机关化、行政化等脱离妇女群众的现象,要把更多的服务资源、力量和手段下沉到基层,增强妇联领导机构人员构成的广泛代表性,建设专职、挂职、兼职相结合的妇联干部队伍。

上海市和重庆市成为妇联改革的两个试点城市。上海市妇联改革试点的方案要求,妇联组织要向新领域、新阶层、新群体拓展和创新组织覆盖,在各类社区、社会组织、中介行业、专业市场、商务楼宇、园区,以及外来务工妇女、自由职业妇女、知识女性等相对集中但还未建组织的"盲区",不拘一格建组织,实现有效覆盖。

重庆市妇联主要通过组织化、建制化的方式扩大基层妇女群众参与公共事务,服务农村妇女,促进留守儿童保护。重庆市妇联在潼南工业园区建设了全市第一家群团服务站,由园区副主任和妇联主席兼任站长,建立了70个企业女工委和25个妇女小组,实现了对工业园区女性农民工的全覆盖。重庆市妇联还以"市妇联支持一点,区县妇联配套一点,社会各界捐资一点,留守妇女自筹一点"的筹资方式,帮助100个村妇联设立了留守妇女互助基金,引导留守妇女互帮互助保持常态长效发展。重庆市妇联在铜梁区建立了"1 + 1 + N"帮扶模式,让村社妇联干部担任"爱心妈妈",与困境儿童结成帮扶对子,联合相关部门、机构,拓展社会帮扶力量,实现家庭监护、学校教育、社会关爱的无缝对接①。安徽省马鞍山市妇联在留守妇女数量较多的村成立"留守妇女互助组",实现了留守妇女在生产上相互帮助、生活上相互扶持、情感上相互依靠、安全上相互关照,市妇联大力帮助留守妇女领办合办"徽姑娘"农家乐、女子合作社、家庭农场等各类经济实体,吸引外出打工的"另一半"纷纷返乡安居乐业,全市留

---

① 许真学:《重庆妇联组织改革持续推进:改革让基层妇女有更多话语权》,《中国妇女报》2016年5月24日。

守妇女已由 2009 年的 2.3 万减至 2016 年的 1.3 万，年均减少 8%。[①]

8.4 社区的农民工公共服务创新

社区是城镇地区覆盖最广、内容最全面的公共服务提供机构。根据民政部发布的《2015 年社会服务发展统计公报》，截至 2015 年底，全国共有各类社区服务机构和设施 36.1 万个，其中社区服务指导中心 863 个，社区服务中心 2.4 万个，社区服务站 12.8 万个，社区志愿服务组织 9.6 万个。社区是居民生活和居住的主要场所，城镇地区的绝大部分公共服务项目都需要通过社区来提供。由于社区的运作经费主要来自地方财政，社区在名义上属于本地居民委员会指导，因此，早期的社区主要以拥有本地户籍的居民为服务对象。但是，随着社会流动加剧，社区内部住户不一致的情况越来越普遍，通过社区把农民工纳入公共服务体系是实现城乡公共服务均等化的必由之路。

早在 2012 年 1 月，民政部就发布了《关于促进农民工融入城市社区的意见》（民发〔2011〕210 号）。该意见要求城市社区要构建以社区为载体的农民工服务管理平台，扎实做好农民工社区就业服务工作，切实保障农民工参与社区自治的权利，健全覆盖农民工的社区服务和管理体系，发展丰富多彩的社区文化生活。但是，由于公共服务的提供是一个系统性的工程，社区仅仅是公共服务的提供末端，因此该意见中提出的五个方面的要求在一段时期内仍然是社区工作努力的方向（见表 8-1）。社区的创新更多侧重于利用现有的资源，在生活服务和社区融入方面为农民工提供更多的项目。

表 8-1 民政部《关于促进农民工融入城市社区的意见》

法规名称	主要目标	具体措施
民政部《关于促进农民工融入城市社区的意见》(民发〔2011〕210 号)	构建以社区为载体的农民工服务管理平台	整合人口、就业、社保、民政、教育、卫生、文化以及综治、维稳、信访、法律服务等社会管理职能和服务资源，完善以社区服务站为主体的社区综合服务管理平台，将农民工服务管理纳入其中。

①　王蓓：《打造五"家"，让女农民工"心有所依"》，《中国妇女报》2016 年 2 月 3 日。

续表

法规名称	主要目标	具体措施
民政部《关于促进农民工融入城市社区的意见》(民发〔2011〕210号)	扎实做好农民工社区就业服务工作	配合相关部门做好针对农民工的就业政策咨询、就业信息发布、职业教育技能培训、创业技能培训和职业介绍服务等工作,促进农民工创业就业。协调有关部门帮助农民工化解劳动矛盾、劳动纠纷,切实维护好农民工的合法权益。
	切实保障农民工参与社区自治的权利	在本社区有合法固定住所、居住满一年以上、符合《中华人民共和国城市居民委员会组织法》选民资格条件的农民工,由本人提出申请,经社区选举委员会同意,可以参加本社区居民委员会的选举。
	健全覆盖农民工的社区服务和管理体系	将涉及农民工切身利益的劳动就业、公共卫生、住房保障、社会保障、计划生育、社区矫正、安置帮教、法律援助、优抚救济、社区教育、社会救助、文化体育、社会治安等社区服务项目逐步向农民工覆盖。
	发展丰富多彩的社区文化生活	组织开展形式多样的宣传教育和交流培训活动,增进农民工对所在社区的认识,加快他们对城市生活理念和生活方式的适应和融入,在社区内形成农民工与当地居民相互理解、尊重、包容的生活氛围。

集中社区

农民工集中居住的社区是指以农民工为主要居民的社区。这种社区一般位于城市的郊区,工业园、工业开发区、工厂连片地区修建的专门用于农民工居住的社区。农民工集中居住的社区在内部融入方面有天然的优势,大部分农民工年龄接近、经历类似,单身居多,社会交往的欲望比较强烈,容易组织社区的文体活动,针对农民工的政策和活动比较容易集中落实。集中居住社区的弱点在于和本地居民的交往比较少,容易形成生活孤岛,农民工对本地的认同感难以建立。

杭州市在外来务工人员密集居住的地区成立社区组织,充分发挥社区组织"自我管理、自我教育、自我发展"的功能,使外来务工人员在异地他乡也能够找到家的感觉,帮助他们更好地融入城市生活。杭州市下沙白杨街道邻里社区就是一个典型的外来务工人员集中居住的社区。该社区9200多名住户全部是附近企业的员工，他们来自全国的11个省市，有着不同的生活习惯、人生经历和方言。邻里社区通过在居民中成立团委——楼道团支部的方式把社区的住户组织起来，成立了艺术团、文学社、篮球队、舞蹈队等民间社团。社区还针对外来务工人员的需求先后建立了市民学校、外语培训基地、模拟法庭、电子阅览室等设施，使得外来务工人员能够充分利用业余时间学习新的知识，提高自身能力。另外，每逢传统节假日，社区还会组织丰富多彩的联谊活动，甚至为年轻人牵线搭桥、介绍对象也是社区工作人员的业务之一。

混居社区

大多数农民工租住本地居民的房间，和本地居民一起生活，形成了混合型社区。混合型社区的优势在于能够动员农民工和本地居民两种不同的力量，容易组织社区融合类的活动。但是，在社区治理结构上，本地居民和农民工之间显然存在差异，在生活习惯和文化心理上，本地居民和农民工之间也存在很大的差异。混合型社区中，为了促进农民工和本地居民之间的融合，更需要制度上的创新。

慈溪市通过在外来人口较多的地区建立村和社区一级的和谐促进会，不仅有效地解决了农民工的管理问题，而且极大地促进了农民工和本地居民间的融合。和谐促进会是一个会员制的民间组织，由全体会员大会选举产生的理事会是其决策机构。和谐促进会的理事会成员主要包括三部分人群。第一部分是所在村和社区的干部，第二部分是农民工中的活跃分子、骨干、有社会管理工作经验的人员，第三部分是所在地社会责任感比较强的企业家。和谐促进会通过举办联谊活动、公益活动、宣传活动、文艺活动等方式促进本地居民和农民工、农民工和农民工之间的了解和信任。和谐促进会的工作重点是调解纠纷，让社会矛盾在刚出现的时候就得到重视和化解，避免社会矛盾的扩大和激化。农民工中的优秀分子是和谐促进会中的重要力量，他们一方面在老乡群体中具有一定的威信，另一方面又能够与所在地的政府和企业家进行有效的沟通。有些农民工中的骨干甚至成为和谐促进会的秘书长和专职副会长。经过五年的发展，和谐促进会的工作范围也比成立之初扩大了许多，主要可以分为三个方面。第一个方面是面向农民工提供免费的社会服务，包括图书报刊借阅、计划生育药具、房屋租赁信息、职业供求信息。第二个方面是代理公共事务，包括代办暂住证，代收信件包裹，代理调处矛盾纠纷，宣传国家法律法规和政策，向政府反馈新村民的建议。第三个方面是组织社会活动，组织慈善捐款和帮困扶贫活动。和谐促进会成立之后，当地的社会治安状况明显好转，新村民有了归属感，老村民也有了安全感，企业的劳动力供给也得到充分保障，真正形成了一个多方共赢的局面。

8.5 社会组织的农民工公共服务创新

社会组织是提供社会服务、参与社会治理的重要力量，包括社会团体、基金会和民办非企业单位三种形式。到 2015 年，我国共有社会组织66.2 万个，从业人员共有 734.8 万人。在提供公共服务方面，社会组织的优势在于其灵活性和创新性。社会组织在举办农民工子女学校、关爱农民工生活、维护农民工权利、帮助农民工随迁子女、关心农民工的留守儿童等方面开展了大量服务项目。社会组织既可以从政府部门通过政府购买服务的方式获得资金，也可以通过社会捐赠获得资金。社会组织的项目内容和服务方式可以根据农民工的实际需求进行灵活调整，社会组织的工作人员容易接触到农民工群体。

成立于 1996 年 4 月的打工妹之家是国内第一家为从农村进入城市寻找工作的"打工妹"提供支持和服务的社会组织。打工妹之家由农家女百事通杂志社创办，隶属于北京农家女文化发展中心。打工妹之家秉承"打工妹管理打工妹，打工妹服务打工妹"的原则，其工作人员大多是来北京的女性打工者。2002 年，打工妹之家创办了《打工妹》杂志，并设立了打工妹维权小组。经过 20 年的发展，打工妹之家成为国内为女性农民工提供多方位服务的著名社会组织。现在，打工妹之家的主要服务项目包括以下方面。（1）法律维权。通过设置专职维权干事和吸纳律师志愿者和法律专业大学生志愿者的方式为女性农民工提供法律援助。（2）紧急救助基金。为遇到突发疾病、工伤、人身伤害、突然解雇等事件的打工妹提供临时救助或庇护。（3）家政服务员支持网络项目。打工妹中从事家政服务的比例比较高，但是她们大多缺乏技能和相关的法律知识，通过为打工妹提供相应的家政技能培训，为打工妹介绍家政服务方面的工作。（4）打工妹之家社区服务站。让具有知识和技能的打工妹到社区和农民工子弟学校就法律、两性关系、生育健康、心理健康等方面举办讲座和交流会。（5）流动儿童综合教育项目。为农民工随迁子女提供课业辅导和兴趣指导，建立农民工子弟文艺表演队，为农民工提供亲子教育、妇女健康、法律知识等方面的讲座。此外，打工妹之家还为女性农民工提供心理辅导、文化讲座、联谊活动、政策调研和研讨等方面的特色服务。

中国滋根乡村教育与发展促进会成立于 1995 年，是一家以"支持中国偏远贫困农村的人民和在城市中艰难谋生的打工者"为宗旨的社会组织。中国滋根乡村教育与发展促进会开展的主要项目包括以下方面。（1）建设乡村学校。为农村困难家庭子女支付生活津贴，支付代课老师补贴，增添文体器材、图书、营养餐以及其他学校设施。（2）促进乡村发展。针对农村妇女、留守儿童、老人和外出务工者提供社区发展服务，支持卫生、环境教育，强调能力建设，鼓励村民参与村务，改善家园生活质量，振兴发展本土文化。（3）建立打工者社区。在外来务工人员集中居住的社区，设立社区服务中心，提供综合性的、生动活泼的公益服务，关怀流动儿童。（4）开展培训。包括乡村带头人培训、乡村妇女培训、寄宿制学校辅导员培训等。2012 年，中国滋根乡村教育与发展促进会在北京市昌平区 10 所打工子弟学校开展了"关注'流动的花朵'：支持流动儿童助学与成长项目"，2013 年，在北京市昌平区建筑工聚集区开展了"关注新型城镇化下的建筑业农民工：建筑工地一站式综合服务试点项目"。2014 年，中国滋根乡村教育与发展促进会向民政部申报的"县城特困农民工家庭生计改善与子女教育支持示范项目"获得中央财政支持立项。

8.6　农民工自组织的公共服务创新

农民工自组织一般是由农民工自己发起成立，主要运用农民工群体的力量和资源，为农民工提供联谊、培训、互助、维权等方面服务的社会组织。由于共同的境遇、抱团取暖的需要以及相同的身份，农民工自组织很容易找到他们希望服务的对象。但是，由于农民工群体自身工作比较繁忙，组织化程度比较低，能够获得的社会资源比较少，农民工自组织的发展较为艰难。尽管如此，仍然有很多农民工自组织十年如一日地开展着各类活动，坚持了下来。现在比较活跃的农民工自组织有北京市协作者社会工作发展中心（南京市协作者社区发展中心、珠海市协作者社会工作教育推广中心），小小鸟打工互助热线（深圳小小鸟打工互助热线、上海小小鸟打工互助热线、沈阳小小鸟打工互助热线、重庆小小鸟打工互助热线），小小鱼劳工服务部，苏州工友家园，长沙市工之友服务中心等。

北京市协作者社会工作发展中心是由北京的农民工于2003年自发成立的社会组织。北京市协作者社会工作发展中心的使命宣言是"我们力求通过我们的服务使农民工不再因为职业、性别、地域的差别而遭受歧视，每一位劳动者都能够怀抱着他的梦想和尊严自由行走"。北京市协作者社会工作发展中心开展的主要项目包括：（1）通过培训提高农民工的能力，开展就业生活技能、文化教育、职业安全与健康、普法宣传等志愿服务活动，举办社区英语志愿培训班，编写《流动人口城市生活自助手册》，并向农民工免费赠阅。（2）组织青年农民工的文艺志愿探访服务队，本着"打工者自编、自演，丰富打工者文化生活，促进社区和谐"的理念，定期到工地、社区、学校，为在京打工者和社区居民举办文艺联欢演出活动。（3）维护农民工劳动权益，针对农民工提供政策法规义务咨询服务，并协助劳动部门、法律援助中心开展法律援助活动。（4）针对困境农民工的紧急救助。（5）开展农民工调研和政策倡导。2004年6月，北京市协作者社会工作发展中心会同国家安全生产监督管理局、《中国安全生产报》在北京召开"全国流动人口职业安全与健康权益研讨会"，探讨流动人口职业安全与健康问题。北京市协作者社会工作发展中心早期的工作人员都是外地来北京的农民工，但是随着组织规模的扩大，开始有大学毕业生加入北京市协作者社会工作发展中心。2007年和2008年，北京市协作者社会工作发展中心的组织和服务模式分别被复制到南京和珠海，成立了南京市协作者社区发展中心和珠海市协作者社会工作教育推广中心两家机构。

小小鸟打工互助热线开通于1999年，其创办人是一位来北京打工的农民工。小小鸟打工互助热线最主要的工作就是通过热线解答农民工在生活、工作、劳资纠纷等方面遇到的难题。小小鸟打工互助热线开展的活动包括农民工维权、农民工法律知识宣讲、农民工职业安全培训、农民工社会融入培训等。现在，深圳、沈阳、上海、重庆四个农民工数量较多的城市也设立了各自的小小鸟打工互助热线，形成了一个全国性的网络。

第九章

农民工的城市社会融入

构建和完善现代农民工公共服务体系的目标是保障农民工的权益、提高农民工的生活水平，促进农民工的城市融入，更好地推进新型城镇化建设。2014 年 9 月国务院发布的《关于进一步做好为农民工服务工作的意见》中提出的总体目标是："到 2020 年，转移农业劳动力总量继续增加，每年开展农民工职业技能培训 2000 万人次，农民工综合素质显著提高、劳动条件明显改善、工资基本无拖欠并稳定增长、参加社会保险全覆盖，引导约 1 亿人在中西部地区就近城镇化，努力实现 1 亿左右农业转移人口和其他常住人口在城镇落户，未落户的也能享受城镇基本公共服务，农民工群体逐步融入城镇，为实现农民工市民化目标打下坚实基础"。

9.1　社会融入的概念

社会融入是指一个社会群体在心理、文化、行为方式等方面逐渐和另一个群体趋同，最后达到消除群体间差别的状态。学术界对社会融入的理解还没有完全统一。社会融合和社会融入的概念在含义上比较接近，但是前者更强调不同群体之间的平等性，以及融合结果的相互性，后者更强调融合的方向性。农民工和本地居民之间也存在融合和融入的区别。从微观的过程来看，农民工和本地居民之间是互动的，他们相互影响，在城市化的过程中既改变自己，也改变对方，是一种社会融合的过程。从宏观的过程来看，农民工的心理、文化和行为方式在向城市居民靠近，一部分农民工也会变成真正意义上的市民，这是一种社会融入的过程。

社会融入的概念来自西方发达国家对于移民、少数族裔问题的研究。英国文化委员会布鲁塞尔外交政策中心和移民政策组于 2004 年发布的欧洲公民资格和整合指数包括"劳动力市场准入""家庭团聚""长期居住""政治参与""入籍""反歧视"六个方面的指标（黄匡时、嘎日达，2010）。在借鉴"欧洲公民资格和整合指数"以及"欧盟社会融合指标"的基础上，黄匡时和嘎日达（2010）提出了"农民工城市融合总体指数"的评价方案，包括"经济融合""制度融合""社区融合""社会保护""社会接纳"五个维度。

Bernard（1999）将社会融合分为三个层面，每个层面又分为"形式"和"实质"两个方面，共有六个指标，这三个层面是"经济层面""政治层面""社会文化层面"。其中，"经济层面"包括"包容－排斥""平等－不平等"两个方面；"政治层面"包括"合法化－非法化""参与－不参与/漠视"两个层面，"社会文化层面"包括"认可－拒绝""归属感－孤独感"两个层面。李培林和田丰（2012）在对农民工社会融入的代际比较中基本上采用 Bernard 的方案，把农民工的社会融入分为经济层次的融入、社会层次的融入、心理层次的接纳、身份层次认同四个方面。

杨菊华（2009）认为，社会融入的概念比社会融合的概念更适合描述乡－城流动人口在城市的适应过程及结果，农民工在城市的社会融入至少包括四个维度，即经济整合、文化接纳、行为适应、身份认同。这四个方面既存在一定的递进关系，又相互交融，相互依存。王佃利等（2011）从经济融入、社会融入、制度融入、文化和心理融入四个维度，共 11 个一级指标、21 个二级指标来衡量新生代农民工城市融入的程度。刘建娥（2010）主要从居住与生活、健康与安全、就业与收入、满意度与信心四个维度共 12 个指标来测量农民工融入城市生活的程度。悦中山等（2012）认为融合是一种"差异的削减"，农民工的社会融合主要包括文化融合、社会经济融合和心理融合三个维度。

农民工的城市社会融入和西方国家的移民的社会融入有相同的部分，也有很多重要的差别。西方国家的移民遇到的主要问题是文化上的差别，这种差别可能来源于种族、宗教、文化传统、生活习惯等，反而社会制度上是比较相同的。相反，我国的农民工群体在城市融入的过程中遇到的主要问题并不是文化上的，而是制度上的。正如童星和马西恒（2008）所指出的那样，我们的制度具有"人为且为人"的色彩，就城市新移民的社会融合来说，实际上涉及移民、本地居民和制度三方面的交互作用。就绝大部分农民工而言，他们和本地居民在文化上没有明显的差别，农民工群体虽然有自己的亚文化和一定程度的身份标签，但是不足以构成一个明显的社会差别。

　　农民工融入城市生活的第二个主要障碍是生活习惯上的差异。老一代农民工大多有从事农业劳动的经历，习惯了农村的社会生活方式，进入城市后会存在一定程度的不适应。这种不适应是城市化过程中比较普遍的现象。从社会的角度来看，这种生活习惯上的不适应很快就可以克服。尤其对于新生代农民工而言，他们很多人有在城市上初中、高中，甚至大学的经历，适应城市生活基本没有障碍。

9.2　农民工城市社会融入的动态过程

　　从农民工个体的情况来看，城市社会融入是一个相当主观的现象。有的农民工在城市收入不错，甚至已经攒钱为子女在城市买房，但是他们自己并不喜欢城市的生活，不适应城市的人际关系。有的农民工收入不高，喜欢花钱，没什么积蓄，生活困窘，但是他们更喜欢在城市生活。归根结底，农民工的城市社会融入是一个社会心理的过程，在这个过程中，不同的农民工有自己不同的心理特质和认知方式，制度环境和经济条件是外界的变量，这些外界的变量对农民工的生活满意程度有很大影响，生活满意度又会影响农民工的社会交往，而通过社会交往，农民工会改变自己的心理认知。身份感知、身份认同、生活满意、社会交往，这是农民工城市社会融入的基本动态过程。这个动态过程受各种制度设置的制约，城乡二元分割的制度设置对农民工的身份感知、身份认同、生活满意、社会交往都有非常直接的影响。

　　社会融入是这个动态过程的结果之一。如果一位农民工在身份感知上本来就不敏感，能够容易建立和本地居民的身份认同，工作顺利，生活满

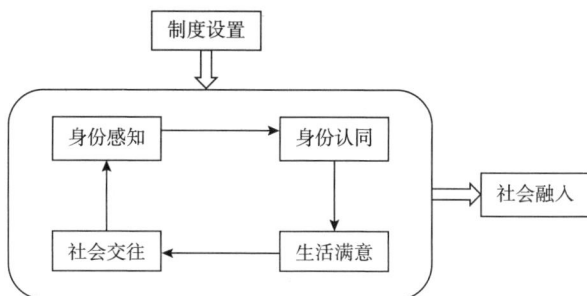

图 9 - 1　农民工城市社会融入的动态过程

意，和本地居民的社会交往也比较有信心，这个过程的结果就会自然导致社会融入。但是，如果这个过程中某一个环节或几个环节发生逆转，结果就可能是社会隔离。因此，为了促进农民工群体的城市社会融入，最重要的措施就是农民工所面临的公共服务的制度设置，使得动态过程中的四个环节都产生正向的作用，最后达到城市社会融入的效果。

表9-1是根据上述动态过程编制的农民工城市社会融入的指标体系。这个指标体系的过程变量分为四个维度，即身份感知、身份认同、生活满意、社会交往。身份感知是农民工对身份的心理上的反映的特质，包括农民工自身模仿本地人的意愿，对身份标签的敏感程度，对本地人的态度感知。身份认同是农民工认同本地身份的程度，包括农民工融入本地的主观愿望，农民工在本地的生活适应程度，农民工是否觉得自己和本地人有差别。生活满意是农民工对自己当前生活状态的判断。社会交往是农民工和本地居民互动的频繁程度，包括是否经常参加本地的活动，是否和本地居民有个人交往，是否能够建立本地的人际交往网络。

指标体系的结果变量就是农民工的城市社会融入程度，包括两个方面的指标，其一是农民工表示在本城市长期居住的意愿，其二是农民工把户口迁往本城市的意愿。

表9-1 农民工城市社会融入的动态指标

变量类型	维度	指标	测量
过程变量	身份感知	模仿意愿	刻意模仿本地人的倾向
		身份敏感	对"农民工"称呼的介意程度
		态度感知	觉得本地人对自己态度如何
	身份认同	本地适应	适应本地生活的程度
		本地认同	觉得自己和本地人没有什么差别
		融入愿望	想要融入本地生活
	生活满意	生活满意度	对现在生活的满意程度评价
	社会交往	参加本地活动	经常参加本地活动
		和本地居民交往	私下经常和邻居聊天吃饭
		本地人际关系	本地人际关系冷暖
结果变量	城市社会融入	常住	在本城市长期居住的意愿
		迁户口	把户口迁往本城市的意愿

9.3　农民工城市社会融入的过程变量

身份感知

模仿意愿是一个相对稳定的心理倾向。在调查问卷中，我们设置了"我会刻意模仿本地人"的问题，让被试者根据自己的实际想法选择"非常不赞同""比较不赞同""不知道""比较赞同""非常赞同"五个选项中的一个，用李克特量表的五分制记分，选"非常不赞同"的记"1"分，选"非常赞同"的记"5"分。

根据在北京、杭州、南京、上海、深圳调查的结果，五个城市的农民工平均的模仿意愿倾向得分为 1.90 分，也就是总体上接近"比较不赞同"。这说明农民工群体在心理上刻意模仿本地人的倾向并不强烈。从地域上看，杭州和深圳的农民工刻意模仿本地人的倾向最低，其平均得分只有 1.57 分和 1.58 分，南京市的农民工刻意模仿本地人的倾向相对比较高，其平均得分为 2.43 分（见图 9 - 2）。

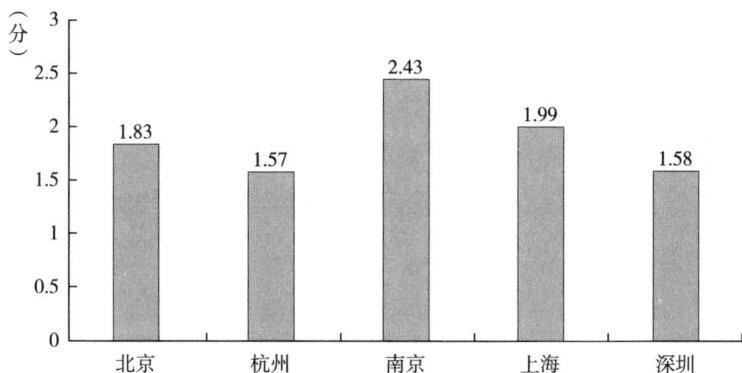

图 9 - 2　农民工刻意模仿本地人的意愿

通过均值比较来看，农民工刻意模仿本地居民的心理倾向和性别没有显著的关联性，男性平均的倾向得分为 1.94 分，女性平均的倾向得分为 1.87 分，虽然男性得分略高于女性，但是没有统计意义上的差别。通过单因素方差分析可以看出，农民工在城市居住的时间长短和他们刻意模仿本地居民的心理倾向之间也没有显著的关联性。

农民工的受教育程度和他们刻意模仿本地居民的心理倾向之间有关联

性。把农民工的受教育程度和他们刻意模仿本地居民的心理倾向做单因素方差分析，结果表明，小学及以下学历农民工的平均得分为 2.09 分，初中学历农民工的平均得分为 2.06 分，高中及同水平学历农民工的平均得分为 1.79 分，大专及以上学历农民工的平均得分为 1.79 分，F 检验的值为 2.848，显著性水平为 0.037。可以看出，学历较低的农民工刻意模仿本地居民的心理倾向反而比较高。

农民工的家庭收入高低和他们刻意模仿本地居民的心理倾向之间有关联性。把农民工的家庭收入层次和他们刻意模仿本地居民的心理倾向做单因素方差分析，结果表明，家庭月收入在 2000 元以下的农民工的平均得分为 1.86 分，家庭月收入在 2001~4000 元的农民工的平均得分为 1.74 分，家庭月收入在 4001~6000 元的农民工的平均得分为 2.13 分，家庭月收入在 6001~8000 元的农民工的平均得分为 1.73 分，家庭月收入在 8000 元以上农民工的平均得分为 2.16 分，F 检验的值为 4.056，显著性水平为 0.003。大体而言，收入越高的农民工刻意模仿本地居民的心理倾向越强烈。

身份敏感是指农民工对自己身份的介意程度，我们在问卷中用"您是否介意'农民工'这一称呼"提问，有的农民工比较介意自己被称为"农民工"，有的则无所谓。对身份敏感的农民工从心理上更加难以融入本地社区，他们需要更多文化、社会交往上的辅助才能够克服这种心理敏感。而对"农民工"称呼表现出无所谓的农民工融入本地社区的门槛比较低，对他们而言，只要满足基本的公平，他们可能就觉得比较融入了。

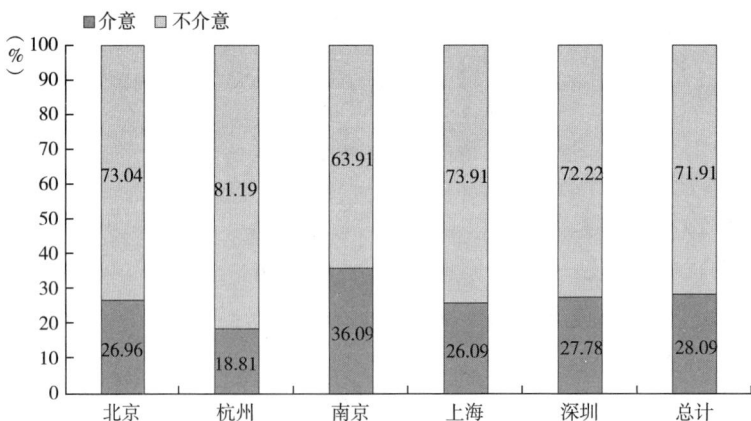

图 9-3 农民工的身份敏感

　　从总体来看，农民工中对"农民工"的身份表现出敏感的人的比例不高，只有28.08%的农民工对"农民工"的称呼表示介意。不同城市的农民工对身份敏感的比例也不相同，身份敏感比重最高的是南京市，36.09%的农民工对"农民工"的称呼表示介意。身份敏感比重最低的城市是杭州市，只有18.81%的农民工对"农民工"的称呼表示介意。

　　农民工的身份敏感也是一个非常稳定的文化心理特征。对农民工身份敏感和农民工的性别、农民工的受教育程度、农民工在本市居住的时间长短、农民工的家庭月收入分别进行列联表分析的结果来看，农民工的身份敏感和这几个因素都没有关联性。

　　态度感知是指农民工对城市居民的态度的感受，问卷中使用"您觉得本地人是如何看待你们的"这样的问题提问。从总体的情况来看，农民工感觉本地人对自己"态度比较友好"的比重比较高，达到25.0%。当然，大部分农民工感觉本地人对自己的态度各不相同，取决于个人素质，这部分农民工的比重为59.5%。认为本地人对自己"客客气气，保持距离"的农民工的比重为8.6%，认为本地人对自己"整体存在偏见，不太受待见"的农民工的比重为6.9%。由此可见，在我们调查的五个大城市里面，农民工感觉本地人对自己的态度还是比较好的，其中南京和杭州的农民工觉得本地人"态度比较友好"的比例比较高，分别为32.2%和31.4%，上海和深圳的农民工觉得本地人对自己"态度比较友好"的比例比较低，分别为19.5%和15.5%。

表 9-2　农民工对本地居民态度的感知

城市	北京	杭州	南京	上海	深圳	总　计
态度比较友好	35 28.9%	33 31.4%	55 32.2%	23 19.5%	28 15.5%	174 25.0%
客客气气，保持距离	9 7.4%	14 13.4%	15 8.8%	12 10.2%	10 5.5%	60 8.6%
人各不同，取决于个人素质	67 55.4%	52 49.5%	90 52.6%	77 65.2%	128 70.7%	414 59.5%
整体存在偏见，不太受待见	10 8.3%	6 5.7%	11 6.4%	6 5.1%	15 8.3%	48 6.9%

　　通过列联表的分析可以看出，农民工感知本地居民态度的友好程度和

性别没有明显的关联性，和农民工在本地城市居住的时间长短也没有明显
的关联性。农民工感知本地居民态度的友好程度和农民工的受教育程度以
及农民工的家庭月收入有一定的关联性。小学及以下学历的农民工对本地
居民的态度感知呈两端分散的状态，即感觉本地居民对自己"态度比较友
好"的比重比较高（35.4%），感觉本地居民对自己"整体存在偏见，不
太受待见"的比重也比较高（12.5%）。家庭月收入在 2000 元以下的农民
工对本地居民的态度感知同样也表现出两端分散的趋势，即感觉本地居民
对自己"态度比较友好"的比重比较高（32.1%），感觉本地居民对自己
"整体存在偏见，不太受待见"的比重也比较高（为 16.7%）。

身份认同

本地适应采取五分制李克特量表的方式询问农民工对本地生活的适应
程度，分数"1"表示"非常不赞同"，分数"5"表示"非常赞同"。从
总体来看，农民工适应本地生活的程度比较高，平均得分为 3.68 分。其
中，杭州和南京的农民工适应本地生活的程度最高，这两个城市的平均分
分别为 3.97 分和 3.87 分，上海市的农民工适应本地生活的程度最低，平
均分为 3.39 分。

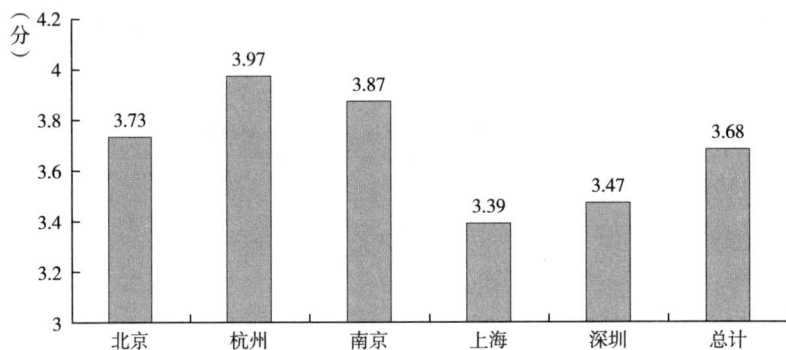

图 9-4　农民工适应本地生活的程度

用均值比较的方法可以看出，农民工的性别对农民工适应本地生活的
程度没有显著影响。根据列联表的分析结果，农民工的学历水平对农民工
适应本地生活的程度也没有明显的影响。但是，单因素方差分析的结果表
明，农民工在城市生活的时间长度和农民工的家庭平均月收入的高低对农

民工适应本地生活的程度有明显的影响（见图9-5和图9-6）。

从图9-5可以看出，农民工在城市居住的时间越长，他们对本地生活的适应程度越高。在一个城市居住10年以上的农民工的平均适应程度已经达到4.03分。把农民工在城市居住的时间和农民工适应本地生活的程度进行单因素方差分析，得到的F值为11.680，显著性水平为0.000。

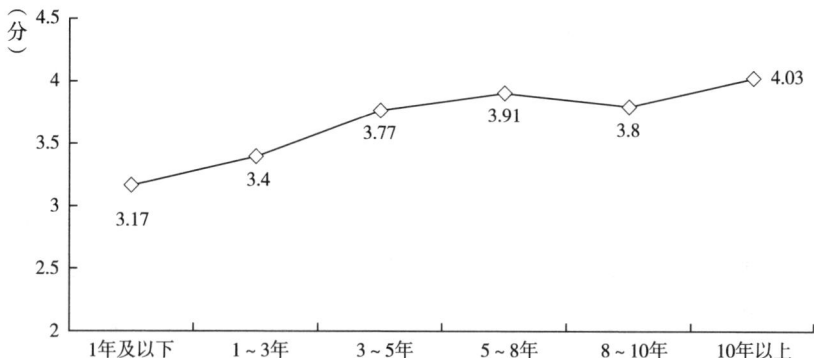

（分）

图 9-5　城市居住时间与农民工适应本地生活程度的关联性

从图9-6可以看出，农民工的家庭月平均收入越高，他们适应本地生活的程度越高。其中，家庭平均月收入在8000元以上的农民工适应本地生活程度的平均得分为4.11分。把农民工的家庭平均月收入和农民工适应本地生活的程度进行单因素方差分析，得到的F值为11.556，显著性水平为0.000。

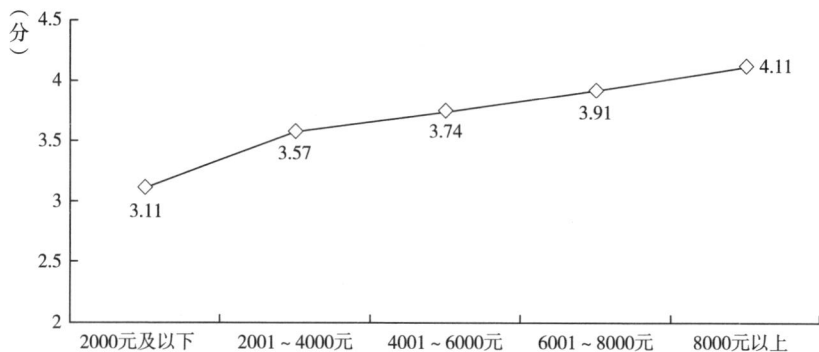

（分）

图 9-6　家庭平均月收入与农民工适应本地生活程度的关联性

本地认同是指农民工在多大程度上觉得自己和本地人没有什么差别。

本地认同也采用五分制李克特量表法，分数"1"表示"非常不赞同"，分数"5"表示"非常赞同"。总体上看，农民工的本地认同程度要低于他们的本地适应程度，五个城市的农民工本地认同程度的平均值为3.06分，其中农民工本地认同度最高的是杭州市，平均得分为3.62分，农民工本地认同程度最低的是上海，其平均得分为2.69分。

用均值比较的方法可以看出，农民工的性别对农民工的本地认同程度没有显著影响。运用单因素方差分析法可以看出，农民工在城市居住的时间长短对他们的本地认同程度没有显著影响。但是，家庭月收入的高低和教育程度两个因素对农民工的本地认同程度有显著影响。通过单因素方差分析可知，家庭平均月收入越高，农民工本地认同的程度越高，F检验的值为4.055，对应的显著性水平为0.003。学历对农民工本地认同程度的影响比较复杂，其中初中水平的农民工的本地认同程度最高，平均得分为3.26分，小学学历的农民工其次，大专及以上学历的农民工又次之，高中及同水平学历的农民工的本地认同程度最低，平均得分为2.87分。

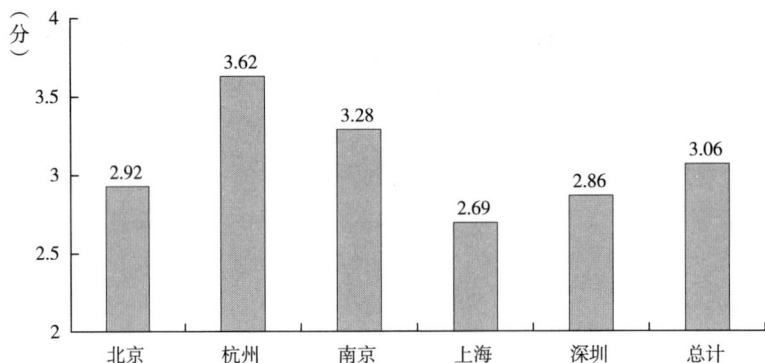

图9-7 农民工的本地认同程度

融入愿望是农民工融入本地社会的主观愿望的强烈程度。融入愿望也采用五分制李克特量表法，分数"1"表示"非常不赞同"，分数"5"表示"非常赞同"。从图9-8中可以看出，农民工融入城市的愿望还是比较强烈，五个城市的平均得分为3.59分。其中，农民工融入愿望最强烈的是杭州市，其平均得分为3.88分，其次是南京市，其平均得分为3.73分，上海市和深圳市的农民工融入愿望都比较低，平均得分分别为3.38分和3.37分。

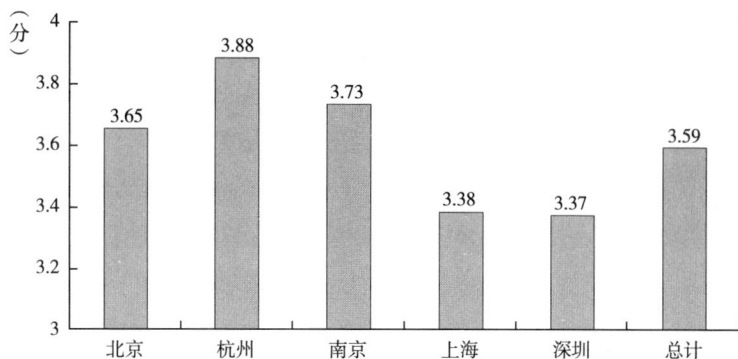

图9-8 农民工的融入愿望

农民工想要融入本地生活属于农民工的主观愿望，通过均值检验发现，农民工的性别对他们融入本地生活的愿望没有显著影响，通过单因素方差分析发现，农民工在城市居住的时间长短对他们融入本地生活的愿望也没有显著影响。

农民工的受教育程度对他们融入城市生活的愿望有显著影响。从图9-9可以看出，这种影响并不是线性的关系，小学及以下学历的农民工和大专及以上学历的农民工融入城市生活的愿望比较强烈，但是高中及同水平学历的农民工融入城市生活的愿望比较弱。单因素方差分析的结果表明，F值为5.659，对应的显著性水平为0.001。

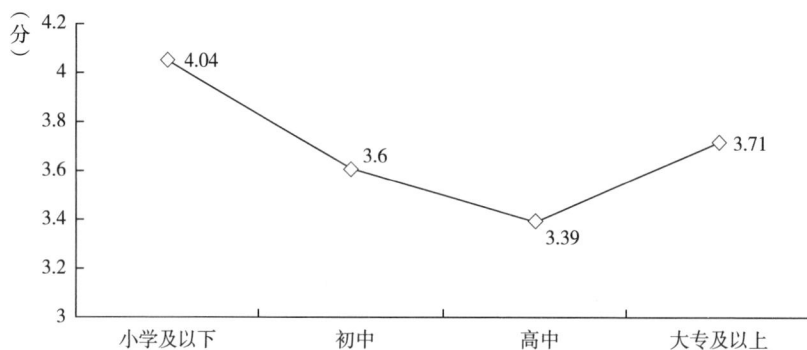

图9-9 学历与农民工融入愿望的关联性

农民工的家庭平均月收入对他们融入城市生活的愿望有明显的影响。从图9-10中可以看出，家庭平均月收入越高，农民工融入城市生活的愿望越强烈。家庭平均月收入在8000元以上的农民工，其融入城市生活的愿望平均得分为 3.88 分。

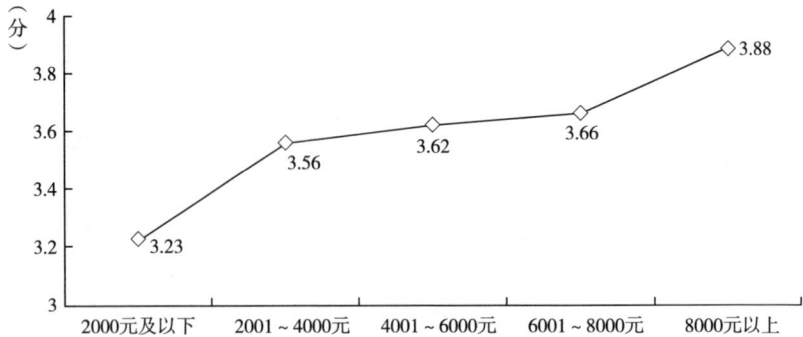

图 9 - 10　家庭月平均收入与农民工融入愿望的关联性

生活满意

生活满意度是农民工对自己当前生活总体状况的评价。生活满意度采用五分制李克特量表法，分数"1"表示"非常不赞同"，分数"5"表示"非常赞同"。从图 9 - 11 中可以看出，五个城市农民工生活满意度的平均得分 3.16 分。其中，农民工生活满意度最高的是杭州市，平均得分为 3.59 分，农民工生活满意度最低的是深圳市，其平均得分为 2.83 分。

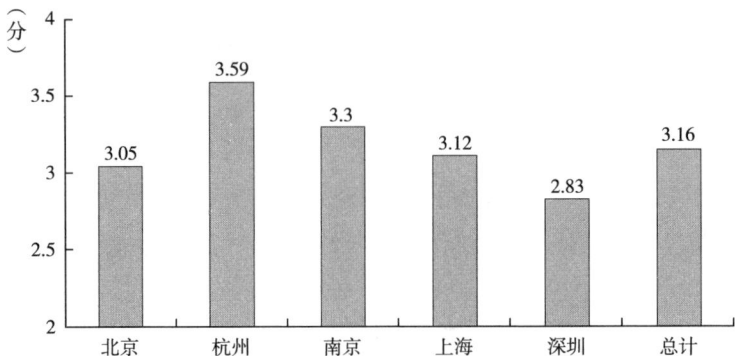

图 9 - 11　农民工的生活满意度

农民工的生活满意度和性别有一定关系，女性农民工的平均生活满意度得分为 3.26 分，男性农民工的生活满意度平均得分为 3.05 分，采用独立样本均值检验方法，F 值为 4.732，对应的显著性水平为 0.030，说明女性农民工的生活满意度高于男性农民工的生活满意度。

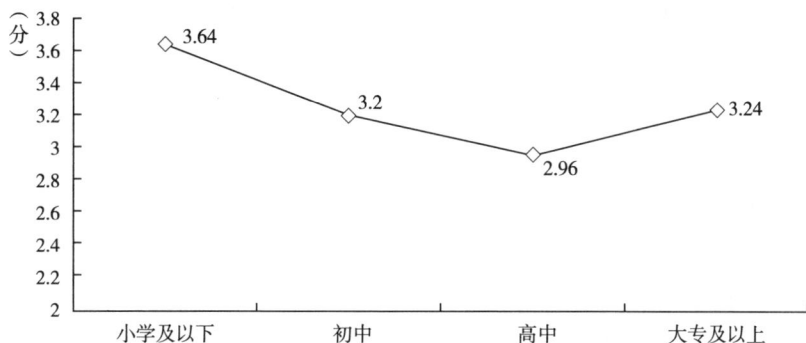

图9-12　学历与农民工生活满意度的关联

　　农民工的学历水平和生活满意度之间有关联，但是这种关系比较复杂。从图9-12中可以看出，学历较高和学历较低的农民工的生活满意度都比较高，但是高中及同水平学历的农民工的生活满意度最低，其平均满意度只有2.96。把农民工的学历和生活满意度进行单因素方差分析，F值为4.553，对应的显著性水平为0.004，说明前者对后者有显著影响。

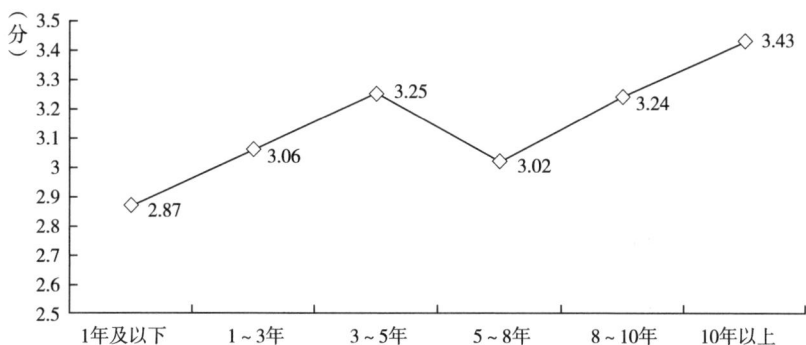

图9-13　居住时间与农民工生活满意度的关联

　　农民工在城市居住的时间长短和农民工的生活满意度之间有关联。从图9-13中可以看出，大体而言，农民工在城市居住的时间越长，他们的生活满意度水平越高，但是5~8年的时间段是一个低潮期，这个时期的农民工的生活满意度比居住3~5年的农民工的生活满意度要低。把农民工在城市居住的时间和农民工的生活满意进行单因素方差分析，得到F值为2.845，对应的显著性水平为0.015。

　　农民工的家庭月平均收入水平和农民工的生活满意度之间有关联。如图9-14所示，大体而言，农民工的家庭月平均收入越高，农民工的生活满意度越高。家庭月平均收入与农民工生活满意度之间的单因素方差分析表明，F 值等于 7.765，对应的显著性水平为 0.000。

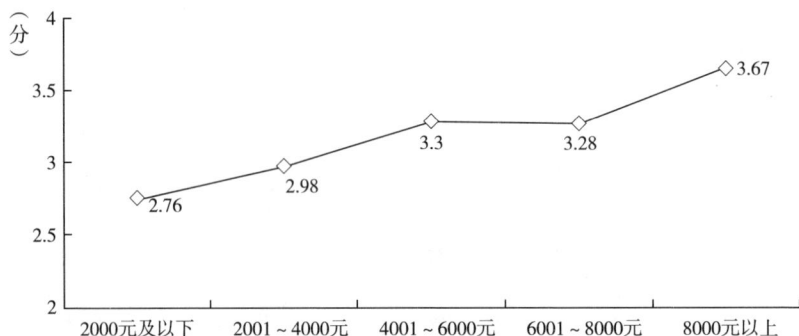

图 9－14　家庭月平均收入与农民工生活满意度的关联

社会交往

参加本地活动是农民工融入城市生活的基础，在问卷中要求被试者对"我时常参加本地的各种活动"进行评价。和本地居民交往是指农民工和本地居民个人交往的情况，在问卷中要求被试者对"我经常私下和邻居聊天或娱乐"进行评价。本地人际关系是农民工和本地人沟通的容易程度，在问卷中要求被试者对"我觉得和本地人沟通非常困难"进行评价。三个指标都采用五分制李克特量表法，分数"1"表示"非常不赞同"，分数"5"表示"非常赞同"。其中"本地人际关系"指标得分是把原始分数进行逆向运算之后的得分。

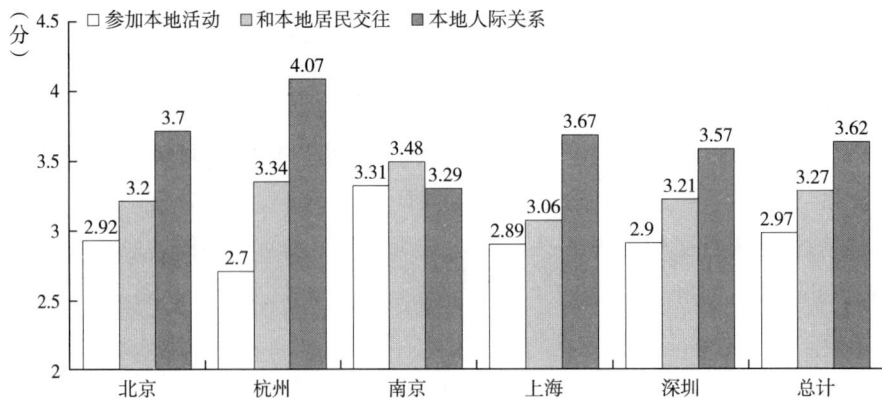

图 9－15　农民工的社会交往

从图 9 - 15 中可以看出，农民工对参加本地活动的评价都比较低，五个城市的平均得分只有 2.97 分，即大部分农民工并不能时常参加本地的各种活动。南京市的农民工参加本地活动的评价最高，平均得分为 3.31 分，杭州市的农民工参加本地活动的评价最低，只有 2.7 分。

农民工对和本地居民的私人交往方面的评价比较适中，五个城市的平均得分为 3.27 分。其中南京市的农民工对和本地居民私人交往的评价最高，平均分为 3.48 分，上海市的农民工对和本地居民私人交往的评价最低，平均得分为 3.06 分。

农民工对和本地人进行沟通的容易程度的评价相对较高，五个城市的平均得分为 3.62 分。杭州市的农民工认为和本地人进行沟通最为容易，平均得分为 4.07 分，南京市的农民工认为和本地人进行沟通的难度最大，其平均得分为 3.29 分。

从均值检验比较的结果来看，农民工的性别对他们（她们）在本地的社会交往（参加本地活动、和本地居民交往、本地人际关系）没有显著的影响。

农民工的受教育程度和他们在本地的社会交往之间有明显的关联性。如图 9 - 16 所示，不同学历的农民工在参与本地活动方面呈现"两头高、中间低"的趋势，即小学及以下学历和大专及以上学历的农民工参加本地活动的次数较多，而初中和高中学历的农民工参加本地活动的次数较少（F 值等于 2.966，显著性水平为 0.031）。和本地居民的个人交往方面，学历较低的农民工和本地居民的个人交往反而比较多（F 值等于 3.343，显

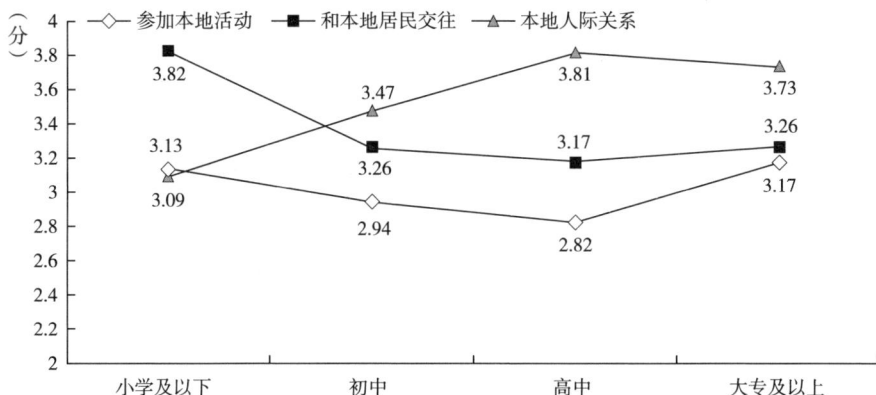

图 9 - 16 学历和农民工的社会交往之间的关联

著性水平为 0.019）。学历较高的农民工和本地居民的沟通更为容易（F 值等于 6.781，显著性水平为 0.000）。

农民工在城市居住的时间长短和他们与本地居民的私人交往没有显著关联，和农民工建立本地人际关系的容易程度也没有显著关联。农民工在城市居住的时间会显著影响他们参加本地活动频率，总体而言，农民工在城市居住的时间越长，他们参加本地各种活动的评价越高（F 值等于 5.344，显著性水平为 0.000），但是居住时间为 5～8 年时间段的农民工处于低潮期，他们参加本地活动的评价反而低于居住时间只有 1～3 年和 3～5 年的农民工。

家庭平均月收入对农民工参与本地各种活动以及和本地居民的个人交往有显著影响。如图 9－17 所示，总体而言，家庭平均月收入越高，农民工参与本地各种活动的平均得分越高（F 值等于 5.737，显著性水平为 0.000），农民工和本地居民个人交往的平均得分也越高（F 值等于 5.472，显著性水平为 0.000），但是家庭平均月收入在 2001～4000 元阶段的农民工在这两个指标上的得分略低。

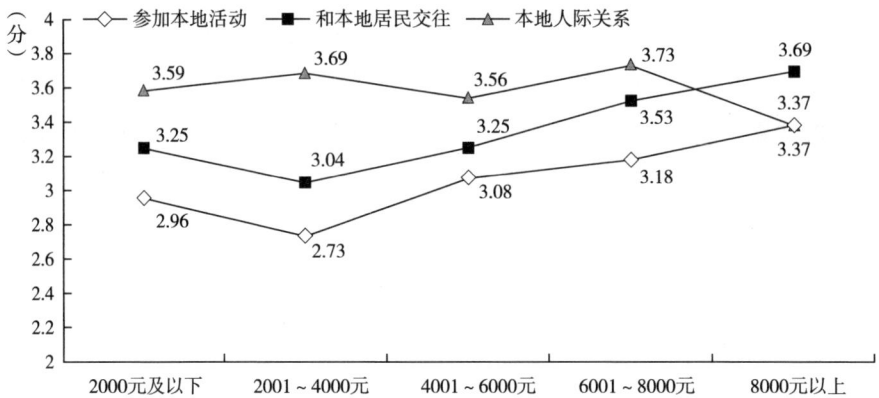

图 9－17　家庭平均月收入对农民工社会交往的影响

9.4　农民工城市社会融入的结果变量

农民工在城市的社会融合最终表现为农民工的市民化，农民工选择在城市长期生活和把户口迁到所在城市是两个结果性指标。在城市长期生活和把户口迁到所在城市这两个指标大部分含义相同，但是也有很重要的区别。在一个城市长期居住主要意味着在这个城市有稳定的职业，较为固定的住所（包括购买房产），具有较为丰富的人际关系。把户口迁到所在城市意味着放弃原来在农村的法定权利，从手续上彻底成为城市居民。不同城市的农民工落户条件方面有较大区别，所以农民工对于常住和落户的看法也不相同。从图 9-18 中可以看出，总体而言，农民工在城市常住的意愿和落户的意愿并不高，五个城市的平均分前者为 3.15 分，后者为 3.13分。农民工落户意愿最高的是杭州，其平均得分为 3.62 分，杭州市和南京市的农民工的常住意愿最高，平均得分都是 3.48 分。农民工落户意愿最低的是深圳，其平均得分为 2.77 分，深圳市农民工的常住意愿也最低，平均分仅为 2.72 分。从地域来看，农民工常住意愿高的城市，其落户意愿也比较高。

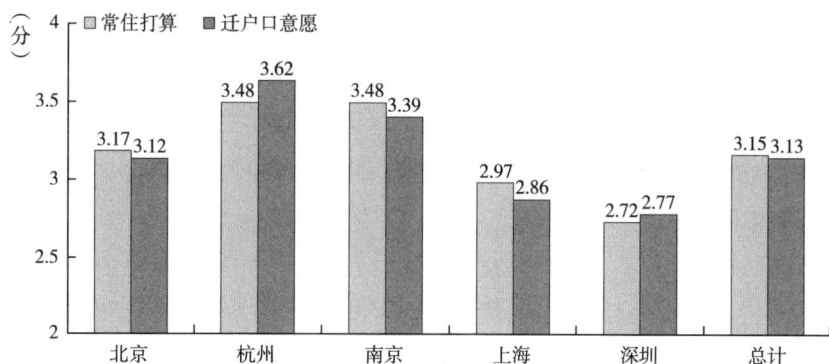

图 9-18　农民工城市融入的结果变量

均值检验的结果表明，性别对农民工在城市的常住意愿有影响，在长期留在本市的意愿方面，男性农民工的平均得分为 3.18 分，女性农民工的平均得分为 3.12 分（F 值为 6.001，显著性水平为 0.015），男性农民工在城市常住的意愿略高，但是和女性农民工在城市常住意愿的差距很小。男性农民工和女性农民工在落户意愿方面没有显著差别。

受教育水平对农民工的常住意愿和落户意愿都有显著影响。如图 9-19 所示，学历越高的农民工在城市常住的意愿越低（F 值等于 5.807，显著性水平为 0.001），学历越高的农民工在城市落户的意愿也比较低（F 值等于 3.917，显著性水平为 0.009）。从小学及以下学历到高中及同水平学历，农民工在城市的常住意愿和落户意愿的变化趋势基本相同，但是在学历较高层次（大专及以上），农民工在城市的常住意愿和落户意愿开始产生较大的差别。大专及以上学历的农民工的落户意愿比较高，但是常住意愿比较低。

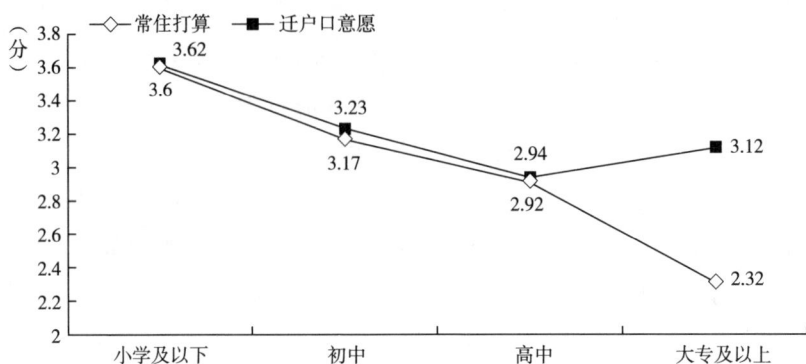

图9-19　学历和农民工城市社会融入的结果变量

居住时间长短对农民工城市社会融入的结果变量也有显著的影响。如图9-20所示，农民工在城市居住时间越长，他们打算在该城市常住的愿望也越强烈（F值等于4.977，显著性水平为0.000），他们希望在本市落户的愿望也越强烈（F值等于3.512，显著性水平为0.004）。但是，对于在城市居住时间为8~10年的农民工而言，他们在落户意愿上有一个明显的波折，这个阶段的农民工落户意愿的平均分只有3分，远远低于生活时间在5~8年之间的农民工。

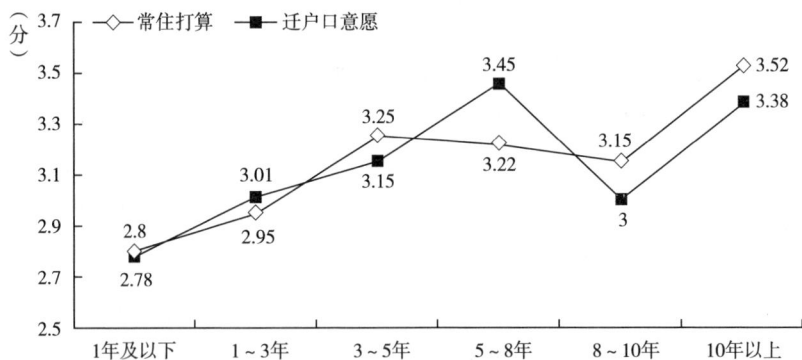

图9-20　居住时间和农民工城市社会融入的结果变量

家庭收入对农民工城市融入的结果指标有显著影响。如图9-21所示，家庭平均月收入越高，农民工在本市长期居住的意愿也越强烈（F值等于

6.828，显著性水平为 0.000），农民工希望把户口迁入本市的愿望也越强烈（F 值等于 2.974，显著性水平为 0.019）。家庭月平均收入处于最低档的农民工，他们的落户愿望明显高于常住愿望，家庭月平均收入处于最高档的农民工，他们的常住愿望明显高于落户愿望。

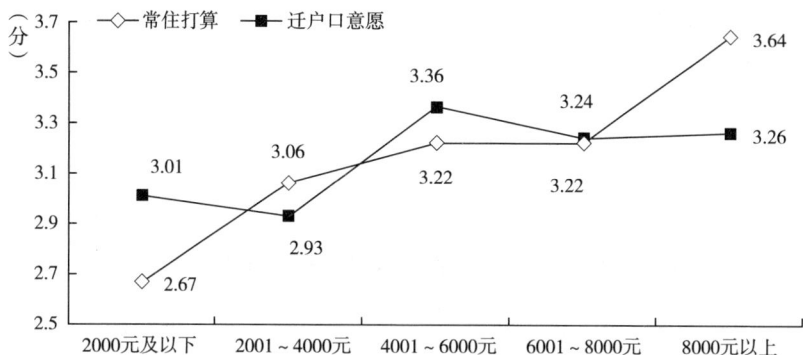

图 9 - 21　家庭月平均收入和农民工城市社会融入的结果变量

从过程变量与结果变量之间的相关系数来看（见表 9 - 3），农民工在城市的常住意愿和落户意愿和 10 个过程指标中的绝大部分都有一定的相关性。总体来看，常住意愿比落户意愿和过程指标的相关性要大一些，其中农民工的城市社会融入愿望、本地生活适应程度、参加本地活动等三个指标和农民工的常住意愿之间的相关系数比较高，分别为 0.478、0.369、0.312。农民工和本地居民的个人交往、农民工的生活满意度、农民工的本地认同感、农民工对本地人的态度感知、农民工刻意模仿本地人的意愿 5 个过程指标和农民工在城市的常住意愿有较弱的相关性。

和农民工在城市落户意愿相关性比较高的过程指标有农民工融入本地生活的愿望、刻意模仿本地人的意愿、适应本地生活的程度，相关系数分别为 0.263、0.258、0.251。

表 9 - 3　结果变量和过程变量的相关系数

	常住意愿	落户意愿
模仿意愿	0.200 **	0.258 **
身份敏感	0.096 *	0.104 **
态度感知	0.209 **	0.185 **
本地适应	0.369 **	0.251 **

续表

	常住意愿	落户意愿
本地认同	0.243**	0.158**
融入愿望	0.478**	0.263**
生活满意度	0.262**	0.116**
参加本地活动	0.312**	0.178**
和本地居民交往	0.290**	0.160**
本地人际关系	0.144**	0.057

** 表示相关系数在 0.01 水平上显著（双侧）。
* 表示相关系数在 0.05 水平上显著（单侧）。

9.5 影响农民工城市社会融入的主要因素

2016 年 2 月 1 日，全国优秀农民工和农民工工作先进集体表彰大会在北京举行，李克强总理在对大会的批示中指出：各地区、各有关部门要深化体制机制改革，着力稳定和扩大农民工就业，切实维护劳动保障权益，有序推进农民工融入城市，让发展成果更多惠及全体农民工。在经济发展的过程中，农民工融入城市社会，既是城市化过程中的必然趋势，也是各级政府工作的重要内容。但是，对于不同地区、不同职业、不同生活状态的农民工而言，他们是否选择长期在城市生活，甚至把户口迁入城市会受到很多因素的影响。

第一，从对北京、杭州、南京、上海、深圳五个城市的农民工的问卷调查结果来看，不同城市的农民工在城市社会融入意愿上有较大的差别。这种差别首先和农民工从事的职业有很大关系。一般而言，从事工厂生产线工作和建筑工地工作的农民工在城市社会融入方面的意愿比较低，这类职业的主要工作对象是机器和材料，农民工的居住相对比较集中，和本地人的交流很少。相反，从事服务业、个体经商、物流等经常和人打交道的职业的农民工在城市社会融入方面的意愿相对要更高一些。

第二，农民工的城市社会融入意愿和他们的居住状态有很强的关联。农民工的居住形态分为集中居住、混合居住、企业内部居住三种。混合居住的农民工因为租住本地居民的房子，日常生活中和本地居民接触较多，能够从社区、群团组织、卫生服务站等机构获得一定的公共服务，他们的城市社会融入的意愿比较高。集中居住和在企业内部居住的农民工和本地居民接触较少，容易形成自己的亚文化，交往的对象主要还是工厂或企业内部的老乡、同学等，他们对城市的公共服务和基础设施了解不多，主动融入城市的愿望比较弱。

第三，农民工和本地居民是否属于同一个文化圈也会影响农民工主动融入城市的意愿。文化和方言是一种潜移默化的身份。跨文化圈、远距离打工的农民工在相当一段时间都难以融入本地社会。北京、上海、深圳的农民工大多属于跨文化圈、远距离打工，因此这三个城市农民工的城市社会融入意愿比较低。杭州和南京的农民工大多来自附近的省市，基本上属于同一个文化圈，因此这两个城市农民工的城市社会融入意愿比较高。

城市的各种管理制度和公共服务供给程度也是影响农民工城市融入意愿的重要因素。是否有购房入户制度对农民工的城市社会融入意愿影响很大。北京、上海、深圳都没有购房入户制度，上海和深圳开通了积分入户的通道。但是，积分入户对于高学历、企业家、技术人员比较有利，对于农民工而言，很难达到积分入户的条件要求。另外，积分入户是一个相互竞争的制度，农民工和其他群体在积分上竞争，显然会处于劣势，因此，大部分农民工对积分入户政策都不积极。相对于积分入户，购房入户对于农民工而言更具有可行性。南京市的积分入户条件是在南京市购买成套商品房（含二手房），面积达到60平方米，可办理3人户，每递增20平方米，增加直系亲属1名。杭州市的购房入户条件是：主城区购买单套总价100万元以上，经济开发区（下沙）购买单套总价60万元以上，江干、西湖、滨江、下城、拱墅购房单套总价80万元以上，申请人具有高中以上文化程度，需一次性付清房款。在有购房入户政策的城市，农民工通过辛勤劳动购房入户的例子比较多。这样的政策更容易激发农民工的社会融入意愿。

有区别、不歧视、针对农民工特殊要求提供公共服务的城市，农民工融入本地的愿望更强烈。由于户籍的不同，农民工和本地居民在接受公共服务的内容和优先顺序上肯定会有所不同。大部分农民工都能够理解这些差别性对待，农民工在公共服务方面的要求并不是和本地居民完全相同，而是尽量没有歧视。公共服务的提供过程也是农民工重新组织化的过程，也是把农民工纳入本地管理体系的过程。在这个过程中，有的地方尝试让农民工参与本地社区组织、本地的和谐促进会，建立专门为农民工服务的工作站、成立专门的农民工志愿服务队等，这样的措施能够发挥农民工的主动性，消除农民工被歧视的心理，减少农民工在接受公共服务过程中遇到的不公正现象。在这样的地方，农民工的城市融入意愿比较高。

| 第十章 |

农民工公共服务体系的未来发展

10.1　现代公共服务体系的原则

公共服务体系以政府为主导，多元主体相互配合，为全体居民或者部分居民提供具有公共属性的产品和服务。为各类群体提供优质的公共服务是现代政府最主要的对内职能，也是现代政府获得民众支持的重要途径。在公共服务的视域中，民众被看成各种公共服务的接受者，政府是所有公共服务的制度设计者和最终责任方，其他各类机构则被看成是公共服务的具体提供者、协助提供者、服务过程和质量的监督者等不同的角色。

公共服务体系需要处理向哪些人提供服务、提供哪些服务、如何提供服务的问题。农民工的公共服务必然属于现代公共服务体系的一部分。因此，在对农民工的公共服务进行改革和创新的时候，必须考虑现代公共服务体系须要遵循的基本原则。现代公共服务体系的原则就是公平、开放、精准。

公共服务是为公众提供的服务，因此，必须是一种公平的制度设计。所谓公平，是指同等身份地位或者同等需求程度的人群能够有相同的机会获得内容相同的服务，至少不能因为人为的原因使得一部分人获益，而另一部分人一无所获。公共服务应该缩小不同群体之间在发展机会和福利方面的差距，公共服务制度不应该被用来扩大群体之间的差距。

公共服务应该是一种开放的制度设计。现代社会是一个流动的社会，人口自由流动有利于市场机制发挥作用，而农民工、流动商贩、观光客、外国人、移民等不同的人群在城市生活，因此公共服务体系应该向所有的群体开放，使每一个群体在公共服务体系中都能找到适合自己的服务项目。公共服务的对象不应该只局限于本地户籍的居民，而应该面向所有在城市生活的居民。

公共服务的对象应该具有精准性。公共服务是一种最终使个人受益的项目，因此，对于任何一个公共服务项目，都应该能够精确判断哪些人能够享受该项目，哪些人不能享受该项目。如果不能精确判断受益对象的范围，公共服务必然会被过多的人使用，最后导致不该享受的人群得到好处，该享受的人群反而被排斥在外。

10.2 "融合"还是"区隔"?

上述三个原则对农民工公共服务体系的未来发展具有决定性的影响。在为农民工提供公共服务的过程中，"融合"还是"区隔"是一个两难的选择。所谓"融合"，是指在公共服务的政策方面主动忽略农民工和本地居民之间的界限，为所有符合条件的人提供一视同仁的服务。所谓"区隔"，是指在公共服务的政策方面刻意强调农民工群体的特殊性，单独为农民工群体提供某种公共服务，以弥补农民工在其他方面公共服务的供给不足。在当前的政策实践中，这两种趋势都存在。中央政府的文件中仍然广泛使用"农民工"一词，但是很多地方政府很早就规定不使用"农民工"的称呼。例如，广州市从 2011 年就开始明确规定不再使用"农民工"的称呼，提倡使用"新广州人"的称呼。南京市、杭州市、宁波市也在近几年停止使用"农民工"的称呼，而改为"新南京人""新杭州人""新宁波人"等带有地域性的称呼，或者"流动人口""外来务工人员"等带有人口属性的称呼。

根据精准性原则，从政策层面来看，为"农民工"单独建立公共服务项目的可能性很小。其原因在于"农民工"的概念在外延上比较模糊，甚至有些大学生毕业之后从事蓝领工作，由于户口仍然是农村户口，他们被称为典型的"新生代农民工"，但是这些大学毕业生从未干过农活，从生活经历上讲他们有农业户口，但不是农民。因此，如果牵涉到实质性的经济利益转移，例如社会保险、社会福利、公共卫生等方面的项目，公共服务的项目基本上不可能以"农民工"作为受益范围。只有那些不涉及实质性经济利益转移的项目，例如社区融合、文体活动、志愿服务、社会救助、就业培训等，其受益范围才可能界定为"农民工"。

根据开放性原则，农民工的不同亚群体将被嵌入现有的公共服务体系的不同位置。我国当前的城镇公共服务体系大致服务于三个不同的圈层。第一个圈层是本地户籍居民，这部分居民享有最全面的公共服务项目。第二个圈层是常住居民，社会保障制度和户籍制度脱钩之后，主要的服务范围就是常住居民。常住居民包括本地户籍的常住居民和外地户籍的常住居民。居住证能够记录居民在城市记录的信息，通过居住证制度就能够很精确地判断服务对象的范围。第三个圈层是流动人口，是指在一个城市居住不满 1 年的人口。但是很多农民工因为春节期间回老家，经常变换工作和居住场所，因此从城市的角度来看，很多常年在外打工的农民工仍然属于流动人口。流动人口能够享受的公共服务项目非常少。农民工群体在这三个圈层都有分布。由于城市范围迅速扩张，田地被征用的农民就近到城市打工，成为具有本地户籍（农业户口）的农民工，他们属于第一个圈层。一部分农民工办理了本地的居住证，成为第二个圈层的居民。另外一部分农民没有办理居住证，属于第三个圈层。因此，农民工将会按照他们在城市的居住属性，被划分到不同的类别，享受不同的公共服务，也就是"化整为零"的方案（童星等，2008）。

根据公平性原则，在现阶段，仍然需要提供很多针对"农民工"群体的公共服务。农民工以及和农民工相关的一些群体处于社会弱势，个体企业雇用的农民工、恶劣条件下工作的农民工、农民工随迁子女、农民工留守子女等群体还没有完全被纳入公共服务体系之中。弱势群体本来自己保障自己的能力就很弱，如果没有公共服务体系的支持，他们便时刻暴露在各种风险之中，极容易酿成人间悲剧，对社会、自身造成极大的伤害。因此，公共服务体系应该针对农民工中的弱势群体提供针对性的扶助项目，让他们能够回到正常的竞争水平。

从上面的分析可以看出，农民工公共服务体系应该以"融合"为主，以"区隔"为辅，兼顾开放性与公平性，在完善整个公共服务体系的过程中提高为农民工中的弱势群体提供服务的水平。

10.3　农民工群体的未来

农民工公共服务体系建立在农民工群体自身的特征之上，但是，随着农民工的代际更替，农民工群体将会发生非常明显的变化。

首先，没有农业经验的"农民工"将占主要部分。随着老一代农民工逐渐退出劳动力市场，新生代农民工将成为主要组成部分。新生代农民工大多接受了完整的义务教育，没有农业生产经验，生活观念和城市居民差别不大，融入城市生活没有特别的障碍。新生代农民工缺少农村的人际关系支持，对公共服务体系的依赖性比较强，他们在就业、培训、租房等方面更倾向于使用政府或者企业提供的服务。新生代农民工对公共服务的需求和城市居民的需求比较趋同。

第二，新生代农民工希望在城市和农村两边都获得支持，反而在工作地落户的意愿不高。随着农村地区社会保障体系的完善，农业户口的含金量在提高，尤其是仍然有土地承包权分配机会的农村地区，农民在农业之外的收入比重在上升，大部分农民不愿意放弃农业户籍。典型的新生代农民工的情况是：户籍在农村老家，父母在县城居住，自己在外省打工赚钱。因此，在较长一段时间内，农民工的户籍、居住地、工作地点会在不同的地方。

第三，农民工群体内部分化严重，一部分农民工属于特别需要救助的群体。农民工的流动更多是一种市场行为，市场行为就会产生分化。一部分有技能、运气好的农民工在打工的过程中积累了资金和经验，完成了从打工者向企业家的转变，或者回乡创业，成为带动一方的致富能手。另一部分农民工可能因为疾病、事故等原因而陷入贫困，即使回到老家农村，也得不到任何社会支持。农民工家庭中，贫困的代际积累效应开始出现。收入低的农民工只能让子女在农村当留守儿童，留守儿童接受的教育质量比较低，义务教育结束之后就外出务工。

第四，本地农民工比例上升，跨文化圈、远距离打工的人数减少。除了少数特别成功的农民工，大部分农民工在大城市落户的可能性不大。一部分新生代农民工起初打工的地方离自己的老家可能很远，但是慢慢地会向自己的原籍地所属的大城市移动。随着全国各地经济发展和城市建设的均质化，农民工选择就近打工、省内迁移的可能性越来越大。和远距离打工相比较，省内迁移的农民工更有精力照顾老人和子女，减少留守子女和留守老人的问题。

10.4 构建流动、均等、可持续的农民工公共服务体系

在将来的很长一段时间，农民工仍然是我们劳动力市场和社会生活中

的一个非常重要的群体。构建流动、均等、可持续的农民工公共服务体系是我国政府职能改革和公共服务创新的重要内容。

首先，农民工公共服务体系应该具有流动性。农民工属于流动人口的一部分，公共服务体系应该适应人们流动的倾向性。我们每个人都可能因为各种原因而流动，但是不能因为流动就失去原有的社会保障、社会福利、受教育的机会等。人口流动，其相关的公共服务也要随之流动。农民工也是一样，无论是从农村到城镇，还是从中西部农村到东部农村，还是从一个城镇到另一个城镇，针对农民工的公共服务项目应该能够和农民工一起流动。公共服务具有就近便利性，一个人所享受的公共服务由他（她）经常居住地的政府或者公共机构提供是最有效率的。因此，流入地政府承担着为农民工提供公共服务的主要责任。政府应该把居住证作为提供公共服务的主要依据，向所有常住本地的居民提供公共服务。地方政府之间应该建立信息共享和数据交换机制，为社会保险、学籍、计生、卫生、党团关系、工会关系等证件的异地转移提供支持。

其次，农民工公共服务体系应该具有均等性。均等性是公共服务的内在要求。把所有居民都纳入一个公共服务项目，并且享受同样的服务待遇和优先程度是均等性的最好表现。对农民工而言，公共服务的均等性包括三层含义。（1）常住居民和本地户籍居民之间的均等化，长期在一个城市居住的农民工应该和本地户籍居民一样享受基本相同的公共服务项目，尽量减少户籍带来的差别。（2）城乡之间公共服务的均等化，流动性比较强的农民工依然根据农民身份享受农村的公共服务，只有实现城镇和农村之间公共服务的均等化，这部分农民工才能够获得跟城镇居民基本相同的公共服务。（3）对农民工特殊问题的援助，由于工作性质、场所、时间等多方面的原因，对子女和父母的照顾不充分成为农民工群体面临的特殊问题，均等化也包含对某些群体特殊困难的特别帮助，因此，应该针对农民工的随迁子女和留守儿童的照料问题，提供特殊的服务途径。

最后，农民工的公共服务体系应该是可持续的。公共服务本质上是一种财政转移支付，项目越多、范围越广，耗资越多。在财政平衡的压力下，政府不可能长期为一个群体进行输血式的公共服务，因此，稳健的公共服务项目都有可持续性的考量。农民工的公共服务项目应该多引入社会化供给的要素，政府通过服务外包的形式，培养相关的企业和社会组织为农民工提供服务。企业和社会组织在提供服务的过程中发掘赢利点，可以在一定程度上减轻财政上的负担。政府还可以多培养为农民工服务的社会组织和农民工内部的组织，引导社会的力量为农民工提供公共服务，激发农民工群体内部相互帮助，自我约束，自我服务。

附篇
现代农民工公共服务创新案例

| 案例 1 |

把农民工纳入群团组织的服务体系：
南京市总工会

南京是江苏省省会，是长三角地区重要的政治、经济和文化中心。南京市分为玄武、秦淮、鼓楼、建邺、雨花台、浦口、六合、栖霞、江宁、溧水、高淳 11 个区，总面积 752.83 平方公里。南京市的经济总体水平发达，在制造业方面具有很大优势，电子、石化、汽车、钢铁等产业非常发达。2014 年，南京市常住人口总量为 821.61 万人，其中本地户籍人口 648.72 万人，外来人口超过 200 万。

南京市的流动人口大多来自江苏周边省份。2010 年暂住人口登记数中，来自江苏省省外市、县的有 93.8 万人，占总数的 62.2%；来自江苏省其他市、县的有 57.1 万人，占总数的 37.8%。从流动人口来源省份看，以周边省份流入居多，尤其是安徽省人口流入占绝大多数。流动人口来源省份前 10 位的分别是安徽、河南、四川、山东、湖北、浙江、江西、福建、湖南和陕西，其中来自安徽省的有 42.8 万人，超过其他 9 省之和。南京流动人口分布广泛，但各区县之间分布不均衡。总体看，主城区流动人口数量多于城郊区县流动人口。但从单个区县来看，江宁区的数量远远多于其他各区。2010 年，江宁区有暂住人口 47.9 万人，排名第二、三的栖霞区和建邺区分别有 33.8 万人和 26.1 万人。

南京市一直在探索建立包含流动人口的公共服务体系。流动人口在计划生育、子女教育、就业、社会救助等方面获得的待遇在逐年改善。2015

年 6 月,南京市正式废除暂住证,启用居住证,为流动人口享有相应的城市公共服务提供了制度保障。2013 年 2 月,根据工众网与中国人民大学心理学系联合发布的《中国农民工"生存感受"2013 年度报告》,南京市的农民工的幸福感指数全国最高,得分为 71.7 分。通过行政机构和群团组织的改革、创新、扩容,使得农民工能够和城市的正式机构进行接触,能够从正式机构中得到应有的公共服务。从生存感受的角度而言,这是南京市的农民工能够获得较高的幸福感的重要原因。南京市总工会不断创新工作机制、开拓服务内容,在群团组织为外来人口提供公共服务方面积累了很多值得借鉴的经验。

一 南京市总工会的公共服务体系

根据 2001 年新修订的《中华人民共和国工会法》,工会是职工自愿结合的工人阶级的群众组织。工会具有全国性的组织网络,是我国重要的群团组织之一。南京市总工会最早成立于 1927 年 3 月,是中国共产党领导下成立的南京第一个地方工会,具有悠久的历史传承和经验积累。目前,南京市基层工会组织 9683 个,工会会员约 170 万人。南京市总工会下属区县总工会 13 个,产业、局、集团公司、开发区等中间层次工会 21 个,另外有 9 个直属市总工会的大企业工会。

根据《中华人民共和国工会法》和《中国工会章程》,我国地方工会具有四个方面的基本职能。第一,维护职工合法权益的职能,工会是工人的组织,维护职工合法权益是工会的核心职能。第二,参与管理职能,工会可以代表职工参与企业、事业、机关的内部管理,在参与的过程中维护职工的利益,提高职工的地位。第三,组织职能,工会组织职工依照宪法和法律的规定行使权利,参加本单位的民主管理和民主监督,发动和组织职工努力完成生产任务和工作任务,组织职工开展劳动竞赛、技术革新和技术协作活动提高经济效益,发展社会生产力。第四,教育职能,工会动员和教育职工以主人的态度对待劳动,爱护国家和企业财产,遵守劳动纪律等。

南京市总工会机关设置 12 个职能部门:办公室、工运研究室、组织建设部、民主管理工作部、宣传教育部、保障工作部、生产保护部、法律工作部、女职工部、财务部、审计处、对外联络部,另外内设市总机关党委、人事处、老干部处和纪检组。

南京市总工会也通过其下属的企事业单位向各类职工提供公共服务。其中，南京市职工大学、东南中等专业学校、南京市总工会干部学校重点为全市职工提供职业教育方面的公共服务。南京市职工技术协会是南京市总工会领导下的职工自愿结合开展群众性科技活动的社会团体，协会坚持"为国分忧、为企业解难、为职工服务"的宗旨，发扬"团结协作、艰苦奋斗、无私奉献、开拓创新"的主人翁精神，团结吸引技协会员和广大职工开展多种形式的群众性科技活动，提高职工科技素质，推动企业科技进步。南京市职工互助互济会成立于1994年底。它是由南京市总工会主管，经政府社团管理部门核准登记的公益性社会团体。其主要职能是在全市职工中开展互助互济、互助保险活动，是工会实施"送温暖"工程的重要组织形式。南京市总工会职工帮扶中心和南京市总工会爱心帮扶市场是为南京市本地职工和外来务工人员提供就业、培训、救助、创业支持等公共服务的两大机构。

二　南京市总工会职工援助服务中心

南京市总工会职工援助服务中心成立于2002年8月，该中心设置了职业介绍、职业培训、家政服务、小额贷款、困难救助、信访接待、法律援助、互助互济、农民工维权、12351维权热线等诸多服务窗口，为全市职工提供全方位"一条龙"服务，成为为职工提供法律援助的平台，成为向困难职工实施送温暖的绿色通道。

1. 提供职业技能培训服务

通过提供职业技能培训，让职工的素质和能力能够跟上时代的发展，提升职工在劳动市场的竞争力，是帮助职工的根本方法。南京市总工会职工援助服务中心采取培用结合、培企结合、培赛结合、与市场经济结合等多种方式，为创业、就业和再就业开展技能培训，缩短求职者的求职时间、降低了求职者的就业成本。从2009年至今，仅举办创业系列培训班和化妆、主持人、摄像、中式烹饪、中式面点、烘焙、插花、家政服务等20多个种类的就业技能培训班1013期，培训学员4.1万人次，其中举办创业培训班156期，培训学员近5000多人，创业率达65%，就业率达95%。

2009年，全球性金融危机期间，农民工大量返乡，为了更好地寻求为广大失地农民及返乡农民工开展创业培训的新办法，我们采取因地制宜、有的放矢的培训方法，从而满足失地农民和返乡农民工的创业愿望，以达到用创业带动就业。具体做法是以"创业项目孵化基地"的形式，主要面对县和涉农区的返乡农民工及失地农民开展创业培训。其做法是：根据所在地区的经济特点，以行政村为单位，选定若干易懂易学、投资适中、见效较快且农民乐于接受的创业项目，组织当地部分有创业或就业愿望的返乡农民工或失地农民，到"创业项目孵化基地"开展现场培训，同时还发挥了"一条龙"服务优势：组织市农业专家讲师团对其创业培训项目免费一对一指导跟踪，对经过培训合格的学员，提供创业资金支持等一系列后续服务；对暂时不具备创业的学员，推荐到"创业项目孵化基地"就业。实现了树一家培训基地、带一批人员就业、推一方经济发展的效益。目前，全市已拥有 26 家不同门类的"农民创业孵化基地"，并推动了近 100 家农户创业，带动了近万名失地农民和返乡农民工就业。

2. 提供小额贷款融资服务

南京市地处长三角，市场经济发达，城市职工和农民工的困难大多属于发展性方面的困难。大量职工和农民工具有创业的热情和条件，但是苦于没有足够的资金支持。南京市总工会职工援助服务中心工会创业小额贷款担保工作是鼓励失业人员创业的助推器，是推动创业带就业的有效途径，它不仅维护了失业人员的切身利益，而且为推动地方的经济发展发挥了作用。

几年来，工会创业小额贷款工作在市总工会的领导和关注下，在全市各级工会帮扶网络的支持和帮助下，共为 3600 多名创业者提供创业贷款 1.81 亿元，累计成功安置 6.7 万名失业、下岗人员就业，实现了每贷万元安置 5.4 人就业的指标，超额完成了市政府规定的每贷款万元安置 1 人的就业目标。小额贷款担保中心还为微利行业和非微利行业争取到贴息政策，截至 2013 年 9 月底，共计为 1857 名贷款者实现贴息近 420 多万元，总体还款率 99.9%，从 2009 年至今连续三年还款率高达 100%，受到市财政局和南京银行的充分肯定及高度赞扬。其贷款的项目已达到 116 种，覆盖到轻工、食品、服装、养殖、种植、汽车销售和修理、船舶加工、动漫、低碳节能等各个领域，同时，使南京下岗失业人员创业小额贷款的路子越走越宽，在帮扶下岗失业人员创业，促进就业和再就业方面发挥了积极的"杠杆"作用。起到了先富带后富，互相借鉴，互相帮助，让更多的创业者迅速成长起来，产生出"1 + 1 批，一带一群"的就业效应，被全国总工会总结为南京的创业贷款模式。

3. 提供物质和技术援助服务

南京市总工会职工援助服务中心在贷款资助创业的同时，从 2012 年起还采用无偿提供生产资料援助创业、开展创业技术对口帮扶创业等做法，受到了广大创业者的欢迎。近两年来，已为 55 家创业企业无偿提供生产资料 600 多台次，价值人民币 122.4 万元。

南京市总工会职工援助服务中心已成立了近百个职工创业实习基地和农民创业孵化基地，用技术对口帮扶的做法，与 120 多名创业初始者签订了 1.12 亿的创业技术对口帮扶协议书，给他们提供多方面的创业项目和技术，为他们点燃创业的愿望，帮他们实现了创业的梦想，仅此一项带动了近 4000 人就业。

4. 针对农民工的"三心"帮扶服务

南京市本地的农民工和外地来南京市务工的农民工是职工援助服务中心最主要的服务对象。针对农民工的具体工作条件和需求，南京市总工会职工援助服务中心着重提供"三心"帮扶服务。

第一个心是"健康心"。从 2009 年开始，南京市总工会职工援助服务中心与部队医院（八一医院妇科，二医院眼科，解放军医院口腔科）合作，为农民工提供免费体检，近 4 万次农民工参加体检（环卫、餐饮、服装与建筑业农民工），同时每年有 5 例免费手术可以享受费用减免的待遇，南京市困难职工可享受口腔治疗优惠。

第二个心是"社区和工地心"。社区保洁员、家政服务员、环卫工等行业的农民工是重点帮扶对象。2013 年以来，南京市总工会职工援助服务中心为三个行业的农民工提供柴米油盐、服装 150 多万元，服务 24000 人次，2013 年和 2014 年，为建筑工提供 80 多万元的帮扶（大米、油与服装，送了 6 万件次二手衣服，其都在 8 成新以上），为民工提供服务总计 230 多万元。

第三个心是"助教心"。农民工子女的教育问题是公共服务体系中的短板。南京市总工会职工援助服务中心每年都会针对困难民工子女、留守儿童、候鸟式儿童开展夏令营活动。每年的主题不同，2015 年的主题是

"热爱南京，共享幸福"。每次夏令营招收 150 名儿童，按 11 个区分配名额，有的区是留守儿童，有的是候鸟式儿童。每年开典仪式的地点不同、活动方式也不一样。2015 年是去部队参观进行爱国教育、陶瓷制作、野外生活。

2007 年，南京市人民政府办公厅印发《市总工会建设职工援助服务中心经验》的通知，向全市介绍推广南京市总工会职工援助服务中心的工作经验。2012 年，南京市总工会职工援助服务中心在全国推进就业创业工作表彰大会上被国务院授予"全国就业工作先进单位"。

三 南京市总工会爱心帮扶市场

南京市总工会爱心帮扶市场成立于 2012 年 3 月，是一个接受生产企业、机关团体、事业单位、社团组织、家庭以及个人自愿捐赠，并把这些捐赠的物品、设备、技术等资源配置到最需要的职工和企业的机构。爱心帮扶市场主要对六类对象进行帮扶：南京市市级建档特困职工、困难农民工家庭成员中当年患重大疾病者（原则上自付医药费在 5000 元以上）；南京市市级建档特困职工、困难农民工家庭发生灾难，或发生突发事件（家庭损失原则在 5000 元以上）；因突发事件而急需救助的其他困难家庭（损失原则在一万元以上的）；老、少、边地区受困的小学、幼儿园、养老院和特困家庭；法人代表曾参加市总工会的创业培训、创业贷款且又存在困难的企业；由市总工会选出的"创新创业"示范基地中存在实际困难的企业和有创业需求的创业者等。

与南京市总工会职工援助服务中心主要运用财政资金进行帮扶不同，南京市总工会爱心帮扶市场主要运用社会资源、依靠社会力量，采取社会化的方式对全市范围内的职工进行帮扶。

1. 整合捐赠资源，实施扶贫帮困

帮扶市场 1000 多平方米的场地和提供的物资不花政府和工会的一分钱，都是爱心单位无偿捐赠。爱心帮扶市场共计收到来自全市 448 家爱心单位所捐赠的近 167000 件次的物品。爱心帮扶市场向 160 多名身患重病或家庭发生突发事件的市级建档困难家庭和部分困难农民工捐赠生活用品 4000 多件次，价值人民币 69.2 万余元，同时还向全市包括青奥场馆和经济适用房建设的 6 个工地近 2400 名农民工捐赠衣物 36000 多件次，价值人

民币80余万元，向全市80多个社区3000多名民工保洁员和环卫工捐赠了数万件次，价值人民币30多万元的生活、清凉和保健等用品、全新衣物、大米食油等，以达到全社会尊重和感谢为南京城市建设做出贡献的广大民工朋友；鼓励和激励他们安心第二故乡建设，共建美好家园，促进社会和谐稳定的目的。

2. 整合生产资料，开展创业帮扶

帮扶市场除了设立为困难职工提供无偿帮扶的生活资料区和爱心捐赠区外，还专门设置了为创业者提供援助的生产资料区和科技资料区。爱心帮扶市场已向全市55家创业困难企业捐赠生产资料2000余件（台）次，价值人民币122.9余万元；向24名失业下岗人员提供养殖、种植、养老和幼教等方面的创业项目和技能培训，为他们点燃创业的愿望，帮他们实现了创业的梦想。

3. 整合人力资源，倡导社会化帮扶

通常按照同等规模的市场，至少需要30名左右的工作人员，而帮扶市场工作人员仅有三名，其大量工作均由职工志愿者完成。

4. 整合志愿资源，倡导技术帮扶

帮扶市场组建了为困难群体提供专项志愿援助服务的队伍，建立了包括种植业、养殖业、养老业、幼教业、旅游业、服务业等职工创业实习基地55个，与110名初始创业者签订了价值近亿元的"创业技术对口帮扶协议书"。从2013年开始，帮扶市场组织把南京市科技志愿者组成农业专家团，对部分创业实习基地进行科学指导等活动，还为来自主城六区6所农民工子弟小学的85名困难农民工子女和5个涉农区的50名留守儿童分批开展包括走进自然、了解科学的兴趣爱好活动。

四 通过群团组织为农民工提供公共服务

群团组织是我国国家治理体系中一类非常特别的组织。群团组织包括工会、共青团、妇联等22家全国性组织。2015年7月，党中央首次召开群团工作会议，并发布了《中共中央关于加强和改进党的群团工作的意见》，明确提出群团组织要增强群众观念，多为群众办好事、解难事，维护和发展群众利益，不断增强自身影响力和感召力。南京市总工会在困难职工帮扶方面的创新说明群团组织在为农民工提供公共服务方面还有非常

大的发展和创新空间。

第一，为农民工提供公共服务属于群团组织的工作范围，符合群团组织的宗旨使命。群团组织是一种代表性组织，工会、共青团、妇联等群团组织分别为不同的社会群体提供相应的公共服务，并在国家的政治生活中在一定程度上代表该群体的利益。群团组织以年龄、职业、性别等特征来区分自己的服务对象，在大多数情况下并不可以区分本地户籍人口和外来常住人口。

第二，群团组织和党政机构关系密切，在很大程度上能够代表党和政府向农民工提供公共服务。在当前管理体制之下，群团组织的工作人员大多具有事业编制，群团组织在日常工作上接受当地政府机关的指导，群团组织的大部分运作经费也来源于财政资金。因此，群团组织提供的公共服务具有较强的官方属性，能够有效提升党政部门在居民中的威信。

第三，群团组织是一种从中央到地方最基层的体系型组织，能够动员大量社会资源。群团组织分支机构多，覆盖面广，能够为社会提供均等的公共服务。群团组织成立时间早，机构稳定性强，和社会各界的正式联系以及非正式联系都非常多，能够灵活运用多种手段整合社会资源，为农民工提供高水平的公共服务。

当然，把农民工纳入群团组织的服务范围，最重要的是创新群团组织的工作方式。首先，群团组织应该回归自己的宗旨使命本位，主动克服户籍歧视，扩大服务范围，把农民工群体纳入自己的服务范围。其次，群团组织可以整合多方面的资源，引导全社会的资源向最需要的人群流动，运用社会化的方式开展项目运作，提高资金的使用效率。最后，群团组织可以有效沟通政府资源和社会力量，做好党政机关和人民群众之间的桥梁，通过社会调查、政策倡导和创新实践，把群众的需求和智慧反馈到党政层面，在更大范围内完善针对农民工的公共服务体系。

包容性发展模式中的农民工公共服务
供给体系：以杭州为例

一 杭州市农民工现状

随着本地经济的快速发展，杭州吸引了大量的外来人口在此工作和生活。根据第六次人口普查的数据，杭州市常住人口为 870.04 万人，其中235.44 万人是来自杭州之外的外来人口，外来人口占总人口的比重为27.1%，其中来自浙江省外的人口为 174.27 万人。省内的外来人口主要来自衢州市（10.69 万人）、温州市（9.23 万人）和金华市（8.59 万人），省外的外来人口主要来自安徽省（43.95 万人）、江西省（22.77 万人）和河南省（22.49 万人）。外来人口的来源地相对比较集中。

截至 2015 年 5 月底，杭州市农民工的数量达到 340.45 万人，占流动人口总数的 78.86%。杭州市的外来人口受教育程度普遍不高，就业面选择较为狭窄，主要分布在受教育程度要求较低或技术含量不高的行业门类，其中制造业占 43.4%、批发和零售业占 19.2%、建筑业占 11.7%、住宿和餐饮业占 6.0%。外来务工人员工作时间明显较长，全市就业者周工作时间平均为 48.0 小时，而外来人口周工作时间平均为 51.9 小时，高出全市平均水平 3.9 小时。主要原因是，他们从事的多是体力型劳动，其加班加点、单休等情况较多。杭州市外来务工人员的居住相对集中，外来人口主要集中在市区各街道及近郊乡镇和县（市）的中心镇、街道。分城乡看，居住在城镇有 208.02 万人，占外来人口 88.4%，居住在乡村的27.42 万人，占 11.6%。在居住城镇的人口中，八城区（含杭州经济技术开发区和西湖风景名胜区）有 182.21 万人，占 87.6%，五县（市）25.81

万人，占 12.4%。五县（市）居住在城镇的人口分别是：富阳 10.25 万人，占 82.5%；桐庐 5.09 万人，占 83.2%；临安 8.03 万人，占 76.7%；建德 1.66 万人，占 61.0%；淳安 0.78 万人，占 75.5%。

农民工对于所工作城市的认同感普遍不高，但是相对而言，浙江省的农民工政策较为宽松，农民工的满意程度比较高。《2006 年中国农民工满意度报告》表明，浙江省的农民工满意度最高，对"是否愿意继续留在目前打工的城市"这个问题，有 54% 在浙江的被调查者做出了肯定的回答。相比较而言，37% 的农民工选择愿意继续留在北京，19% 的农民工愿意继续留在天津务工，愿意继续留在广东和湖北的被调查者均为 13%。

二 杭州市农民工管理的相关法规

杭州市很早就开始探索外来人口的市民化管理方案。2003 年 10 月，石桥镇成立了杭州市第一个流动人口临时党支部和志愿者队伍，以党建和社会志愿力量作为依托，探索将外来人口纳入本地管理的路径。同时，杭州警方将不再对流动人口集中地区进行拉网式"扰民"清查，外来人口也可各自在杭州居住的社区或村委会获得更多社区服务。

2011 年 12 月 28 日杭州市第十一届人民代表大会常务委员会第三十七次会议审议通过的《杭州市流动人口服务管理条例》，该条例自 2012 年 6 月 1 日起施行。《杭州市流动人口服务管理条例》对于和助手构建针对流动人口的管理和服务体系及其内容做了系统性的规定。《杭州市流动人口服务管理条例》规定：市、区人民政府应当加强对流动人口服务管理工作的领导，建立健全流动人口服务管理的各项制度，保障流动人口服务管理工作所需的人员和经费。市、区人民政府应当将流动人口服务管理工作纳入国民经济和社会发展规划，逐步实现基本公共服务均等化。乡镇人民政府、街道办事处应当按照有关规定做好流动人口服务管理的相关工作。市、区人民政府设立流动人口服务管理委员会，负责组织、协调、督促、指导本行政区域有关部门和组织开展流动人口服务管理工作。乡镇人民政府、街道办事处可以依托社会管理综合治理工作中心，设立流动人口服务管理中心。在流动人口较多的社区居民委员会、村民委员会、企业事业单位可以设立流动人口服务管理站。此外，《杭州市流动人口服务管理条例》还规定：市、区发展和改革、城乡建设、教育、公安、民政、司法行政、财政、人力资源和社会保障、住房保障和房产管理、交通运输、卫生、人口和计划生育、工商行政等部门，应当根据各自职责，密切协作，做好流动人口服务管理工作。工会、共产主义青年团、妇女联合会等社会团体、各企业事业单位和社区居民委员会、村民委员会以及其他组织，应当协助做好流动人口服务管理工作。

《杭州市流动人口服务管理条例》规定杭州市针对流动人口发放《浙江省临时居住证》和《浙江省居住证》两种证件，其中持有《浙江省居住证》的流动人口享有获得以下公共服务的权利：（1）按规定享受公共就业服务机构提供的职业指导、职业介绍等就业服务；（2）政府部门组织的劳动法律法规、安全生产、职业技能等知识的培训和教育；（3）有关法律法规规定的从业人员劳动安全卫生权益保障；（4）依法参加职工基本养老保险、职工基本医疗保险、工伤保险、失业保险、生育保险，享受相关待遇；（5）流动人口随同子女享有与本市儿童同等的免疫服务权利，可以免费接种国家免疫规划规定的疫苗；（6）患有传染病的，可以享受国家规定范围内的免费检查和治疗；（7）已婚育龄夫妇可以免费享受国家规定基本项目的计划生育技术服务；（8）依法享有法律援助和司法救助；（9）按照规定参加专业技术职务的任职资格评定或者考试、职业（执业）资格考试、职业（执业）资格登记；（10）按照规定享受政府提供的创业就业扶持政策；（11）符合有关规定的流动人口随同子女，在学前教育阶段和义务教育阶段与本市居民子女同等享受相关教育政策；（12）育龄夫妻生育第一个子女的，可以在居住地街道办事处或者乡镇人民政府办理生育服务登记，并享受相关服务；（13）已经建立并缴存住房公积金，如与用人单位终止劳动关系且不再在本市就业的，可以根据本人要求并提供相关有效证明材料后，其个人住房公积金账户内的缴存金额（包括单位为其等额缴存部分）可以一次性支付给本人；（14）符合特殊困难救助条件的，可以享受特殊困难救助；（15）依法参加职工基本医疗保险的困难人员，可以在市区惠民医院或者本市医院爱心门诊就诊，并按有关规定享有医疗费减免政策；（16）按照规定符合条件的可以申请租住政府提供的公共租赁住房，具体办法由市人民政府另行制定；（17）按照规定在居住地申领机动车驾驶证，办理机动车注册登记手续；（18）办理市区公园年票；（19）依法参加居住地社区组织和有关社会事务管理；（20）按照规定参加当地各种荣誉称号的评选并享受相应待遇；（21）流动人口随同子女在学前教育阶段和义务教育阶段与本市居民子女同等享受相关教育政策；（22）获得市级以上劳动模范称号的或者具有突出贡献的优秀人才，以及符合相关规定的，可以根据本人意愿，申请转办居住地常住户口，具体办法由市人民政府另行制定；（23）居住地人民政府提供的其他公共服务。

三 杭州市农民工公共服务的政策体系

1. 积分落户政策

和北京、上海等一线大都市相比较，杭州市的落户政策相对比较宽松。杭州市的落户分为人才引进落户、购房入户、纳税入户、外商投资落户、企业投资落户（内资）、应届毕业生落户、夫妻投靠入户、老年投靠入户、未成年子女投靠入户、出国留学人员落户、特殊人才引进落户 11 个途径。但是对于农民工而言，这些落户途径都不太现实。杭州市从 2014 年开始在滨江区试点积分落户，对于持有《居住证》的外来人口实行积分管理。《杭州市滨江区居住证持有人积分管理暂行办法》中规定：积分指标主要分为基础分、附加分和扣减分，其中基础分根据个人年龄、文化程度、专业职称、参保情况、房产情况、居住年限的不同给予相应的分值，比如，拥有大学本科学历的流动人口可获得标准分值 40 分，若是全日制高校毕业生还可再加 10 分，附件分根据个人表彰奖励（发明专利、获得的荣誉）、社会贡献（捐赠、参加志愿活动）、投资纳税等情况给予相应的分值，例如，1 年内在杭（市区）参加志愿者服务的流动人口，服务满 10 小时就可以获得 1 分。扣减分是指当出现刑事犯罪记录、行政拘留记录、个人不良信用记录等情况时，扣减相应分值，例如，3 年内有个人不良信用记录的，一次扣 10 分。子女入学时除了满足缴纳社保等基本条件外，还必须满足以上积分的"基础分各项分值累计高于 50 分（含）的要求"。

2. 劳动与社会保障政策

2011 年 9 月，杭州市建设委员会联合杭州市人力资源和社会保障局发布《杭州市建设行业农民工工资保证金管理规定》，要求施工企业在建设行政主管部门开设的农民工工资保证金专用账户（以下简称保证金专户）缴存，用于支付被拖欠农民工工资，不按规定缴存保证金的施工企业，不允许在杭州市范围内从事建设市场活动。

参加社会保险是农民工正式就业的必要条件之一。但是长期以来，社会保险也区别本地户籍参保对象和农民工参保对象，在保障程度上有差别。2013 年 12 月，杭州市实施新版《杭州市基本医疗保障办法》，基本上消除了农民工和本地户籍城镇职工在社会保险上的差别。新版《杭州市基本医疗保障办法》明确取消农民工大病医疗保险政策，将原参加农民工大病住院医疗保险的用人单位及其职工，统一纳入到职工医疗保险，确保农民工和城镇职工享受公平的待遇。外来务工人员的子女随父母一方在杭读书或随父母一方在杭居住的学龄前儿童，可按规定参加少儿医疗保险，但目前各统筹地对学龄前儿童设置的参保条件不尽相同。为统一各统筹地的政策，新《杭州市基本医疗保障办法》把学龄前儿童的参保政策统一调整为其父母一方参加职工医保并累计缴费满 3 年的，其学龄前子女可参加医保。

2014 年 1 月，修订版的《杭州市基本养老保障办法》颁布实施，此修订取消了原《农民工低标准缴费低标准享受基本养老保险办法》，停止执行杭州市农民工"双低"基本养老保险办法，允许原按低标准缴费的农民工补缴个人缴费部分差额后，原农民工低标准缴费年限可转为职工基本养老保险缴费年限。当前，杭州主城区城乡居民社会养老保险缴费档次共分为 100 元、300 元、600 元、900 元、1200 元、1500 元六个档次，由参保人员自行选择。

2015 年 4 月，为帮助进城务工人员改善居住条件，杭州市为农民工建立了住房公积金制度。根据杭州住房公积金管理委员会发布的《关于为农民工建立住房公积金制度的通知》，凡在杭州市城镇用人单位与农民工建立稳定劳动关系、签订劳动合同的，应当按照国务院《住房公积金管理条例》和《浙江省住房公积金条例》规定，依法为农民工缴存住房公积金，并办理缴存登记和个人账户设立手续。农民工的住房公积金缴存、提取和使用政策与所在单位其他职工相同。

3. 就业培训政策

从 2003 年开始，杭州市就开始探索在建设工地建立民工学校，就近对参加建设工作的农民工开展知识、技能、安全习惯等方面的培训。2006 年，杭州市建设委员会发布了《关于进一步加强民工学校建设的实施意见》，规定"凡在杭州市区内，建设工程造价早 1000 万元以上的建设工地，县（市）城区范围内，建设工程造价在 500 万元以上的建设工地，从工程开工到竣工，都应建立民工学校，进行正常的教学活动"。民工学校教学内容根据工程特点和工地实际安排，但是根据《关于进一步加强民工学校建设的实施意见》，民工学校的教学内容"分为必修课和自选课，必修课主要是：民工维权、文明礼仪、道德法制、工程质量、安全生产和文明施工等内容"。到 2014 年，杭州市共有 2000 多家民工学校。

4. 子女入学政策

由于城市教育资源紧缺，农民工子女入学一直是一个非常严峻的问题。杭州市对于农民工子女进入公立学校接受义务教育设置一定的门槛，但是这个门槛并不高。以 2014 年进城务工人员随迁子女进入杭州市公立小学一年级的招生条件为例，主要包括五个方面的条件：（1）2014 年新生入学的适龄儿童是指 2007 年 9 月 1 日~2008 年 8 月 31 日出生的儿童。（2）凡在户籍所在地有监护条件的进城务工人员子女，应在户籍所在地接受义务教育。（3）父母双方于 2013 年 8 月 31 日前在杭已办理（临时）居住证且在之后一直按规定办理，无中断。（4）父母双方或一方于 2013 年 8 月 31 日前已在杭交纳社会保险且在之后一直按规定缴纳，无中断。（5）父母双方或一方于 2013 年 8 月 31 日前已与在杭用人单位签订劳动合同或工商部门办理的在杭营业执照，且在之后一直按规定办理，无中断。杭州市外来务工人随迁子女的入学数量呈较快上升趋势。截至 2012 年 9 月，在杭就读的进城务工人员子女达到 221659 人，占义务教育阶段全部在校生人数的 32.16%，其中六城区 94429 人，占义务教育阶段全部在校生人数的 42.11%。2012 年，全市新招收一年级进城务工人员子女 33649 人，其中六城区 13204 人，占了六城区小学新生总人数的 44.18%。

5. 卫生和计划生育政策

卫生和计划生育管理向来是流动人口管理中的难点。杭州市力求对流动人口全面实施与本地户籍人口同等的计划生育基本公共服务项目，实现计划生育"同宣传、同管理、同服务"。针对流动人口的卫生和计划生育工作，杭州市重点推进"四项工程"。推进"四项工程"，一是推进计划生育服务"全覆盖工程"。充分发挥各级计划生育服务机构的作用，定期为流动人口提供免费、便捷的查孕、查环、查病等服务，把国家规定的计划生育基本公共服务项目覆盖到全体流动人口；在流动人口集中的市场、社区、企业、工地、交通枢纽等场所，设置避孕药具免费发放点、自动售套机、24 小时自取箱等，使流动育龄人群能免费、便捷地获取避孕药具。二是推进"优生两免工程"。对在杭居住 6 个月以上并取得《临时居住证》的流动人口实施免费婚前医学检查、免费孕前优生检测。依托各级"优生、优育、优教"指导中心，为流动人口提供和户籍人口同等的婴幼儿早期启蒙和优生、优育、优教等服务。三是推进"生殖健康项目工程"。开展流动人口性与生殖健康项目，通过开展"青春健康""生育关怀""爱心家园"和"红丝带"等活动，加强避孕节育、艾滋病预防、生殖健康等科普宣传；开展随访跟踪项目，为流动育龄妇女提供生殖健康咨询指导、生殖健康检查，并提供必要的随访服务等；开展分娩补助项目，对符合条件的外来孕产妇实行定点平价住院分娩。四是推进"维权保障工程"。建立流动人口计划生育利益导向机制，利用计划生育公益金，为流动人口独生子女死亡、伤残的家庭提供救助，对自觉落实长效节育措施的流动育龄夫妻，按照有关规定给予奖励。同时，协同相关部门推进流动人口其他基本公共服务。

6. 工会

工会是群团组织中和农民工的联系最为密切的组织。由于杭州市农民工数量庞大，而且农民工面临的困难远远多于城镇职工，因此工会把为农民工服务也作为自己的重要职责之一。杭州市工会主要从以下四个方面为农民工提供公共服务。

第一，加强组织建设，扩大农民工入会比例，增加农民工的归属感。以江干区总工会为例，截至 2015 年，全区共有农民工会员 13 万余名。

第二，加强农民工的职业技能培训。杭州市的农民工可以通过市总工会举办的杭州市工人业余大学等培训机构接受免费的技能培训。从 2012 年，杭州总工会还发起了"农民工圆梦计划"，资助优秀外来务工人员上大学。自推出这项惠民措施以来，已有 1576 人受惠，仅 2014 年就有 1079 名优秀农民工受到资助，免费进入杭州市工人业余大学。

第三，农民工维权服务。为农民工讨薪、争取待遇、争取工伤赔偿等是工会的重要工作。在劳资纠纷中，农民工个体总是处于弱势地位，因此需要工会提供支持和帮助。2014 年的春节期间，杭州市总工会为农民工追讨工资 734 万余元。

第四，针对农民工的公益活动。杭州市总工会还通过举办农民工免费体检、百对外来务工人员集体婚礼、千名"小候鸟"安全度夏、万名青年职工交友联谊活动等公益活动，倡导社会关注农民工群体，提供农民工对城市生活的认同感。另外，杭州市总工会还扩大"春风行动"的范围，把农民工有条件纳入工会困难职工救助的范围之内。

四 包容性发展模式中的农民工公共服务体系

正如杭州市的城市精神"精致和谐、大气开放"所描述的那样，杭州市的农民工政策也具有同样的特点。在为农民工提供均等化的公共服务方面，杭州倾向于从细节处着手，从而实现城市包容性发展的目标。杭州市在为农民工提供公共服务方面有三个明显的特点。

1. 市民在文化上比较容易接纳农民工

由于浙江省整体上的城乡差别比较小，杭州市城区和郊区农村在收入、生活方式、生活习惯上的差距不大。因此，绝大部分杭州人对农民工没有明显的抵触心理。农民工能否融入城市生活，很重要的一个因素就是城市居民对农民工的接纳程度。杭州在这方面具备较好的人文条件。

2. 农民工不是一个单独的群体

农民工融入城市生活意味着消除农民工和市民之间的区别，而为农民工提供公共服务的政策则需要凸显这种区别。在杭州的政策体系中，农民工并不是一个单独的群体。事实上，不同的政策对于农民工的表述很不一样。在户籍政策方面，"农民工"被包括在"流动人口"中；在社保政策方面，"农民工"被包括在"外来务工人员"中；在工会的救助政策中，"农民工"则被包含在"困难职工"中。

3. 各个部门积极在自己的业务范围内开展创新

各个部门并不是直接实现农民工和本地居民在公共服务上的同城待遇，而是通过创新的方法，为农民工提供更具有针对性的服务。事实上，由于职业特征、居住区位以及户籍身份的不同，农民工和本地居民在获得的公共服务上很难完全相同，但是，如果能够在满意程度上相同，未尝不是一种新的公共服务均等化。

通过基层政府再造构建针对农民工的公共
服务体系：杭州凯旋街道办事处

一 街道的公共服务功能

街道办事处是我国城镇地区行使行政管理职能的最基层政府机构。街道办事处是市辖区人民政府或功能区管委会的派出机关，受市辖区人民政府或功能区管委会领导，行使区人民政府或功能区管委会赋予的职权。尽管如此，街道办事处在为城镇居民提供公共服务方面发挥着非常关键的作用。一方面，几乎所有的城镇公共服务项目都通过街道一级政府部门得以落实。另一方面，街道办事处可以根据本辖区的具体情况，对每年公共服务财政的使用方案进行适当调整。尤其是针对外来的农民工而言，有些街道办事处可以在国家规定的公共服务项目之外创造性地添加新的服务项目，或者扩大某些公共服务的覆盖范围，让农民工也能够在一定程度上享受和本地城镇居民同等的待遇。

截至 2014 年底，全国共有街道办事处 7696 个。目前，各地的街道办事处在组织形式上大致相同，但是在具体功能和运作方式上差距比较大。杭州市在 1989 年 2 月发布了《杭州市街道办事处工作暂行规定》，该文件规定杭州市街道办事处的主要任务包括：1. 宣传和执行党的方针、政策和国家宪法、法律、法规，对居民进行思想政治教育和法制教育。（2）进行社会主义精神文明建设，开展创建"文明街道""先进居委会"活动，积极开展军民、警民、辖区内各单位联片共建活动；开展群众性文化、体育、教育活动，做好爱国卫生、计划生育、群众绿化、环境保护等工作。（3）积极开展社区服务活动，做好社会救济、拥军优属、殡葬改革、婚姻登记、精神卫生等工作。（4）组织、管理街道集体经济，发展生活、生产服务事业。（5）指导居民委员会的工作，向上级政府反映居民的意见和要求，处理来信来访。（6）负责和协助有关部门做好青少年教育和老龄工作，负责待业人员和退休职工的管理，协同有关部门进行招工和离退休人员的聘用、调配等工作。（7）开展社会治安的综合治理，做好人民调解、治安保卫、违法青少年的帮教工作，保护老人、妇女、儿童的合法权益，维护社会的安定团结。（8）配合有关部门做好市政建设管理和防空、防台、防汛、防震、防火、抢险救灾、住房改造、居民动迁等工作。（9）承办上一级政府交办的工作。

杭州市街道办事处的功能几乎覆盖了和农民工相关的所有主要公共服务项目。街道办事处提供的公共服务往往只针对具有本地户籍的居民，但是随着城市户籍制度的松动，有一部分街道办事处开始把常驻居民纳入公共服务的范围。在外来人口和本地居民混居的地方，外来人口的治安状况、公共卫生状况等和本地居民的生活状况有非常紧密的联系。而且考虑到外来人口对于本地经济活动的贡献，一部分街道办事处开始尝试扩大公共服务的范围，有条件地把农民工也纳入公共服务的对象。

二 杭州市凯旋街道的发展

凯旋街道位于杭州市江干区中部，东起新塘路、老景芳路、三新路，与四季青街道相连；南至庆春东路，与采荷街道相接；西邻贴沙河，与下城区隔河相望；北靠艮山西路、秋涛北路。凯旋街道属于杭州市未来中心城区之"西南文化商务区"，辖区面积约 4 平方公里，下辖 14 个社区（景湖社区、景华社区、景苑社区、景芳社区、景新社区、景昙社区、景秀社区、华家池社区、金秋花园社区、南肖埠社区、庆春门社区、金兰池社区、庆和社区、凯西社区）和一个股份合作社（景芳股份经济合作社），人口总数 6.8 万余人，其中常住人口 4.7 万，非常住人口 2.1 万。

20 世纪 80 年代，凯旋街道还属于杭州市的城乡接合部，大量杭州老城区的居民因为城市建设搬迁到凯旋街道。2000 年之后，由于快速城市化发展，凯旋街道已经变成繁华的中心城区之一。大量外来人口租住在凯旋街道，和早期移住在此地的老杭州人一起生活。凯旋街道的外来人口构成比较复杂，很难用"农民工"一词完全概括。凯旋街道的外来人口主要有三种：第一种是在本地从事服务业或者商业活动的外来人口（自营业）；第二种是在本地或附近的企业或单位工作的外来人口（蓝领）；第三种是在本地写字楼上班的白领。因此，对于凯旋街道的公共服务机构而言，很难区分一个外来人口是否属于农民工。由于地处杭州的商业中心，生活和居住不在同一个地方的情况非常普遍，很多人户籍不在本地，但是在本地工作，"外来人口"的概念也显得不准确。

江干区凯旋街道办事处工作的主要职责包括：（1）宣传和执行党的方针、政策和国家的宪法、法律、法规，对居民进行思想政治教育和法制教育；（2）进行社会主义精神文明建设，开展创建"文明街道""先进居委会"活动，积极开展军民、警民、辖区内各单位联片共建活动；开展群众性文化、体育、教育活动，做好爱国卫生、计划生育、群众绿化、环境保护等工作；（3）积极开展社区服务活动，做好社会救济、拥军优属、殡葬改革、婚姻登记、精神卫生等工作；（4）组织、管理街道集体经济，发展生活、生产服务事业；（5）指导居民委员会的工作，向上级政府反映居民的意见和要求，处理来信来访；（6）负责和协助有关部门做好青少年教育和老龄工作，负责待业人员和退休职工的管理，协同有关部门进行招工和离退休人员的聘用、调配等工作；（7）开展社会治安的综合治理，做好人民调解、治安保卫、违法青少年的帮教工作，保护老人、妇女、儿童的合法权益，维护社会的安定团结。

凯旋街道以党建为依托，积极创新社会治理方式，通过基层政府再造，在经济发展、社会建设和生态保护等方面都取得了显著成绩，曾先后获得全国和谐社区建设示范街道、全国社区教育示范街道、全国群众体育先进单位、全国婚育新风进万家活动先进集体、浙江省文明街道、杭州市和谐社区建设示范街道等 100 多项全国及省、市级荣誉。

三　凯旋街道针对农民工的公共服务模式

1. 党建活动

凯旋街道通过党建活动为写字楼的白领提供丰富多样的服务，这些白领很多属于学历相对较高的外来务工人员。凯旋街道提出了楼宇社区的概念，在辖区白领比较集中的写字楼建立了楼宇党群服务中心——"凯尚 e 家"，下设生活俱乐部、养生俱乐部、志愿俱乐部、驴友俱乐部、文化俱乐部、健身俱乐部、时尚俱乐部 7 个俱乐部，还设有凯尚服务站、凯尚休闲吧、凯尚便利店、凯尚咖啡屋、凯尚美食厅、凯尚健身馆、凯尚缤纷社 7 个服务站点。另外，在楼宇社区中还设有阳光党建工作室、人大政协工作室、企业助手工作室、计生服务工作室、职工维权工作室、志愿联盟工作室、妇幼之家工作室、民商调节工作室、健康养生工作室、老钱红线工作室、心理咨询工作室等 12 个工作室。通过这些俱乐部、服务站点和工作室的建设，楼宇社区成为一个针对在楼宇工作白领的完善的服务体系。

2. 综合治理

凯旋街道采取网格化管理，每个社区设有警务站，负责办理外来人口的暂住证、户口迁移，以及其他相关材料的发放工作。外来人口中从事环卫工作和夜宵经营的人比较多，生产和生活中出现事故的概率也比较高，综合治理的重要任务就是进行安全检查和治安宣传，防止电信诈骗、网络诈骗案件的发生。

3. 经济发展

经济发展科的主要工作是为企业和员工创造良好的商务环境、招商引资、促进就业、协助企业解决务工人员在杭州的落户问题。凯旋街道设立了外来务工人员服务驿站，针对外来务工人员在培训、就业、社保等方面的需要提供服务。服务站同时也为本地人口提供服务，在服务的过程中不强调本地人口和外来人口的区别，也不凸显蓝领和白领之间的区别。

4. 计划生育

流动人口的计划生育工作一直是街道和社区工作中的难点问题，其原因在于流动人口难以和本地人口享受同等的计生服务，却要承担更多的义务。凯旋街道在计生服务方面做到流动人口和本地人口享受同等生殖健康服务，给流动人口发放一定的分娩住院补助，及时为流动人口办理婚育证明。

5. 妇联

流动人口中，女性和社区的联系更为紧密，更容易融入城市社区。凯旋街道妇联主要关注妇女的就业培训和平安家庭创建工作。凯旋路社区还成立了"1768 心灵驿站"，每周二在社区活动楼准时开放。"1768 心灵驿站"集矛盾纠纷调解、心理疏导、心理健康教育功能于一体，根据不同妇女群众的需求，提供心理咨询、心理辅导、心理健康知识普及等服务。主要针对如何缓解工作压力、如何正确处理家庭关系、引导老年妇女适应社会角色等实际问题，对妇女群众进行指导和帮助。

6. 团工委

凯旋街道团工委发挥青年工作的优势，主要针对外来务工人员的子女开展流动小候鸟服务。外来务工人员子女往往有孤独感，缺乏安全感，他们对学习缺乏主动性、自卑、迷茫，需要更多的引导和关爱。2012 年，凯旋街道就成立了青少年俱乐部领导小组，负责社区青少年俱乐部筹建工作。2013 年，凯旋街道成立街道少先队工作委员会，并建立了 14 个社区少先队大队部和 1 支 "小候鸟之家" 流动少先队大队部，下设 30 支中队和 78 个楼道小队，由街道团委牵头，各科室配合，负责青少年假期活动统筹指导，以 "专业十志愿" 的方式组建青少年俱乐部辅导员队伍，由社区团干部担任各社区俱乐部专职辅导员，由大学生志愿者、专业义工、家长志愿者、五老人员组成志愿者辅导员队伍，负责具体活动的组织策划，形成了 "1 + 15" 的特色青少年工作体系。

7. 工会

工会是为广大劳动群体争取利益的组织，其中自然也包括农民工。凯旋街道工会把辖区内从事物业、保安、绿化、环卫等行业的工人都纳入自己的服务范围。2016 年 1 月 22 日，凯旋街道举行了 2016 年 "新杭州人" 迎春团拜会，街道总工会为本辖区的 "新杭州人" 提供集体年夜饭，并为每个外来务工人员送上一份年货。

8. 公益活动

公益活动是一种社会化的公共服务形式，公益活动能够突破户籍的限制，对本地人和外来人口一视同仁，促进外来人口的社会融入。凯旋街道为了扶持公益性社会组织发展，成立了凯旋街道社会组织管理服务中心（"凯益荟"）。"凯益荟" 的宗旨是 "公益凝聚你我、服务创造和谐"，主要承担街道社会组织管理服务、社会组织孵化培育等职能，为凯旋街道内 200 多家社会组织提供登记、能力建设、学习交流等一系列服务。目前，入驻 "凯益荟" 的社会组织有 "和之韵" 艺术团、民商法律调节服务中心、何钧心理咨询工作室、"四点半课堂" 少儿教育工作室、"夕阳红" 凯旋工作站、"爱心联盟" 志愿者协会、华语之声服务站等多家公益机构。

四　基层政府为农民工提供公共服务的创新与发展

基层政府处于为居民提供各种公共服务的第一线，在经济发达、财政充裕的地区，基层政府完全可以把农民工纳入公共服务的供给范围之内。基层政府为农民工提供公共服务的创新和发展主要体现在以下几个方面。

1. 把农民工的需求和本地的利益结合起来

公共服务运用的是财政资金，原则上优先用于本地人口，但是如果能够把农民工的需求和本地的利益结合起来，则比较容易克服本地人口的反对意见。例如在经济发展和综合治理方面，农民工能够为本地带来房租收入，把农民工纳入本地治安防范系统能够提高本地的治安水平。

2. 充分利用现有的治理渠道为农民工提供服务

社区、综治、计生、民政、人保、工会、妇联、共青团等机构和群团组织是当前基层政府向居民提供公共服务的主要渠道。通过改变工作方式、扩大服务范围，这些机构和组织很容易把农民工纳入自己的服务范围，让农民工和本地居民享受同样的公共服务。

3. 通过社会化途径为农民工提供服务

社会化途径一般是指通过社会组织或者志愿者向服务对象提供服务，其资金有可能来源于政府的公益创投或者政府购买项目，也可能来源于社会捐赠。社会化的途径强调为一切有需求的人群提供服务，因此在服务项目方面能够对本地人和外来人口一视同仁，使得农民工能够享受和本地居民同等的公共服务。

杭州邻里社区：农民工公共服务的社区集成供给

一　通过社区提供公共服务

社区是城市居民生活的主要场域，是居民之间形成相互依赖、相互认同的空间基础。社区同时也是党和政府联系城市居民的纽带，是实现最基础的社会管理、提供最基本的公共服务的地方。因此，通过社区为农民工提供公共服务是一个非常可行的途径。另外，社区的服务和活动与居民的生活最为接近，和其他部门提供的公共服务相比较，社区提供的公共服务更容易拉近农民工和本地居民之间的距离，促进农民工和本地居民之间的相互了解，让农民工在生活习惯上更加融入城市生活。

1954 年 12 月发布的《城市居民委员会组织条例》首次确认居民委员会是我国城市地区最基层的社会管理机构，并规定了城市居民委员会自我管理、自我服务、自我教育的"三自方针"，体现了居民委员会的自治特征。20 世纪 90 年代，上海、南京、青岛等城市开始探索城市社区制度的建设方法。2000 年 11 月，中共中央办公厅和国务院转发了《民政部关于在全国推进城市社区建设的意见》，确定了地方党委和政府领导、民政部门牵头、有关部门配合、社区居民和社会力量广泛参与的新的社区建设工作体系，宣告我国城市社区建设开始进入全面推进的新阶段。2001 年，民政部下发《全国城市社区建设示范活动指导纲要》。截至 2014 年底，全国共有各类社区服务机构 31.1 万个，社区服务机构覆盖率 45.5%；其中社区服务指导中心 918 个，社区服务中心 23088 个，社区服务站 120188 个，社区养老服务机构和设施 18927 个，互助型的养老设施 40357 个，其他社区服务机构 10.7 万个。

杭州的社区采取社区居民委员会、社区党委、社区服务站"三位一体"的结构，其中社区服务站是面向居民提供服务的主要机构。截至2014年末，杭州市共有社区1030个，覆盖了全部城市区域和部分城乡接合的区域。

二 邻里社区的发展

白杨街道邻里社区地处杭州经济技术开发区东南部，辖区面积3.3平方公里，由和达自由港、邻里小区、东尚国际寓所3个非住宅小区组成，总户数3654户。

社区于2005年1月开始筹建，2006年3月挂牌成立，是一个专为外来务工者提供社区化服务的独具特色的新型社区，现有东芝信息机器（杭州）有限公司、杭州矢崎配件有限公司、九阳小家电等20余家近9200名外来务工者入住，年龄大多在28周岁以下，其中共青团员占到90%左右。社区建筑总面积10万平方米，建有社区综合服务楼和13幢多层、高层住宅，共有1500多套居室。

邻里社区在促进农民工融入城市生活方面积累了大量的经验。2006年7月19日，时任浙江省委书记习近平在调研杭州下沙邻里社区时，高度称赞了邻里社区的外来人口管理模式和服务水平，他指出："应把邻里中心确定为外来人口管理优秀示范基地，继续为外来务工者提供全面的服务，在管理上继续总结探索好的经验，为全省提供良好的示范"。2011年5月，浙江省召开全省"百佳"农民工和关爱农民工先进单位表彰电视电话会议，邻里社区被评为"百佳"关爱农民工先进单位之一。2015年12月，邻里社区被国家卫生计生委流动人口计划生育服务司列为"'新杭州人'社会融入及家庭和谐发展"项目的实施单位。

三 邻里社区的公共服务模式

邻里社区现在有工作人员10人，其中5人具有社会工作者资格，此外，社区还聘用了2名协管员和几位公益性岗位的工作人员。社区内部形成了各有分工，同时又相互协作的工作体制。由于社区的主要居民就是农民工，邻里社区针对新一代农民工的生活、生理和心理特点，实施了丰富多样的公共服务项目。

1. 社区基础公共服务

社区是提供基础公共服务的主要渠道。邻里社区和杭州市的其他社区一样，邻里社区提供的基础性公共服务包括计生、城管、公共卫生、就业、社会保障、综合治理等。邻里社区的居民通过社区办理社保、计生、居住等方面的证明。从基础公共服务的内容来看，邻里社区和杭州市其他的社区没有明显的区别。从居住者的角度来看，他们从社区得到的基本服务和其他居民从自己的社区得到的基本公共服务基本相同。

2. 社区文体娱乐活动

每个社区都有自己的独特性，社区的优势在于其可以根据居民的需求和特点设计适合本社区的活动。开展文体娱乐活动是促进社区内部融合，提高农民工社区认同感的重要方式。邻里社区以"人人参与文化、人人享受文化"为理念，着力加强文化阵地和队伍建设，形成一年四季有活动场地、有活动内容、有活动效果的工作机制，从而使社区文化活动高潮迭起。在这里，小而精、多而全的各类文体设施遍布社区，基本上实现了"文艺表演有舞台，社区活动有广场，居民休闲有场地"，社区的图书阅览室、健身活动室、篮球场、室外健身苑，给居民文化娱乐生活带来了新的营养，也进一步改变着人们的观念和生活。社区发展了特色文艺团队，还组建了蓝翎艺术团，目前建有丫丫手工坊、合唱队、舞蹈队、景泰蓝工艺画制作队等艺术团队，共有成员 50 余名，社区通过团委和艺术团开展丰富多彩的文化娱乐活动。每年社区开展大大小小的文化活动 40 余场，其中包含了一些富有特色的文化活动，居民参与率达 80% 以上。通过各种文艺宣传活动，形成了以社区居民为主、辖区单位广泛参与、共创社区文化的浓厚氛围。

3. 共青团的活动

邻里社区的居民大多属于年轻农民工，其中 28 岁以下共青团员占总人数的 90% 左右。邻里社区针对居民的年龄特点，重点在居民中建立团组织，总共建立了 10 个楼道团支部，每年组织团员开展 40 多次活动。同时，社区还通过团委实施蓝领成才工程，吸引在社区中的农民工积极参加各种培训和在职学习。邻里社区团委先后获得省级五四红旗团委、市级红旗团委以及多个区级先进团委荣誉称号。

4. 农民工特色活动

农民工是一个流动性很强的群体，他们离开自己的故乡，在中断了既有的社会支持系统和社会信任网络的情况下来到另外一个城市，其感情诉求和建立新的社会关系的诉求非常强烈。邻里社区针对农民工的心理特点，重点开展了以下五个方面的活动。

（1）节日亲情关怀活动

每到春节，社区会为没有回家过年的农民工准备集体年夜饭。每年中秋节，社区也会为留守的农民工举办"团圆会"，让远离家乡的农民工感受到家庭的温暖。邻里社区还在春节期间提供"回乡车辆"，为农民工举行集体生日派对。这些活动能够让社区的居民感受到一种情感上的关怀。

（2）小候鸟关怀活动

因为生活成本、教育机会，以及照料时间有限等多方面的原因，很多农民工选择把自己的孩子放在老家，由孩子的爷爷奶奶照看，于是形成了庞大的留守儿童群体。邻里社区在暑假期间专门开辟了"小候鸟活动室"，让暑假期间从老家来杭州和父母一起生活的留守儿童有一个安全的活动场所。"小候鸟活动室"还有志愿者对"小候鸟"们进行学习辅导。每年春节之前，邻里社区会开展"暖春行动"，向农民工家中的留守儿童赠送新年礼物。新年礼包由杭州经济开发区的党政机关单位工作人员捐赠，由农民工在春节期间带回家乡，送给他们在家乡的小孩。

（3）志愿服务活动

开展志愿活动能够充分发挥农民工的主人翁精神，让农民工群体能够通过自身的行为实现自助和互助。邻里社区建立了8支特色志愿队伍，包括护绿保洁、结对帮困、文体辅导、法律援助、交通文明、社区建设、社会公益。通过开展社区志愿活动，邻里社区的农民工能够积极参与到社区建设中来，主动维护社区的生活环境和治安秩序，为社区建设做出自己的贡献。邻里社区的农民工展现给外人的并不是一个弱势群体的形象，而是一个和城市中的年轻人具有同样的梦想、爱心和能力的群体。

（4）联谊相亲活动

邻里社区居住的农民工大多属于大型企业中的生产线工人，他们的工作时间长，工作方式相对单调，相互之间的横向交流比较少。大多数农民工处于谈婚论嫁的年龄，但是没有合适的途径接触潜在的结婚对象。邻里社区针对农民工在这方面的需要，每年都会组织大型的联谊会和相亲会，为年轻的农民工找到自己的另一半创造机会。社区工作人员有时也会担当起红娘的角色。

（5）故乡再造计划

最近几年，由于农民工工资提高和生活条件的改善，邻里社区中的一部分农民工把在老家生活的父母接过来在杭州一起生活。这样一方面可以让爷爷奶奶照顾孙子孙女，另一方面也可以让老人也可以在城市得到更好的照顾。但是，来自不同地区的老年人在适应城市生活方面会遇到更多的困难。针对这种情况，邻里社区启动了"故乡再造计划"，社区为每一位老年人准备了慰问品，并邀请老年人参加社区的义诊活动，还举办"文化进社区"活动，以每家带一份菜的形式，组织老年人摆百家宴。通过组织尊老爱老活动，邻里社区把农民工在故乡的感情移植到新的社区，达到了"故乡再造"的效果。

5. 和其他单位的共建活动

社区不是一个封闭的区域，农民工的社会融入需要借助社区，但是也必须超越社区的范围。邻里社区非常重视和社区之外的单位开展共建活动，以帮助在社区居住的农民工获得更多的社会资源。首先，邻里社区注重和企业开展共建活动，尤其是那些有员工在邻里社区居住的企业。大型企业在邻里社区购买整个单元或者整栋楼作为自己的员工宿舍，而且会派遣自己的宿舍管理员。企业在考察员工表现的时候经常会参照社区的评价。社区经常和企业的共青团、工会等组织联合起来开展活动。其次，邻里社区注重和当地的高校社团开展合作。邻里社区所属的杭州市经济技术开发区同时也是浙江省最大的高教园区，邻里社区和高校社团开展合作，能够获得来自高校的智力资源和志愿者资源。最后，邻里社区还积极和所在街道和开发区政府部门开展共建活动。街道和开发区政府部门的参与能够让农民工互相更加亲近和信赖，使其能够更快地融入本地社会。

四 农民工集中居住社区的优势与缺点

邻里社区是一个典型的农民工集中居住社区，这个社区在最初规划和设计的时候就是作为开发区大型企业的工人居住区来建设的。农民工集中居住对于其快速融入城市生活具有多方面的益处。

（1）邻里社会在服务内容和运作方式和其他城市社区完全相同。邻里社区的居民绝大多数都是外地人，但是他们能够通过社区享受和本地居民几乎相同的公共服务。

（2）邻里社区能够根据农民工的具体需求调整社区服务的重点。农民工城市融入并不意味着他们应该和城市居民获得同样的利益，更重要的是他们的需求能够得到同等程度的满足，他们的利益能够得到同等程度的维护。

（3）邻里社区内部的农民工具有很强的同质性，他们之间容易相互融入。邻里社区的农民工在年龄段、工作内容、学历和生活经历上都比较相近，相互之间容易交流，产生信任感。因此，邻里社区内部的农民工虽然来自全国各地，但是在社区举办了多次活动之后，他们相互之间能够很好地融合。

但是，农民工集中居住的社区对于农民工融入城市生活也有不利的一面。首先，农民工集中居住容易形成标签效应，增强社区居民作为外地人的身份认同。其次，邻里社区在地理上和附近其他本地居民的社区距离较远，几乎是一个被工厂包围起来的独立的生活区。这种地理上的隔离让邻里社区农民工的生活和本地居民之间几乎没有任何交集。最后，邻里社区的存在有很强的特殊性，除非在经济开发区或者非常开阔的郊区，类似的农民工集中居住社区很难建造。

农民工技能培训公共服务的
政策体系与实践：上海

一　上海市农民工技能培训需求

上海是我国人口最为集中，人口规模最大的城市。到 2014 年末，上海全市常住人口总数为 2425.68 万人。其中，户籍常住人口 1429.26 万人，外来常住人口 996.42 万人。根据 2010 年的统计数据，上海市的外来人口中安徽人比例最高，占比 29.0%，其他主要的来源地有江苏（占比 16.8%）、河南（占比 8.7%）、四川（占比 7.0%）等。

农民工是上海市外来人口的主体。根据第六次人口普查的资料，2010 年，在上海的 897.7 万外来常住人口中，有 79.4% 是农民。从职业构成看，从事制造加工、工程施工、运输操作和生活服务的人数占农民工总量的 85.7%。上海市外来就业人口的平均年龄低于本地户籍就业人口的平均年龄。根据第六次人口普查的数据，上海市 2010 年户籍劳动适龄人口的平均年龄为 38.42 岁，外来劳动适龄人口的平均年龄为 32.09 岁。2000~2010 年上海市外来就业人口的受教育水平上升幅度很大。根据第六次人口普查的数据，上海市 2010 年的外来就业人口中，具有初中学历的占比 59.8%，具有小学学历的占比 21.6%，文盲和半文盲占比 4.7%，高中及以上学历占比 13.9%。而根据第六次人口普查的数据，上海市 2010 年外来就业人口中，具有初中学历的占比 53.6%，具有小学学历的占比 12.4%，文盲和半文盲占比 1.5%，具有高中及以上学历的占比 32.5%。

表 1 上海市不同户籍在业人口的文化构成（2010 年）

单位：%

学历\户籍类型	合计	研究生	大学本科	大学专科	高中	初中	小学	文盲半文盲
户籍在业人口	47.4	2.1	9.4	8.9	12.3	12.0	2.5	0.2
外来在业人口	52.6	0.5	3.7	3.7	9.2	28.2	6.5	0.8
合　计	100.0	2.6	13.1	12.6	21.5	40.2	9.0	1.0

数据来源：上海市统计局网站，http://www.stats - sh. gov. cn/fxbg/201111/235037. html，发布日期 2011 年 11 月 7 日，访问日期：2016 年 3 月 7 日。

尽管如此，随着上海市城市化进程加快以及产业转型升级，农民工的学历、素质和技能仍然亟待提高。一方面，城市的发展需要高素质的劳动人口。上海市为响应《中国制造 2015》规划，提出探索促进制造业的转折转型、创新发展，大力培育新技术、新业态、新模式、新产业的"四新"经济，市场对劳动者技能的要求越来越高。另一方面，大部分农民工学历较低，没有掌握市场急需的技能，收入也比较低。因此，农民工技能培训不仅有利于上海本地的经济发展和社会安定，也有利于农民工提高自身的收入待遇，促进农民工更好地融入城市生活。

二　上海市农民工技能培训公共服务政策发展

上海市的农民工技能培训政策可以追溯到 2004 年开始实施的"外来媳妇"技能培训项目。2003 年，上海市妇联和上海市慈善基金会联合开展了一项针对上海市"外来媳妇"生活状况的调查。调查发现，家庭成员平均收入低于城镇居民最低生活保障线的超过两成，28% 的"外来媳妇"靠打零工补贴家用，48% 处于失业状态，她们中近一半表示有迫切的就业愿望，但没有参加培训或没钱参加培训的分别占 3/5 和 1/3。2004 年 2 月，上海市慈善基金会出资 500 万元，针对暂无上海户籍、生活困难、有就业愿望和劳动能力的"外来媳妇"提供家政服务员、商品营业员、美发、美容、计算机操作员、电梯驾驶员、中式面点师、西式面点师、绒线手工编织、丝网花艺术等方面的免费培训。2004 年 5 月，上海市劳动和社会保障局出资 500 万元人民币用于外来媳妇就业技能培训，以政府购买服务的方式进行了首次尝试。2006 年 8 月和 2008 年又分别出资 250 万元和 150 万元人民币，以购买服务的方式持续支持了该项目的发展。

上海市从 2006 年开始实施在岗农民工补贴培训，对符合条件的农民工参加培训给予政府补贴。例如，2009 年上海市人力资源和社会保障局发布的《本市外来农民工职业技能补贴培训管理试行办法》规定：农民工培训费用由政府、企业主要承担，对纳入补贴培训目录的培训项目，按规定补贴标准的 50% 给予补贴，外来媳妇参加培训且鉴定合格，可按规定的补贴标准享受 100% 的培训费补贴。

2010 年 6 月，上海市人力资源和社会保障局发布了《上海市农民工技能提升三年行动计划》，首次以政府规划的方式对农民工的技能培训进行了较为全面的规定。《上海市农民工技能提升三年行动计划》规定：通过实施该行动计划，上海市外来农民工中技能劳动者的比例每年提高 2 个百分点，到 2012 年末提高至 30%，三年时间组织外来农民工 50 万人参加职业技能培训，每年培养外来农民工高技能人才 1 万人。

2013 年 3 月，上海市人力资源和社会保障局发布了《2013～2015 年上海市农民工技能提升行动计划》，该计划强调要健全政府引导、企业主体和社会参与的培训工作体系，充分发挥行业协会组织的发动和技术支撑作用，鼓励各类培训机构参与农民工培训。该行动计划在上一个三年计划的基础上进一步扩大了农民工培训补贴的对象范围，将具有上海市农村户籍在岗职工以及因征地农转非一次性缴纳本市社会保险的本市户籍劳动者也纳入农民工培训补贴范围。

除了市一级政府对农民工技能培训提供补贴，区一级政府也对农民工培训提供了相应的支持政策。例如，上海市黄浦区人力资源和社会保障局发布的《黄浦区职业技能培训促进就业的实施办法》（黄人社技〔2014〕5 号）规定，对符合补贴培训条件的，且只享受 50% 政府补贴的农民工参加职业技能培训，并获得国家职业资格证书的，在市培训补贴的基础上，再增加政府指导价 30% 的农民工培训费补贴。

三　上海市农民工技能培训公共服务政策体系

3.1　多元化的培训机构

上海市有丰富的培训资源，很多机构能够为农民工提供技能培训，这些机构包括：（1）传统上以职业教育为重点的学校，例如上海第二工业大学、上海市建筑工程学校等。（2）依托大企业成立的培训机构，例如上海四建职业技能培训中心就是一家依托上海建工第四建筑的培训机构。（3）由社区运营的培训机构，例如松江区方松社区职工教育培训中心、真如社区教育培训中心等。（4）商业性培训机构，例如上海景观设计培训学校、上海平面设计培训学校等。（5）由群团组织、慈善组织、非营利性质的组织举办的培训机构，例如上海沪西职业技能培训中心是由上海市总工会举办的培训机构，上海市慈善教育培训中心是由上海市慈善基金会与上海第二工业大学共同创办的培训机构。

3.2 政府部门推动

人力资源和社会保障局是农民工技能培训政策最重要的推动部门。另外，教育局、住房和城乡建设委员会也是重要的政策推动方。人力资源和社会保障局是农民工技能培训政策的设计者，也是农民工技能培训具体政策的实施者，负责根据相关政策向培训机构发放农民工技能培训补贴。教育局对所有教育培训机构的资格进行管理，住房和城乡建设委员会主要管理建筑行业的农民工技能培训。上海市和下属的每个区都设有就业培训中心，就业培训中心是人力资源和社会保障局下属的事业单位，承担与农民工技能培训相关的具体事务。

3.3 群团组织配合

群团组织具有体系性强、覆盖面广、社会权威高的特点。在开展农民工技能培训方面具有自身独特的优势。例如，上海市总工会积极建设公益性电子职工书屋，把图书馆功能引入职工书屋，免费提供优质电子图书，2015年计划建设30家"职工书屋"示范点、300个职工书屋自建点，吸引农民工参加（EBA）培训和接读大专，为农民工群体提供文化服务。2009年，上海市总工会在上海世博会前夕开展了"迎世博上海农民工基本素质教育培训"。上海市的共青团组织重点落实团中央关于进城青年农民工订单式技能培训项目。

3.4 社会组织创新

社会组织在为农民工提供技能培训服务方面能够发挥非常独特的作用。首先，社会组织能够从企业、基金会、个人、海外等渠道获取资金，在政府的财政资金投入不足的情况下，这部分社会资金将发挥很大的作用。其次，社会组织能够注意到农民工对技能培训的特殊要求，在培训内容、形式以及效果认定上比较灵活，能够有效补充政府组织的技能培训的不足之处。最后，社会组织在为农民工提供技能培训方面能够开展大胆创新，突破现有的体制和管理界限。在农民工技能培训方面，社会组织的很多创新已经被政府部门接受并全面推广。上海市慈善教育培训中心分别从香港汇丰银行慈善基金会、壹基金、光华基金会等机构获得资助，开展了"外来媳妇上岗技能培训项目"、针对农民工子女职业技能培训的"共享阳光项目"、关于金融理财技能的"万名进城务工者金融知识教育项目"等。另外，一些国际组织也直接参与农民工技能培训项目。例如，救助儿童会与华东师范大学职业教育与成人教育研究所合作进行，开展了"上海外来青少年职业硬技能课程开发与培训项目"。

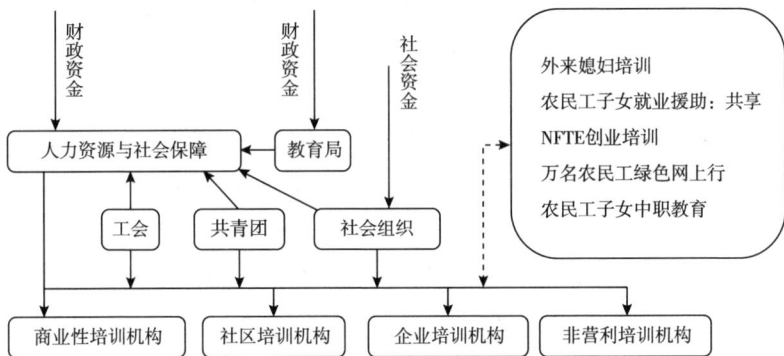

图1　上海市农民工技能培训政策体系

3.5　多样化的培训项目

经过十多年的发展，上海市在农民工职业技能教育方面已经建立了丰富多样的项目群。这些项目服务于农民工的不同人群，如女性农民工、青年农民工、建筑行业农民工、农民工子女。培训项目在内容上的侧重点也不一样，有的侧重于实用技能的培训，有的侧重于礼仪、素质、法律知识的培训，有的侧重于艺术培训和创业培训。

（1）外来媳妇就业技能免费培训

有上海市慈善基金会支持、上海市慈善教育培训中心举办的"外来媳妇就业技能免费培训"项目从2004年开始，截至2011年底，该项目已经累计培训16016人，累计资助金额807万元。该项目产生了巨大的社会影响，获得了更多社会资助，而且在2004年就成功进入上海市政府的工作计划，成为上海市人力资源和社会保障局规定的免费培训项目之一。另外，

"外来媳妇就业技能免费培训"项目也被上海市内的很多区、街道、社区和群团组织借鉴和复制。杨浦区五角场镇、宝山区海滨新村街道、卢湾区、黄浦区等政府机构都针对自己管理的区域举办了"外来媳妇就业技能免费培训"项目。现在,"外来媳妇就业技能免费培训"项目的培训对象已经不仅限于上海市的"外来媳妇",而且包括所有的女性农民工和女性外来人口。例如,上海市浦东新区妇联通过浦东新区妇女发展指导中心针对上海市的"外来媳妇"和"来沪务工人员"开展家政服务员、保育员、育婴师、母婴护理和养老护理员等方面的免费培训。2011年,"外来媳妇就业技能免费培训"项目获得由全国妇联、民政部、中国妇女发展基金会、中民慈善捐助信息中心、公益时报社等单位联合颁发的"十大女性公益品牌项目"奖项。

(2)共享阳光计划

"共享阳光计划"来源于上海市慈善基金会、共青团上海市委员会和香港上海汇丰银行联合举办的"青春在阳光下展翅"项目。"青春在阳光下展翅"项目于2004年7月启动,该项目主要针对上海市本地户籍的16～25岁青少年中处于"三失"(失学、失业、失管)状态的人群提供免费职业技能培训。到2006年,"阳光下展翅"行动春季班的720名学员,经过一年半的学习,已有663名学员获得了属于自己的一张中专学历证书和两张职业资格证书,合格率达到92%,其中491人成功就业或继续求学。2006年,上海市慈善教育培训中心在成功实施"阳光下展翅"项目的基础上推出了针对来沪务工人员子女的学历教育和技能培训,称为"共享阳光计划"。"共享阳光计划"具体的培训工作由上海市北职业高级中学、上海市长宁科技进修学院、上海市春申旅游成人中等专业学校、上海市物质学校等机构承担,团市委和培训学校还积极联系对口接收单位和企业,让学员毕业之后能够迅速就业。培训的专业主要有旅游服务与管理、机电一体化、物流管理、会展实务与管理等,所有培训费用由汇丰银行慈善基金会按每人3500元的标准予以资助,学员无须支付任何培训费用。

(3)NFTE创业培训

NFTE是美国全球创业基金会的创业教育课程。从2004年开始,上海市慈善教育培训中心就和北京光华慈善基金会合作,引进NFTE创业培训课程,对4062名外来媳妇、进城务工人员、在校大学生、中职在校学生以及即将回归社会的"两牢人员"开展创业培训。培训课程主要有：创业者条件、机会识别，市场营销与竞争优势，满足需求、供求规律，市场调研、推广与销售，收入、成本和利益，建立良好的财务记录，财务报表，现金流，投资回报率，盈亏平衡点，融资，税务，公司形式与注册，商业计划书制订，商务谈判，知识产权，社会责任等。上海是一个充满创业机会的城市。进城务工人员也是 NFTE 创业培训项目的主要对象之一。2006年 12 月，首期进城务工人员创业培训班开班，来自江苏、安徽、江西、福建、浙江、广东、吉林、黑龙江、湖南、山西、湖北、重庆、陕西、河南、山东、四川、贵州等 18 个省和直辖市来沪谋生的 48 位进城务工人员参加了创业培训班的学习。NFTE 创业培训也被上海市的政府部门所采纳。2007 年，上海市黄浦区人口计生委、计生协会、小东门街道办事处等单位联合举办了"黄浦区来沪人员 NFTE 创业培训班"，共有 40 名学员参加培训并顺利结业。

（4）万名农民工绿色网上行

农民工群体在信息技术的掌握、信息获取渠道的多样性以及信息基础设施等方面存在弱势，和本地市民之间存在巨大的信息鸿沟。为了弥补农民工群体和本地市民之间的信息鸿沟，上海市慈善教育培训中心与上海东方社区信息苑在汇丰银行的资助下，于 2008 年 7 月至 2009 年 7 月合作开展了"万名农民工绿色网上行"的培训项目，旨在通过 16 个课时的免费培训，让农民工能够掌握基本的现代信息技术。培训的课程包括：计算机使用入门、输入法教学、Word 应用、互联网应用、电子邮件应用、聊天软件、证券网站等。在项目开展的一年时间内，共有 11062 名农民工直接受益，超额完成原定 10000 名的培训计划，学员考试合格率为 100%。在汇丰银行的持续支持之下，"万名农民工绿色网上行"从 2008 年一直持续到现在，而且衍生出了"万名新生代农民工绿色网上行""万名进城务工者金融知识教育项目"等培训项目。

（5）农民工子女中职教育

子女的教育是农民工最为关注的问题之一。上海市义务教育阶段的公立学校学位已经向农民工子女有条件放开，但是农民工子女由于户籍和现行高考制度的限制，仍然不能在上海本地参加高考。2015 年，上海市允许本市全日制普通中等职业学校自主招收进城务工人员随迁子女。根据《上海市教育委员会关于做好 2015 年上海市全日制普通中等职业学校自主招收进城务工人员随迁子女工作的通知》，上海市进城务工人员随迁子女在本市读完初三之后可以报考上海市的全日制普通中等职业学校。2015 年，上海市中职校招收随迁子女总计划约 1.2 万人，其中"中高职贯通教育模式"招生计划 572 人。

四 技能培训促进农民工城市融入

政府和社会组织开展的职业技能培训和教育项目是促进农民工融入城市的重要基础性措施。职业技能培训能够从以下四个方面帮助农民工更好地融入城市生活。

第一，职业培训能够为农民工创造就业机会，提供农民工的收入水平。农民工群体中有一部分属于就业弱势群体，学历低、没有专业技能、缺乏工作经验。通过开展职业技能培训，可以让这部分农民工掌握基本的生存技能，弥补农民工群体的能力结构和国际化大都市之间的差距，让就业困难的农民工在大城市的生活中有立身之本。

第二，职业技能培训能够让农民工在城市生活中建立起新的人际关系网络。具有足够的社会支持网络是农民工融入城市生活的重要条件。大部分农民工的社会支持网络来源于家人和老乡。通过参加职业技能培训，农民工可以认识大量和自己处境相同或相似的人，能够在更大范围内扩大自己的交友圈。

第三，职业技能培训能够建立农民工对本地公共机构的信任。农民工由于户籍不在本地，很少能够从本地的公共机构获得福利和支持，因此对于本地的政府、社区、社会组织缺乏信任。职业技能培训采取免费和学费补贴的形式对农民工的生活和发展给予支持，农民工能够体会到职业技能培训对自身的巨大作用，从而更加信任本地的政府、社区和社会组织。

第四，农民工技能培训为农民工随迁子女和新生代农民工的发展提供了更多的机遇，有利于他们获得公平的竞争起点。尽管农民工子女在入学和高考等环节和本地居民存在制度上的差异，但是通过职业教育、创业教育，农民工子女和新生代农民工在新的路径上获得支持，其将来的收入水平和发展空间并不一定低于本地居民的发展路径。

| 案例 6 |

草根之家：农民工自组织的力量与困境

　　杭州市是浙江省的省会。杭州市辖区面积有 16596 平方公里，分为市区和郊区。其中杭州市区包括上城区、下城区、江干区、拱墅区、西湖区、滨江区、萧山区、余杭区、富阳区九个区，郊区包括临安市、建德市、桐庐县和淳安县。杭州市经济发达，人均收入比较高。2014 年，杭州市的人均 GDP 达到 104038 元，接近富裕国家临界水平，在全国城市的排名中位于第 20 位，城镇居民人均可支配收入为 44632 元，在全国的省会城市中位于前列。

　　随着本地经济的快速发展，杭州吸引了大量的外来人口在此工作和生活。根据第六次人口普查的数据，杭州市常住人口为 870.04 万人，其中 235.44 万人是来自杭州之外的外来人口，外来人口占总人口的比重为 27.1%，其中来自浙江省外的人口为 174.27 万人。省内的外来人口主要来自衢州市（10.69 万人）、温州市（9.23 万人）和金华市（8.59 万人），省外的外来人口主要来自安徽省（43.95 万人）、江西省（22.77 万人）和河南省（22.49 万人）。外来人口的来源地相对比较集中。杭州的外来人口受教育程度不高，就业范围主要分布在制造业（43.4%）、批发和零售业（19.2%）、建筑业（11.7%）、住宿和餐饮业占（6.0%）。

　　针对外来人口的管理，杭州市已经建立起一套非常完整的制度。2012 年，浙江省人民代表大会长委员会批准发布了《杭州市流动人口服务管理条例》，规定市、区人民政府设立流动人口服务管理委员会，负责组织、协调、督促、指导本行政区域有关部门和组织开展流动人口服务管理工作；市、区发展和改革、城乡建设、教育、公安、民政、司法行政、财政、人力资源和社会保障、住房保障和房产管理、交通运输、卫生、人口和计划生育、工商行政等部门，应当根据各自职责，密切协作，做好流动人口服务管理工作。该条例使得和流动人口管理相关的各政府部门、群团组织、自治机构、事业单位等能够相互协作，为流动人口提供更好的服务。

杭州市江干区九堡街道格畈社区是一个正在拆村建居的社区，这里离杭州的主城区不远，但是生产和生活样态与乡镇类似，社区邻近四季青服装贸易中心，是杭州市最大的服装加工企业聚集区。格畈社区有常住人口3116人，流动人口1万多人，主要来自江西省、安徽省和河南省，他们大多从事服装加工和运输等相关行业的工作。外来务工人员一般租住在当地农民家中，居住地相对集中，形成了一个非常明显的外来务工人员集中居住区。"草根之家"位于杭州市江干区九堡街道格畈社区，是由农民工自己成立并运营的民间公益服务机构。

一 "草根之家"的发展历程

1. 萌芽

农民工是一个随着改革开放发展起来的群体。进入21世纪以来，农民工群体的困境开始引起社会的关注。农民工群体的知识水平和文化结构也发生了很大的变化。很多受过系统的义务教育、具有较高知识水平的年轻人在家乡难以获得工作机会，他们进入到大城市从事第二产业和第三产业的工作。"草根之家"的创始人之一徐文财就是这样一位农民工。徐文财来自江西省的农村，1993年他高中毕业之后就来到杭州打工，他对农民工群体的生活方式最不满意的地方就是业余生活太单调，下班后，男的打牌，女的看电视，基本没有什么文化活动，也没有关心社会的动力，更没有通过学习提升自身能力的想法。另外，农民工大多依老乡关系和亲戚关系聚居，和当地社区缺乏正式的交流和沟通渠道，农民工在社会上整体形象也欠佳，时常受到歧视和误解。

"草根之家"的另外一位创始人刘志祥也有类似的经历。1977年7月出生的刘志祥来自湖南桃源。1994年，他从长沙二轻中专学校结业，开始到广州打工。刘志祥在服装产做过车工，在酒店做过服务员，但是他感到一线农民工的生活非常枯燥，去黑网吧上网、赌博、游戏是农民工的主要娱乐活动。

2006 年 4 月，徐文财辞去服装厂的工作，自学电脑创办"草根之家"网站，为民工朋友提供网上交流、学习平台。2005 年，"草根之家"的另一位创始人刘志祥在广东打工的时候也痛感农民工精神的贫乏与生活的单调，从而萌发了为农民工创造精神文化家园的想法。2005 年底，刘志祥不顾家人反对，辞去工作，掏出所有积蓄 3 万元，租了一间 60 多平方米的小房子，创办了一家工友俱乐部——"心灵之约蓝吧"。由于"心灵之约蓝吧"的大部分服务免费，2007 年 5 月，"心灵之约蓝吧"工友俱乐部长期入不敷出，无奈倒闭。一次偶然的机会，刘志祥发现在杭州打工的徐文财和自己有同样的梦想，于是只身来到杭州，和徐文财共同创办了"草根之家"。

2007 年 9 月，"草根之家"在杭州市总工会的支持下成功举办草根文化艺术节。草根文化艺术节不仅丰富了农民工自身的业余生活，提高了农民工的知识水平，而且通过当地电视台和报纸的宣传，改善了农民工在当地市民眼中的形象。

《浙江日报》《杭州日报》对农民工自组织"草根之家"的报道使得"草根之家"的事迹进入了公众视线。2008 年"草根之家"得到了中国人民大学农业发展学院院长、三农专家温铁军老师的关注，经过中国人民大学乡村建设中心主任刘老石老师的推荐，徐文财、刘志祥二人参加了乡建中心主办的为期两年的"可持续发展农村人才培养计划"的学业培训，温铁军、杨团、李昌平、钱理群等一大批专家教授的讲课让两人学习了充足的理论知识。

2. 成立组织

2008 年，徐文财、刘志祥、李勇国、吕忠、石仲胜等人共同出资，在格畈社区的农民房里租了一个单独的小房间，创办了工友们现实中的家园——"草根之家"。在家园面临困难时，黄新华、李俊两位工友加入了"草根之家"的团队，出资帮助家园渡过难关。这七位同仁成为"草根之家"第一届理事，也是"草根之家"的终身理事。

"草根之家"采取会员制，主要在农民工比较集中的地区发展会员，只收取非常少的会费。后来因为政府规章的限制，"草根之家"放弃会员制，以志愿者作为组织的支撑力量。志愿者最多的时候达到 600 多名。"草根之家"没有专职工作人员，志愿者都有自己的本职工作，利用自己的业余时间参与组织的活动。普通志愿者是"草根之家"活动的参与者和受益方，骨干志愿者则要承担大量的组织工作，对自己的本职工作有一定的影响。

"草根之家"的宗旨、使命、愿景是：

理念：自助互助，自强不息。

宗旨：让在杭州打工的朋友过上有尊严的生活。

使命：丰富工友文化生活，提升工友综合素质，改善工友生存现状。

愿景：一个有执行力有公信力的大型公益机构；一个让农民工朋友可以信赖、依靠的精神家园；一份让每一个工作人员、志愿者都感到幸福、自豪的终身事业。

3. 辉煌

2008 年"草根之家"举办农民工春晚，影响力逐渐达到顶峰。一些在当地开办服装加工厂的老板也非常支持"草根之家"的活动，乐意为"草根之家"提供活动场地和部分活动资金。

"草根之家"的志愿者以农民工为主，但是在 2008 年之后，也开始有其他背景的人员加入到"草根之家"。李磊就是其中非常典型的代表。李磊在 2007 年大学毕业之后到北京参与温铁军教授的研究团队，主要开展农村发展方面的项目，参与流动人口社区融入项目。2010 年，李磊来到杭州与"草根之家"开展项目合作，项目结束之后就加入了"草根之家"。"草根之家"是一个非常松散的组织，主要依靠志愿者的热情和骨干人员的理想和奉献才得以支撑。李磊的主要工作是帮助"草根之家"建成一个规范的、可持续的社会组织。

2010 年的 6 月，通过政府部门的沟通与协调，"草根之家"主导组建了浙江省第一个工会——"新杭州人"志愿者服务站，中央、浙江省相关政府部门对此给予了高度评价，这也成为全国范围内促进农民工群体精神文化生活改善的标志性事件。2010 年，刘志祥作为"草根之家"机构创办人之一，"新杭州人"志愿者服务站志愿管理人员，被杭州市江干区评选为"十佳优秀志愿者"，并被选为共青团湖南省委驻浙江工作委员会首批委员。

4. 转型

组织的辉煌之下隐藏着诸多不确定的因素。从 2010 年开始，当地政府部门和工会组织开始希望和"草根之家"开展合作，支持"草根之家"的发展，甚至希望"草根之家"成为工会组织的一部分。但是在这个背景下，关于"草根之家"将来如何发展，以什么样的组织形态发展，"草根之家"的骨干成员产生了较大的分歧。

在内部分歧无法消除的情况下，部分骨干成员选择了离开。2011年，"草根之家"的主要发起人刘志祥回到湖南省长沙市，在泉塘街道泉塘安置小区建立了"工之友"。2013年，"工之友"正式在长沙市民政局登记注册，其主办的"家有儿女"新市民融入社区家庭教育项目和"活力·共融儿童空间"流动儿童融入社区项目获得了长沙市民政局的项目支持经费。"草根之家"的另一位创始人徐文财则一直坚守在格畈社区，成为杭州市工会新杭州人志愿者服务站的专职工作人员，继续"草根之家"的事业。2012年，具有专业社会工作经验的李磊也选择离开"草根之家"，他在杭州市江干区成立了为流动人口服务的社会组织——杭州"蒲公英"社区服务中心。

二　"草根之家"的主要活动

"草根之家"的使命是："丰富工友文化生活，提升工友综合素质，改善工友生存现状"，其主要的活动包括：（1）组织本地农民工开展文艺活动，丰富农民工的业余生活。（2）组织本地农民工学习知识和技能，提高农民工的工作能力。（3）为农民工提供社会服务和社会救助，为生活困难的农民工组织捐赠活动，依靠群体的力量对陷入生活困境的农民工进行救助。（4）为农民工开展社会倡导，向社会展示农民工的积极形象，呼吁改善农民工的生产和生活条件。

1. 组织本地农民工开展文艺活动

读书看报：读书看报，免费借书。每周安排一天读书时间，一起分享好书，好文章，举行朗诵比赛、演讲比赛等活动，举办农民工自己的杂志《草根》，反映农民工的生活状况和心声。

K 歌电影：每周一天，一起来 K 歌看电影。

音乐下载：MP3 音乐下载，根据志愿者的时间，可免费为工友们下载大量好听的歌曲。

文体活动：包括文艺组、体育组日常活动。

大型文艺活动：节庆、庆典举办大型文艺活动。

集体出游：根据时节组团出游，AA 制消费，放松心情，缓解压力，增进感情。

寻梦同路人：为大龄未婚青年特别设置的交友项目。主要以杂志为载体，为工友们牵线搭桥。在恰当的时机，也会组织增进感情的互动活动。

2. 组织本地农民工学习知识和技能

草根大讲堂：邀请各行业专家、成功人士进行相关主题讲座，同时，更多地让工友自己主持相关讲座，让大家在参与中提高自己。

课外辅导：这项服务主要是针对工友子女的。大学生志愿者志愿支持，为工友的孩子进行义务的课外辅导，包括兴趣活动、生活技能、第二课堂、学习辅导等。

就业指导：对工人进行岗前培训，职业规划咨询。

3. 为农民工提供社会服务和社会救助

生日派对：专业司仪主持，全体会员祝福，精心策划，真心祝福，草根大家庭，给你特别的生日祝福。

爱心互助：我们漂泊在外，总会遇到一些困难或不顺心的事，进入这个大家庭，大家就像是一家人，大家可以互相帮助。2009 年 11 月，"草根之家"开展了一场持续两个月的"爱·在一起"爱心行动，为患尿毒症的工友募集到十多万的救助款。

法律咨询：由律师志愿者团队和市劳动监察支队共同努力，为工友提供法律咨询和法律援助服务。

4. 为农民工开展社会倡导

"草根之家"非常注重与社会各部门合作，共同举办活动，向社会展示新一代农民工的积极形象。2007 年 9 月，"草根之家"在杭州市总工会的支持下成功举办草根文化艺术节；2008 年 1 月，"草根之家"在杭州市青少年活动中心的支持下成功举办农民工春晚；2008 年 5 月，"草根之家"与九莲社区、河南商会联合举办赈灾义演。

"草根之家"通过与高校和研究机构合作开展研究，让社会了解农民工的真实处境和迫切需求，改善农民工的政策环境。从 2009 年开始，"草根之家"先后完成了"在杭外来务工人员精神文化现状调查——以七堡、九堡为例""杭州服装企业侵权状况调查分析""当前在杭农民工的幸福感""反思加班文化，倡导用工和谐"等多项研究报告。

三 "草根之家"的力量

1. 归属感的力量

"草根之家"让在外流动的农民工具有一种强烈的归属感。农民工是一个属于传统体制之外的群体，他们既不属于乡村社会，也不属于城市社会，处于一种脱离乡村但是融入不了城市的尴尬状态。因此，农民工特别需要一个能够体现自己身份认同感和群体归属感的组织。

方圆曾经是"草根之家"特别忠实和积极的志愿者之一。方圆老家在安徽，家境一般，15 岁就辍学到广州、深圳、北京、西安等地打工。但是由于缺少熟人引路，方圆在异地打工的工程中屡受挫折，曾经找工作被骗、财物被偷、还被拉入传销团伙。2004～2008 年方圆一直处于和家人失联的状态。2008 年，方圆来到杭州打工，开始参加"草根之家"的活动。对于方圆来说，"草根之家"给予他兄弟般的温暖，在这里他找到了很多和自己经历相似的人。由于投入大量精力参加"草根之家"的活动，方圆自己的本职工作也受到影响。农民工的基本工资低，很多依靠加班和计件来增加收入，积极参加社会组织的活动必然会减少这部分的收入。方圆也非常希望能够辞去本职工作，做"草根之家"的全职志愿者，但是"草根之家"能够支付的工资很少。2013 年，方圆不得不去临近的苏州打工。对他而言，苏州的工厂能够提供的工资要高一些，房租比杭州也便宜很多。

刘春梅是一名服装女工，性格内向，在务工时患上了轻度忧郁症。刘志祥得知她的情况，邀请她参与志愿服务活动，同时鼓励她为"草根之家"的内部资料写稿。渐渐地，她找回了自信，变得乐观开朗起来。在一篇为杂志《草根》的撰稿中，她写道："这是个充满了爱的家园。我很快乐，因为在这里我找到了尊重与关爱。"

据《中国政协报》2014 年 3 月 8 日的一项统计，我国进城务工人员总量已达 2.69 亿人，其中外出进城务工人员 1.66 亿人，随迁子女 1277 万人。这无疑是一个应该引起社会关注的重要群体。然而，由于缺乏身份认同和归属感，这个游离于农村和城市社会生活之外的边缘群体，他们的精神与文化生活现状，越来越呈现出"孤岛化""边缘化""沙漠化"的现象，日益成为社会的隐忧。

2. 自助的力量

"草根之家"的理念是"自助互助、自强不息"。新一代农民工都具有一定的知识水平，经过多年的工作实践，很多农民工也具有自己的一技之长，他们完全有能力通过学习、锻炼和自我提升顺利实现自身的市民化过程。因此，"草根之家"的主要活动就是为农民工提供学习、进修、培训的机会。"草根之家"提供的服务对工友完全开放，全部免费。"草根之家"的运行主要依靠志愿者，这些志愿者很多就是长期在格畈社区的农民工，也有一些来自杭州的高校。对格畈社区的农民工而言，"草根之家"是一个凝聚智慧的平台，在这个平台上，广大农民工朋友在这里进行心灵的交流、智慧的碰撞，共同探讨改善农民工现状的出路。同时，"草根之家"也是一个凝聚爱心的平台，"草根之家"探索出的"精英与草根"互助平台。精英们（指通过拼搏获得比较成功的人群）在这里奉献爱心，广结善缘，在助人的过程中让自己的人生得到更大的成功。农民工们在这个平台得到一些基本的服务，得到能力提升的机会，更好地发展自己。"草根之家"努力构建农民工的精神家园，大学生的实践基地。探索出"大学生与农民工"互助合作，共同提高的交流合作方式。让很多大学生在这里得到锻炼，让大家在志愿奉献中实现自己的价值。

3. 互助的力量

农民工是一个人数庞大但是又非常脆弱的群体。面对工伤、疾病、失业、子女上学等诸多实际的问题，农民工常常会陷入困境。因此，发挥农民工之间的互助能力非常重要。

2009 年 9 月 7 日，在杭州某处工地打工的安徽籍青年杨德彪被查出患有再生障碍性贫血，进行骨髓移植是活下去的唯一希望，但是骨髓移植手术需要花费 40 多万元的手术费。2010 年，为了给儿子筹措手术费，杨德彪的母亲董观荣来到杭州，通过在公共场所卖唱的方式来募捐。董观荣学唱流行歌曲《春天里》，打动了无数人的心弦。"草根之家"的工友得到这个消息之后，精心策划了一场"与'春天妈妈'同行"歌唱筹款救子活动，得到这个消息，草根歌手组合"旭日阳刚"也特意来到杭州，进行现场义唱。歌声吸引了成千上万名观众，当天成功筹集了全部手术费用。

"草根之家"还发起过"爱，在一起"活动，救助尿毒症工友黄根邻，组织"春天里——生命的希望"活动，通过"烈火无情人有情"活动，救助烧伤工友王芳母子。2011年，徐文财在江西上饶老家的哥哥徐猛财在帮人粉刷墙壁时从3楼摔下，造成闭合性特重脑颅损伤，也需要高额的医疗费。"草根之家"的工友为徐猛财发起募捐活动，仅仅4个小时就募集到善款2975元。

4. 社会倡导的力量

农民工自组织是最了解农民工生存状态的组织，在改善农民工生存状况方面，农民工自组织最有发言权。因此，农民工自组织通过开展社会倡导活动，能够影响政府关于农民工的政策，也能够改善其他社会组织和机构对农民工的看法，为农民工的生产和生活创造更好的环境。

"草根之家"特别重视通过与其他机构合作开展活动来改变社会对于农民工的刻板印象，如2007年9月举办的草根文化艺术节；2008年1月举办的农民工春晚；2008年5月与九莲社区、河南商会联合举办的赈灾义演等，都是其努力的成果。

媒体是开展社会倡导的重要途径。"草根之家"得到了全国20余家主流媒体的关注，中央电视台、中央电台、浙江电台、浙江电视台、深圳卫视、贵州卫视、《浙江日报》《钱江晚报》《今日早报》《杭州日报》《都市快报》、人民网、新华网、新浪网等媒体都曾关注报道"草根之家"的相关活动。"自助互助，自强不息"的草根精神已经广为流传，激励着无数打工者为梦想拼搏奋斗。

"草根之家"的活动也得到当地政府部门的大力支持。2010年，刘志祥被杭州市江干区评选为"十佳优秀志愿者"，同年当选为团湖南省委驻浙江工作委员会首批委员。2011年，他被评为"湖南省杰出青年农民工"。

四 "草根之家"的发展困境

作为一个由农民工自发形成的草根社会组织，"草根之家"的经费来源非常有限。"草根之家"坚持非会员制，没有会费收入，其主要的收入来源于当地企业的赞助和政府支持。当地的崇一医院、华格贸易、玲珑格格服饰、秀姿服饰、天驰印务、九堡网等企业都曾给予"草根之家"赞助支持。另外，杭州市劳动监察大队曾给予"草根之家"捐助支持，杭州市市委宣传部、团市委等单位都通过各种不同的方式给予"草根之家"以支持。但是这些外界的支持具有很强的不确定性。随着"草根之家"业务范围和服务对象的扩大，来自外界的经费支持显得捉襟见肘。

"草根之家"面临的第二个困境就是注册问题。"草根之家"从 2006 年就开始开展活动，但是一直没能在民政部门注册成功，创始人和骨干只能以志愿者的身份开展活动。由于长时间无法获得稳定的组织形态和法人地位，"草根之家"最初的创始人或为了生活，或为了理想，很多都已经迁往他处，组织的能力和活力也受到很大影响。

"草根之家"面临的第三个挑战就是在新的形势下如何处理好与政府部门之间的关系的问题。2010 年 6 月 17 日，新杭州人志愿者服务站挂牌成立，浙江省总工会正式将"草根之家"纳入了工会组织之中，但是实际的正式工作人员只有徐文财一个人。2006 ~ 2010 年"草根之家"的发展比较艰难，但恰恰是在这样艰苦的条件下，最初参加组织的人热情都非常高，他们亲切地称"草根之家"为自己的"家园"。但是，现在的志愿者不如从前的志愿者一样乐于帮助别人，现在办的联欢会与之前的气氛也完全不同。

（感谢杭州市江干区新杭州人志愿服务站主任徐文财、杭州蒲公英社区服务中心主任李磊接受调研小组的访谈，同时也感谢已经在苏州工作而特意赶来杭州接受我们访谈的方圆。）

民办社会工作机构为城中村农民工提供
公共服务：上海乐群社工服务社

上海地处长江入海口，是我国重要的经济、交通、科技、工业、金融和会展中心。上海市包括 15 个辖区和 1 个县，总面积 6340 平方公里，经济发展近年来一直居于全国各大城市首位，2014 年全年实现国内生产总值（GDP）23560.94 亿元，按常住人口计算的上海市人均生产总值为 9.73 万元。2014 年，上海市城市居民家庭人均可支配收入 47710 元，农村居民家庭人均可支配收入 21192 元。

上海是我国人口最为集中，人口规模最大的城市。到 2014 年末，上海全市常住人口总数为 2425.68 万人。其中，户籍常住人口 1429.26 万人；外来常住人口 996.42 万人。根据 2010 年的统计数据，上海市的外来人口中安徽人比例最高，占比 29.0%，其他主要的来源地有江苏（占比 16.8%）、河南（占比 8.7%）、四川（占比 7.0%）等。从人口分布看，浦东新区、闵行、松江、嘉定和宝山等区是外来常住人口居住最为集中的地区，5 个区共容纳外来常住人口 575.97 万人，占上海外来常住人口的 64.2%，其中仅浦东新区（包括原南汇区）就有 202.43 万，占 22.5%。就业机会相对较多、居住成本相对较低和交通相对便利等是吸引外来人口居住的主要因素。由于外来人口流动主要目的是经商和工作，所以流入上海的外来人口也以青壮年人口为主。根据第六次人口普查的数据，2010 年上海外来常住人口中，20～34 岁的青壮年人口为 422.03 万人，占外来常住人口的 47%；劳动年龄人口（男性 15～59 岁，女性 15～54 岁）为 783.35 万人，占 87.3%；20～34 岁这个年龄段的外来常住人口为 422.03 万人，占上海常住人口的 57.7%，即这个年龄段外省市人口已明显超过户籍人口。

农民工是上海市外来人口的主体。根据第六次人口普查的资料，2010年，在上海的897.7万外来常住人口中，有79.4%的人口是农民。从职业构成看，制造加工、工程施工、运输操作和生活服务人员占农民工总量的85.7%。由于文化程度和工作技能相对偏低，他们所从事的职业以制造加工、商业服务和建筑施工为主。

一 上海市的农民工政策

上海市的农民工群体数量大、出现时间比较早，相关的政策也比较完善。2015年6月，上海市政府发布了《上海市人民政府关于进一步做好为农民工服务工作的实施意见》，提出了比较系统的农民工公共服务内容。

1. 技能提升培训服务

将农民工技能培训的重点转向国家职业资格等级培训，进一步提高具有中、高级职业技能农民工的比例。同时，发挥行业协会和企业的作用、加强对在岗农民工的在职教育。鼓励农民工积极参加企业开展的"新型学徒制"试点，落实相应补贴，积极推动职业院校和培训机构与企业对接，提升农民工的专业知识、操作技能和职业素养。

2. 公共就业服务

在各区县、街镇公共就业服务机构设立农民工求职服务窗口或专门服务场所的基础上，不断加强农民工就业服务的专业性和多样性，通过手机、网络等新媒体，提升服务效率，提高农民工就业岗位供求匹配率。按照本市产业结构调整的要求，为重点发展行业的用工需求提供有针对性的就业服务，保障人力资源供给。

3. 农民工随迁子女的教育服务

公办义务教育学校要尽可能地多招收农民工随迁子女入学，对在公益性民办学校接受义务教育的，通过政府购买服务等方式，落实支持经费。稳妥有序地做好符合条件的农民工随迁子女接受义务教育后在本市参加升学考试的工作。

4. 改善农民工居住条件

加强对城中村、棚户区的环境整治和综合管理服务，改善农民工的居住条件。农民工集中的开发区、产业园区、大型企业可按照"政府规划、企业投资、市场运作"的模式，建设与农民工用工规模相适应的农民工集体宿舍。通过实有人口和实有房屋管理信息平台，准确掌握农民工房屋租赁和居住登记信息。

5. 提升农民工的社会地位

积极推荐优秀农民工担任各级党代会、人大、政协的代表、委员，参加劳动模范、先进工作者、五一劳动奖章、新长征突击手、三八红旗手等评选表彰。

6. 创新工青妇组织对农民工的服务

积极做好农民工加入工会组织的工作，在新生代农民工中发展团员。各级工会、共青团、妇联组织要通过开展志愿者活动等方式，对有困难的农民工及其子女进行帮扶。通过政府购买服务等方式，充分发挥社会组织为农民工提供服务、反映诉求、协同社会管理、促进社会融合的积极作用。

7. 农民工积分入户政策

上海市从 2009 年开始实施居住证转户籍的政策，标志着上海的户籍政策将从"指标限定"转为"条件管理"。2014 年 3 月，40 名农民工获得上海市首批转户口名额。

二　上海乐群社工服务社

虽然上海市制订了比较完善的农民工政策，各级政府也非常重视为农民工提供相应的公共服务。但是上海市的农民工群体数量庞大，构成复杂，职业、素质、生活状况差别很大，很难用统一的政策做到全面覆盖。因此，通过社工服务社针对农民工的具体问题，为农民工提供专业化的服务成为一个非常重要的方式。上海乐群社工服务社是一家主要从事社区服务、农民工城市融入、助老服务的社会组织。

上海乐群社工服务社成立于 2003 年 2 月，是中国大陆第一家社会工作服务机构，是一家非营利性的综合社会服务机构。乐群以"卓越服务、社工先锋"为使命，致力于为不同性别、年龄、社会阶层、宗教和种族的人群提供切实、专业、人性化的服务，倡导社会公平、公正、参与、互助，协助社会公共政策和福利的实施。目前，乐群在青少年儿童、长者、社区服务和社区发展等多个领域开展服务，并提供能力建设服务以促进社会工作行业实务能力提升，各类服务覆盖上海三个行政区 22 个街镇及全国多地。2012 年 12 月，上海乐群被上海市社会团体管理局评为"5A"级社会组织。2013 年 5 月，上海乐群的"阳光童年"民工子弟学校进驻社工服务项目荣获"浦东新区社会工作杰出案例"之"最佳项目案例奖"。

截至 2015 年 7 月 31 日，机构共有工作人员 60 名，全职员工 53 名、兼职及劳务工 7 名。其中，本科及硕士学历者占 58%，90% 以上员工具有社会工作及相关专业背景，74% 具有社会工作者职称或从业资格。上海乐群社工服务社承担的主要项目有社区共融项目、鹤沙航城社区综合服务中心项目、"家中心"项目、"家在上海"来沪青少年社会融入项目、楼组长团队能力建设项目、乐益成长屋项目、浦东新区高桥镇青少儿心理健康服务项目、"家在上海"城中村项目、"精彩乐龄"——老年志愿者建设项目、"跨越心际的彩虹"——相约·沟通·共融项目。

三 上海乐群社工服务社城中村项目

金杨新村街道是上海市浦东新区下辖的一个街道。金杨新村街道北达黄浦江，东至金桥路，南至杨高路，西抵罗山路，总面积 8.2 平方公里，现居住人口 23 万余，是一个处于城市化阶段的区域。高庙城中村位于金杨新村街道辖区东北角，东靠团林路，南接蝶恋园，西依金桥路，北至浦东大道，占地面积 58169.49 平方米，是中环以内的一个大型城中村。在上海这样繁华的大都市中，城中村是一个非常特殊的存在。由于周边地区都已经拆迁完毕，高庙城中村的环境问题、治安问题、社会管理问题等显得更加突出。由于城中村的住户绝大多数是农民工，相当数量的居民是来沪多年的农民工，有些农民工家庭的第二代已经长大成人，成为新一代农民工。该城中村有 1200 多户籍人口，但他们并不居住在这里，1900 多名外来人口住在这里。外来人口中 30~40 岁的人口占大多数，他们大部分从事收废品、卖早点、送水工、保姆等职业。城中村的人口相对比较固定，有的家庭已经在此居住超过 10 年以上。

2014 年 5 月上海乐群社工服务社接受金杨街道的委托开展了以多元主体参与社区治理和社区融合为主题的综合服务项目，致力于对高庙城中村进行社会管理综合建设。

针对高庙城中村居民凝聚力差、缺乏公共空间、社区认同感低的现状，上海乐群社工服务社的工作人员创造性地构建了"自治·管理·服务"三位一体的自治模式（如图1所示），并在较短的时间内取得了非常明显的成效。

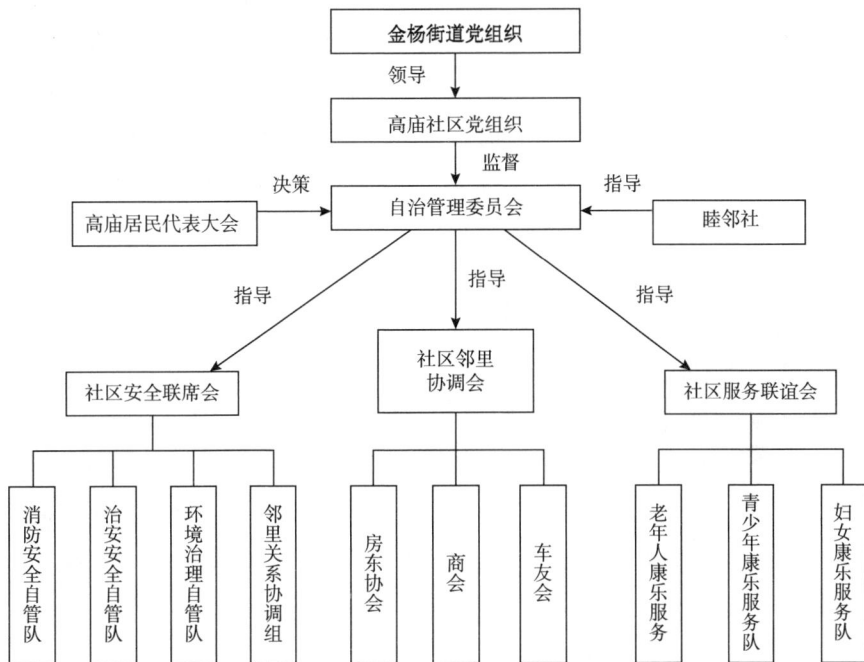

图1 高庙城中村的"自治·管理·服务"三位一体自治模式

1. 培育社区自治

自上海乐群社工服务社金杨项目组进驻高庙城中村以来，以社区自治为主导方向，强调本地居民及具有较强社区归属感的来沪居民共同参事议事进行社区自治工作。在其过程中，首先，项目组发现了社区积极分子，在了解居民特质及社区影响力的同时开展了社区领袖培养工作。其次，通过多次的自管会筹备会议，最终形成自管会章程、组织架构以及管理规章制度。再次，协助管委会成员严格按照自管会管理规章制度，通过鼓励委员会成员参与社区活动的策划、组织、评估工作，提升其组织社区活动的实务能力。最终，在项目组协助下，完成一系列社区建设活动：如文明经商管理规章制度及评选方案、文明公约的制定、文明墙的建立、十佳好邻居评选、优秀志愿者团队及个人评选。

组建城中村的自治管理委员会是构建"自治·管理·服务"三位一体自治模式的关键。上海乐群社工服务社城中村项目组首先通过社区调查，发现并培养社区领袖,运用个案、小组、社区工作方法,引导社区居民自我管理、自我服务、自我教育,开展社区自治载体培育活动,培育社区自助互助团队,构建社区多层次服务体系,促进社区融合,推动社区自治,建设和谐社区。由城中村居民中的积极分子组成的自治管理委员会接受金杨街道党组织和高庙社区党组织的领导和监督。在具体事务决策上接受高庙居民委员会的管辖。自治管理委员会成立初期缺乏必要的运作经验和工作能力,上海乐群社工服务社主导成立睦邻社来帮助和指导自治管理委员会完善内部管理制度并处理好和外界的关系。睦邻社是自治委员会的支持机构,等到自治委员会运作成熟之后,睦邻社的作用就慢慢减少,直至退出。自治委员会通过组建社区安全联席会、社区邻里协调会、社区服务联谊会三大组织实现社区居民的重新组织化。

2. 强化社区管理

实现良好的社区管理,必须把基层政府的管理力量和社区机构的力量联结起来。但是,在一个外来人口在绝大多数的城中村,社区和政府的基层管理力量常常是脱节的。上海乐群社工服务社金杨项目组通过组织社区活动、联席会、志愿组织等方式把两者进行了巧妙地联结。

第一,金杨项目组在与派出所、消防部门的协助下,共同举办"家园"整治座谈会。这次座谈会的主旨是"安全社区,美化社区",在座谈会上决定了引导居民清理私拉电线、拆除违规建筑、消除消防隐患等。除此之外,在派出所协助下清扫社区内一些赌博暗点,营造了健康、安全、温馨的居住环境。

第二,不定期为社区居民开展以讲座、宣传等形式为主的安保服务,主要针对社区电信诈骗及盗窃行为在日常生活中防不胜防的情况,主要的目的是引导居民们(特别是社区老年人)认识诈骗及盗窃形式,树立防诈骗意识,提高识别各类网络诈骗犯罪伎俩的能力,掌握有效的防范知识和防范技巧,提高居民保护个人财产、人身安全的警觉性。

第三,在社区里开展"反邪教"为主题的青少年服务,协助该社区青少年建立合理的人生观和自我评价体系,该服务以"崇尚科学、弘扬正气、反对邪教、净化社区"为主题,主要活动形式是反邪教警示教育宣传活动、在这次活动中,社区青少年基本掌握了邪教的特征,了解了邪教的危害性,同时也学会了基本的远离和抵制邪教的方法。

第四，社区定期进行消防演习，协助社区居民亲身参与消防疏散演练，提高消防安全意识、自防自救能力及灭火等方面的知识、技能。对应急疏散的程序、逃生和灭火知识有切身的体会，一定程度上对火灾事故应急疏散、正确逃生和正确使用灭火器材的技能有进一步的实际体验，对于防范特大火灾事故的发生起到了很好的宣传教育作用。另外，社区定期发放消防安全宣传单页、对社区内的消防栓进行逐一排查，并提醒社区居民从自我做起，从现在做起，从身边做起，共同创造和维护好社区消防安全环境。

第五，项目组每周五陪同综治办走访"城中村"社区，了解"城中村"治安综合治理状况。通过开展大量走访活动，协助综治办进一步密切了解群众关系，及时排除基层隐患，树立政府执政威信，提高了群众对政府工作、综治工作的认同感，提供社区群众诉求的渠道，以有效解决社区群众困难，促进社区共融及社会全面和谐。

第六，项目组带领社区青少年定期到社区进行治安、消防与文明公约的宣传。主要原因在于春节过后大量外来人员涌入高庙城中村，社区里新入住人员需要接受相关安保知识，该活动不但提高了小朋友自身的个人素质、文明意识、教育观念，而且提升了小朋友参与活动的积极性，增强了小朋友主人翁的意识。

第七，自管会成员定期走访社区，以身作则带领社区居民共同维护社区环境，倡导文明，并对消防及治安工作进行大力宣传，提升自我归属感和成就感。同时，高庙社区平安志愿者还定期进社区进行治安宣传。

第八，鼓励自治委员会成员成为居委会自治理事会的主要成员，在居委会的指导下继续服务社区居民。

3. 优化社区服务

为社区提供针对性的服务项目是社工服务机构的长处。提供服务的过程使得社区居民能够对社工服务机构产生信任感，有利于社工机构在社区开展工作。另外，社工机构提供的服务项目又能够减轻社区居民的负担，提高居民的生活质量，增强居民之间的互动联系，形成一个有活力的社区。

第一，以老年人为主要服务对象的活动，如老年人兴趣小组（夕阳红舞蹈队、歌唱小组、绢花小组等）、"2014 爱在高庙"大型文艺演出、眼部疾病筛查服务、每季度一次的老年人集体生日会、老年人健康大讲堂等。其中，"2014 爱在高庙"大型文艺演出活动的主要目标在于为高庙城中村的老年人提供展现自我才艺、与他人互动交流的平台。通过这次活动，多才多艺的老年人不但得到了社区居民的认可，而且也得到金杨街道的认可，于春节期间登上金杨街道的舞台，这也是自我价值和社会价值的提升。除此之外，以老年人的需求为导向，为老年人提供眼部疾病筛查服务、每季度一次的老年人集体生日会、老年人健康大讲堂，关心老年人的身心健康，提供老年人相互交流的机会，增加社区凝聚力与归属感。其中有位 94 岁的高龄老人，腿脚不太方便，自己也曾经历过白发人送黑发人，但这位老人依然对生活充满热情，心态积极乐观，虽然年迈，却是社区正能量的传播使者。还有一位是高庙城中村的领袖人物，也是自管会重要成员之一，在 2014 年确诊为乳腺癌，但她从来都不悲观，不会对生活失去动力，一如既往地关心着自己身处的这个小区，积极参与社区服务及志愿服务，如消防治安活动、维护社区活动秩序、保障青少年安全等。

第二，为社区儿童提供托管服务。金杨项目组进驻高庙城中村后，经过前期的调研走访，发现城中村内大部分来沪家庭儿童学业无人看管，为解决城中村内大部分家庭青少年学业的照顾问题，项目组特别开设"快乐学习坊"晚托班以及"快乐一夏"暑托班，为小朋友搭建了学习娱乐的场所，解决了城中村父母的担忧。经过暑托班与晚托班课业辅导，所有小朋友的各项功课均有所提高。通过外教的辅导，孩子们英语口语及语法迅速提高，可以流利地与外国人交流。因为孩子是未来的希望，必须从小改变不文明陋习，所以项目组教授社区青少年文明礼仪规范，建立起人际交往关系处理模式。孩子们从刚开始的粗鲁与满地打滚，与现在看到社区的爷爷奶奶、叔叔阿姨都会问声好，在晚托班中也是规规矩矩学习，已经养成良好的学习习惯。项目组为了让孩子们可以提前了解到工作的性质，为其提供职业生涯的培训，树立了孩子远大的理想目标，培养了孩子勇往直前向上的精神。

第三，针对妇女及家庭需求，提供预防、支持和发展性服务。为了回应城中村来沪家庭大量的就业需求，金杨项目组通过与本社区相关部门联络，给予就业信息和技能培训等信息支持，帮助其安居乐业。通过开展一系列的女性健康讲座，帮助社区女性提升个人生活素质，促进家庭健康。为了帮助社区女性更好地利用业余时间，组织外来妇女开展十字绣兴趣发展小组，为社区女性彼此间的沟通搭建桥梁，促进睦邻融合。对社区内的特困家庭进行不定期帮扶，使其对社区产生归属感，增加对政府工作的认同。在高庙城中村中，有这样两个特殊的家庭，其中一个是来自湖北武汉的四口之家，儿媳妇是智力低下的残疾人、儿子说话结巴、身体时常颤抖，父母亲在外做临时工来养家糊口，一家四口住在一间 10 平方米左右的房间，儿媳妇希望自己可以为夫家生儿育女，但一直没法受孕，在项目组的帮助下，儿媳妇情绪得到舒缓，营养也随后跟上，现已怀孕将近 5 个月。另外一个家庭中，一位现年 24 岁的女孩，小学三年级患肾病，期间被误诊为盲肠炎，14 岁时的换肾，花光家中所有的积蓄，而如今每月需 4000 多元，实际只能报销 1000 元，其家庭更是由于多年来为其治病而日趋贫困。由于总是发烧，小学毕业后无法继续上学，之后由于长时间不与外人接触交流，变得沉默寡言，社工发现后经常去其家中进行心理疏导，慢慢地，这个女孩跨出了最艰难的一步，走进社区，与大家交流沟通，心态慢慢变好，性格也开朗了许多。

第四，通过社区走访和活动开展，加强社区居民间的互动交流。以《社区睦邻报》为宣传平台，定期向城中村居民宣传社区自治理念，借助舆论引导，充分调动城中村居民参与事务的积极性。通过"我的社区我的家"——社区美化大赛活动的举办，矫正了居民乱扔垃圾的行为，提高了居民的环保意识。通过开展文明经商规范经营主题月活动，如发放宣传单页，组织社区民警、城市管理及工商管理等相关人员进社区开展文明经商必要性宣讲以及一个月后的文明经商流动红旗评选活动，规范了城中村社区内商铺、摊贩规范经营，提高了经营者的素质。通过调研，项目组发现城中村关于消防与治安方面有极大的需求，为满足城中村居民的需求，项目组着重开展了 12 个月的消防活动与 10 个月的社区治安活动，提高居民人身安全意识，居民财产保管防范意识。应社区居民的需求，为了促进社区融合，项目组在高庙社区开展面向居民的"好邻居"评选及表彰活动，以促进邻里关系建设。

第五，为了更好地改变高庙社区脏乱差现象，提升居民总体素质，让居民从自身出发，有所感、有所悟，改变不良的生活习惯，项目组在高庙社区内绘制了一面以"未来家园"为主题的文明墙，墙绘的图案是通过高庙城中村儿童"未来家园"主题绘画比赛评选出的优秀作品，经由墙绘公司设计师的巧妙布局并结合社区自治委员会通过开放空间技术讨论提出的

《文明公约》而确定的。项目组通过墙绘的平台展示了社区居民精神实体家园，搭建了城中村村民文化墙。

四 通过民办社会工作机构为农民工提供专业化公共服务

民办社会工作服务机构是一种特殊的社会组织，是以社会工作者为主体，坚持"助人自助"的宗旨，遵循社会工作专业伦理规范，综合运用社会工作专业知识、方法和技能，开展困难救助、矛盾调处、权益维护、心理疏导、行为矫治、关系调适等服务工作的民办非企业单位。在为农民工提供公共服务、促进农民工更好地融入城市生活方面，民办社会工作机构具有多方面的优势。

(一) 民办社会工作机构的项目设置比较灵活

民办社会工作机构是一个独立的法人组织，它可以根据所服务社区的实际情况、政府购买服务的要求、社会捐赠者的意愿等多种因素来调整项目的设计和内容。在项目设置上，民办社会工作服务机构一般都要通过严格的实地调研和论证，保证开展的项目能够取得预期的效果。因此，相对于基层政府部门而言，民办社会工作机构更能够针对农民工的具体需求和生活状况设置相应的项目。

(二) 民办社会工作机构的服务内容具有专业性

民办社会工作机构在自身的发展过程中通过相互竞争而各有所长，慢慢在一个领域会形成专业化的优势。以上海乐群社工服务社为例，开展社区共融项目就是他们的专业之一。正是因为上海乐群社工服务社在其他社区进行了社区共融项目的积累，所以在高庙城中村项目点，上海乐群的工作人员才能够非常熟练地处理各种棘手问题，以非常专业的技术和活动让一个农民工聚集的城中村在较短的时期内获得明显的改观。

(三) 民办社会工作机构的工作方式具有创新性

农民工的城市融入是我国当前社会发展过程中的难题，没有一个现成的解决方案。在为农民工提供公共服务方面，需要政府、社区和社会组织进行创新。民办社会工作机构是最合适的创新主体。在高庙城中村的综合治理机构中，自治管理委员会就是一个非常重要的组织创新。民办社会工作机构的创新不仅能够为机构自身在将来的工作中积累经验，而且能够为基层政府和社区在面对类似问题的时候提供借鉴。

（四）民办社会工作机构的立场具有第三方性

民办社会工作机构在开展工作的过程中具有第三方性，在基层政府管理部门和社区居民关系紧张的情况下能够相对公正地调整双方的关系。尤其是对处于社会生活下层的农民工而言，社工机构组织的公益活动和服务项目可能让参加者感到更加亲切，更容易接受，同时也能够在一定程度上保护受助者的隐私。

民办社会工作机构的发展还需要政府部门多方面的支持。2014 年 4 月，民政部发布的《关于进一步加快推进民办社会工作服务机构发展的意见》中指出：要加快推进政府购买社会工作服务，规范政府购买社会工作服务程序，除技术复杂、性质特殊的社会工作服务项目和岗位，原则上均应通过公开招标方式竞争性购买，公平对待民办社会工作服务机构承接政府购买社会工作服务。要加大对民办社会工作服务机构的扶持力度，要积极推动本地区民办社会工作服务机构孵化基地建设，优先孵化以老年人、残疾人、青少年、城市流动人口、农村留守人员、特殊困难人群、受灾群众等为重点服务对象和以婚姻家庭、教育辅导、就业援助、职工帮扶、犯罪预防、矫治帮教、卫生医疗、人口服务、应急处置等为重点服务领域的民办社会工作服务机构。随着民办社会工作服务机构的进一步发展成熟，他们必将在为农民工提供公共服务方面扮演更重要的角色。

（上海乐群社工服务社的肖涛老师对本案例的写作有重大贡献，特此感谢！）

参考文献

[1] 刘晴、简洁：《农民工的层级结构》，《中国劳动关系学院学报》2008，22（1）：93~100。

[2] J. M. 卡龙编《社会问题读本》，北京大学出版社，2005。

[3] Gambhir Bhatta, *International Dictionary of Public Management and Governance* [C], M. E. Sharpe Inc. 2006.

[4] 国家行政学院课题组：《关于公共服务体系和服务型政府建设的几个问题（上）》，《国家行政学院学报》2008，（4）：8~12。

[5] 王海龙：《公共服务的分类框架：反思与重构》，东南学术，2008，（6）：48~58。

[6] 马庆钰：《公共服务的几个基本理论问题》，《中共中央党校学报》2005，（2）：58~64。

[7] 叶响裙：《公共服务多元主体供给：理论与实践》，社会科学文献出版社，2014。

[8] 王名：《社会组织概论》，中国社会出版社，2010。

[9] Savas, E. S., *Privatization and Public – Private Partnerships*, New York: Seven Bridges Press LLC, 2000.

[10] 刘晓凯、张明：《全球视角下的PPP：内涵、模式、实践与问题》，《国际经济评论》2015，（4）：53~67。

[11] 刘薇：《PPP模式理论阐释及其现实例证》，《改革》2015，（1）：78~89。

[12] 陈志敏、张明、司丹：《中国的PPP实践：发展、模式、困境与出路》，《国际经济评论》2015，（4）：68~84。

[13] Le Grand J, Bartlett W (eds.), *Quasi – markets and Social Policy* [C], Basingstoke: Macmillan, 1993.

[14] 张樨樨、徐子轶：《“准市场”机制的应用研究——给予劳动力就业

服务市场视角》，《求索》2015，（1）：116～122。

[15] 朱晓龙：《农民工就业培训服务供给机制分析——基于准市场理论视角》，《地方财政研究》2014，（9）：42～46。

[16] 刘国翰、阳盛益、张建伟：《日本的公共职业训练：准市场机制的实践与启示》，《浙江工商大学学报》2012，（1）：79～86。

[17] 阳盛益、蔡旭昶、郁建兴：《政府购买就业培训服务的准市场机制及其应用》，《浙江大学学报（人文社会科学版）》2010，（6）：103～111。

[18] 王健等：《WTO规则与政府职能转变》，经济科学出版社，2002。

[19] 刘武：《公共服务接受者满意度指数模型研究》，东北大学出版社，2009。

[20] 严慎：《农民工就业服务中地方政府作为的研究——基于宁波江北区的经验》，浙江大学公共管理学院，2009。

[21] 张茜：《安徽省返乡农民工的就业服务体系研究》，安徽大学，2013。

[22] 王飞：《城市社区与农民工就业服务》，《重庆理工大学学报（社会科学）》2012，26（12）：23～28。

[23] 王飞：《农民工就业服务体系建设研究——基于城市社区视角》，《浙江树人大学学报》2013，13（1）：87～93。

[24] 王飞：《农民工就业培训服务：政府购买服务路径刍议》，行政与法，2013，（2）：18～22。

[25] 钟建英：《论公共就业服务体系对农民工的就业支持》，《特区经济》2012，（8）：299～301。

[26] 许璐：《公共服务均等化取向下完善农民工就业服务的研究》，南京农业大学，2009。

[27] 宋玉军：《新生代农民工公共就业服务研究》，福建师范大学，2012。

[28] 魏微：《新生代农民工公共就业服务研究——以江西省南昌县为例》，南昌大学公共管理学院，2015。

[29] 王婷：《新形势下城市农民工就业服务研究——以杭州市为例》，复旦大学国际关系与事务学院，2012。

[30] 郑功成：《中国社会保障论》，湖北人民出版社，1994。

[31] 江泽清：《农民工社会保障问题及对策探析》，《统计科学与实践》2015，（8）：30～32。

[32] 张辛欣：《新生代农民工社会保障问题研究》，西南交通大学，2016。

[33] 何宏莲、葛婧婍、王平达：《黑龙江省城市化进程中农民工社会保障建设的困境与对策研究》，《齐齐哈尔大学学报（哲学社会科学版）》2015，（3）：30～32。

[34] 蒋长流、韩春虹：《利益非一致性与农民工社会保障市民化的政策支持研究》，《经济体制改革》2015，（1）：95～99。

[35] 元晓丽：《农民工社会保障问题研究——以莱芜市为例》，山东大学政治学与公共管理学院，2016。

[36] 郑功成：《社会保障学——理念、制度、实践与思想》，商务印书馆，2000。

[37] 张开鑫：《农民工社会保障问题与对策研究》，《法制与社会》2015，（5）：193～195。

[38] 江海洋、刘奕：《农民工市民化的社会保障制度完善研究》，《东华大学学报（社会科学版）》2015，（3）：124～128。

[39] 潘晓燕：《农民工社会保障制度的困境与出路》，《现代经济探讨》2015，（2）：58～62。

[40] 常锐、魏旭东：《新生代农民工的社会保障问题探析》，《吉林师范大学学报（人文社会科学版）》2015，（6）：109～113。

[41] 李红勋：《转型期农民工社会保障问题研究》，《理论与改革》2016，（2）：150～153。

[42] 谢勇才、王茂福：《〈社会救治暂行办法〉实施的局限性及其完善》，《中州学刊》2016，（3）：67～72。

[43] 林晓洁：《建立外来农民工最低生活保障制度的可行性分析》，《人口与经济》2006，（1）：75～79。

[44] 王飞：《城乡一体化视域下农民工社会救助模式研究》，《行政与法》2016，（6）：71～77。

[45] 吴宾、李娟：《农民工住房保障政策失灵及其矫正策略》，《湖南农业大学学报》2016，（2）：36～42。

[46] 刘杰：《上海市农民工住房保障问题研究》，华东师范大学公共管理学院，2016。

[47] 张秋梅：《农民工住房保障模式、制约因素及优化路径》，中共福建

省委党校学报，2015，（1）：89～95。

[48] 方蔚琼：《我国农民工住房保障模式比较与评析》，《经济纵横》2015，（2）：105～109。

[49] 齐慧峰、王伟强：《基于人口流动的住房保障制度改善》，《城市规划》2015，（2）：31～37。

[50] 林晨蕾、郑庆昌：《公共服务均等化视角下新生代农民工住房保障模式选择——公共租赁房优势与发展路径》，《改革与发展》2015，（3）：70～73。

[51] 李英东：《农民工城市住房的困境及解决途径》，《西北农林科技大学学报（社会科学版）》2016，（3）：55～60。

[52] 段成荣、吕利丹、王宗萍、郭静：《我国流动儿童生存和发展：问题与对策——基于2010年第六次全国人口普查数据的分析》《南方人口》2013，（4）：44～55。

[53] 教育报发展规划司：《农民工随迁子女和留守儿童义务教育状况专题分析报告》，2009。

[54] 段成荣、吕利丹、邹湘江：《当前我国流动人口面临的主要问题和对策——基于2010年第六次全国人口普查数据的分析》，《人口研究》2013，（2）：17～24。

[55] 沈小革、周国强：《流动人口子女教育公平问题研究》，群众出版社，2006。

[56] 叶庆娜：《农民工随迁子女高中教育：现状、政策及障碍》，《中国青年研究》2011，（9）：72～78。

[57] 余晖、黄亚婷：《以普惠性为导向设定农民工随迁子女学前教育机构准入标准——基于北京市政策与实践的分析》，《学前教育研究》2013，（2）：8～13。

[58] 王筱菁：《上海外来产业工人随迁子女学前教育公平问题研究》，复旦大学国际关系与公共事务学院，2013。

[59] 王宗萍、段成荣、杨舸：《我国农民工随迁子女状况研究——基于2005年全国1%人口抽样调查数据分析》，《中国软科学》2001，（9）：16～32。

[60] 黄金：《进城农民工随迁子女义务教育经费保障研究——以重庆市为

例》，西南大学，2012。

[61] 孙彬：《新型城镇化背景下农民工随迁子女教育问题研究——以广州为例》，《青年探索》2015，（3）：86～91。

[62] 吴霞：《农民工随迁子女异地中考政策研究》，《教育研究》2011，（11）：3～12。

[63] 李慧：《农民工随迁子女城市普通高中就学政策研究》，东北师范大学，2014。

[64] 叶庆娜：《农民工随迁子女高中教育政策研究》，《现代教育管理》2011，（8）：54～57。

[65] 段成荣、吕利丹、王宗萍：《城市化背景下农村留守儿童的家庭教育与学校教育》，《北京大学教育评论》2014，（3）：13～29。

[66] 原晓晓：《为了给留守儿童一个更好的童年——记湖南怀化市农村留守儿童关爱保护工作》，《中国民政》2016，（12）：57～58。

[67] 黄颖：《我国流动儿童教育现状分析——基于原国家人口和计划生育委员会流动人口监测调查》，《人口与社会》2015，（4）：89～96。

[68] 曾贱吉、欧晓明：《农民工公共卫生状况调查——以珠三角地区为例》，《城市问题》2014，（11）：96～100。

[69] 和红、任迪：《新生代农民工健康融入状况及影响因素研究》，《人口研究》2014，（6）：92～103。

[70] 郑建、管仲军：《北京市农村社区卫生服务中心基本公共卫生服务人力和成本现状调查》，《中国卫生政策研究》2014，（9）：19～25。

[71] 孙兰、官志敏、姚经建：《上海市闵行区流动人口社区卫生服务利用与公共卫生服务均等化现状调查》，《中国健康教育》2010，（11）：879～881。

[72] 王晖、郭维明、李沛霖、申秋红、刘鸿雁：《北京、上海和广东流动人口卫生计生基本公共服务状况》，《中国妇幼保健》2016，（10）：2026～2027。

[73] 范存：《农民工职业病防止问题研究——以惠州市新圩镇为例》，湖南师范大学，2012。

[74] 吴传安、杨伟康、刘开钳、刘双喜：《深圳宝安区农民工职业病危害防护知识知晓情况调查》，《华南预防医学》2008，（6）：17～19。

［75］赵卫华：《农民工职业病的现状、困境与对策》，《国家行政学院学报》2012，（6）：89～93。

［76］龚文海：《流动人口计划生育公共服务评估及创新——基于五地市的调查》，《西北人口》2013，（2）：95～98。

［77］潘鸿雁：《流动人口计划生育公共服务现状、问题与对策研究——以上海市 X 区为例》，《福建论坛（人文社会科学版）》2014，（9）：155～160。

［78］王晖、刘鸿雁、龚双燕、刘冬梅：《女性流动人口计划生育免费服务制约因素研究》，《中国计划生育杂志》2014，（4）：239～242。

［79］刘娟：《流动人口计划生育服务和管理的评价及创新——基于福建省的调查》，《福建江夏学院学报》2014，（1）：82～87。

［80］赖昕、蔡筱英、刘智勇：《我国流动人口计划生育公共服务现状与对策研究》，《医学与社会》2012，（3）：5～7。

［81］于思瑶：《公共文化服务体系研究综述》，对外经贸，2012，（6）；97～98。

［82］姜海珊、李升：《城市融入视角下的北京农民工公共文化服务状况》，《人口与社会》2016，（2）：48～55。

［83］蓝晶：《公共图书馆服务农民工的实践——浅析"重庆市公共图书馆文化共享农民工服务联盟"》，《河南图书馆学刊》2014，（12）：2～4。

［84］叶继红：《农民工文化需求与城市公共文化服务体系构建——来自江苏的调查与思考》，《中州学刊》2016，（6）：66～71。

［85］杨湛：《新生代农民工文化生活的现状、原因与对策》，《四川行政学院学报》2015，（2）：56～59。

［86］刘亮：《我国公共体育服务的概念溯源与再认识》，《体育学刊》2011，18（3）：34～40。

［87］王敏、王钊：《珠江三角洲地区农民工体育活动的特征研究》，《广州体育学院学报》2016，（2）：20～23。

［88］马德浩：《我国农民工的体育参与现状及其制约因素分析：以上海市为例》，《体育科研》2016，（2）：43～52。

［89］李英：《公共图书馆服务农民工群体探析——以重庆市公共图书馆农民工服务联盟为例》，《四川职业技术学院学报》2014，（2）：17～18。

［90］严轩:《多馆联合的新市民服务模式初探——以"重庆市文化共享工程农民工服务联盟"为例》,《图书情报》2016,(1)。

［91］兰晶:《公共图书馆服务农民工的实践——浅析"重庆市公共图书馆文化共享农民工服务联盟"》,《河南图书馆学刊》2014,(12):2~4。

［92］刘伟:《社会迁入与地方政府创新之可持续性——公共服务的比较案例分析》,《南京社会科学》2014,(1):87~93。

［93］熊觉:《农民工市民化进程中的政府服务及其创新——基于宁波市海曙区的经验与启示》,《中共浙江省委党校学报》2010,(6):42~48。

［94］申兵:《宁波市农民工服务与管理的创新及其启示》,《经济研究参考》2011,(62):63~70。

［95］许真学:《重庆妇联组织改革持续推进:改革让基层妇女有更多话语权》,2016年5月24日《中国妇女报》。

［96］王蓓:《打造五"家",让女农民工"心有所依"》,2016年2月3日《中国妇女报》。

［97］魏宇:《为农民工免费维权的"小小鸟"——记魏伟创办的"小小鸟打工互助热线"》,《社会与公益》2010,(4):40~41。

［98］侯炎君:《我国NGO推动乡村发展研究——以中国滋根乡村教育与发展促进会为例》,《中国集体经济》2014,(7):6~7。

［99］黄匡时、嘎日达:《"农民工城市融合度"评价指标体系研究——对欧盟社会融合指标和移民整合指数的借鉴》,《西部论坛》2010,(5):27~36。

［100］Bernard. P, Social Chesion: A Critique Discussion Paper, Ottawa Canadian Policy Research Networks, 1999.

［101］李培林、田丰:《中国农民工社会融入的代际比较》,《社会》2012,(5):1~24.

［102］杨菊华:《从隔离、选择融入到融合:流动人口社会融入问题的理论思考》,《人口研究》2009,(1):17~29。

［103］王佃利、刘保军、楼苏萍:《新生代农民工的城市融入——框架建构与调研分析》,《中国行政管理》2011,(2):111~115。

［104］刘建娥:《乡-城移民(农民工)社会融入的实证研究——基于五大城市的调查》,《人口研究》2010,(4):62~75。

［105］ 悦中山、李树拙、费尔德曼：《农民工社会融合的概念建构与实证分析》，《当代经济科学》2012，（1）：1～11。

［106］ 童星、马西恒：《"敦睦他者"与"化整为零"——城市新移民的社区融合》，《社会科学研究》2008，（1）：77～83。

［107］ 国家卫生和计划生育委员会流动人口司编：《中国流动人口发展报告2015年》，中国人口出版社，2015。

［108］ 赵强社：《城乡基本公共服务均等化制度创新研究》，中国农业出版社，2015。

［109］〔美〕张鹏：《城市里的陌生人：中国流动人口的空间、权力与社会网络的重构》，袁长庚译，江苏人民出版社，2014。

［110］〔美〕范芝芬：《流动中国：迁移、国家和家庭》，邱幼云、黄河译. 社会科学文献出版社，2013。

［111］ 国家人口和计划生育委员会流动人口服务管理司编：《流动人口理论与政策综述报告》，中国人口出版社，2010。

［112］ 金南顺等著《覆盖农民工的城市公共服务体系研究》，中国社会科学出版社，2012。

［113］ 王永乐、李梅香：《新生代农民工城市融合问题研究：基本公共服务均等化的视角》，经济科学出版社，2014。

［114］ 张广胜、周密：《新生代农民工市民化进城的测度及其决定机制——基于人力资本与社会资本耦合的视角》，经济科学出版社，2013。

［115］ 韩玉梅：《新生代农民工市民化问题研究》，哈尔滨工业大学出版社，2013。

［116］ 石向实主编：《中国城市化进程的社会心理研究》，社会科学文献出版社，2013。

［117］ 郭星华：《漂泊与寻根：流动人口的社会认同研究》，中国人民大学出版社，2011。

［118］ 潘家华、魏后凯主编《中国城市发展报告No.6：农业转移人口的市民化》，社会科学文献出版社，2013。

附录一

（新型）农民工身份认同与社区
融入状况调查问卷

亲爱的朋友：

您好！我们是明德公益研究中心的工作人员，目前正在做一项"外来务工人员社区融入"方面的研究，这项研究的成果将对您的切身利益产生积极促进作用。调查不涉及个人隐私，所有问题的答案也没有对错之分，希望您能根据实际情况如实回答问卷中的每一个问题。采集的信息仅用于学术研究，绝不外泄，请您放心。

非常感谢您的积极配合，祝您工作愉快，生活幸福！

明德公益研究中心

2015 年 10 月

一　个人基本信息

序号	问题	回答（请直接在对应选项上打"√"）
1	您的年龄	（　　）岁
2	您的性别	A. 男性　　B. 女性
3	您的受教育程度	A. 小学及以下　　B. 初中　　C. 高中/中专/技校/职校　D. 大专及以上
4	您的户口性质	A. 农村户口　　B. 城镇户口
5	您的户口所在地	A. 本市　　B. 家乡　　C. 其他打工地点（请列出：）
6	您来本市工作居住的时间为	A. 1 年及以下　　B. 1～3 年　　C. 3～5 年　　D. 5～8 年 E. 8～10 年　　F. 10 年以上
7	您的宗教信仰情况为	A. 基督教　　B. 伊斯兰教　　C. 佛教　　D. 天主教 E. 其他宗教　　F. 无宗教信仰

二 家庭及工作情况

序号	问题	回答（请直接在对应选项上打"√"）
1	您的婚姻状况是	A. 未婚　B. 已婚　C. 离异　D. 丧偶
1.1	（如上题选 B）您配偶当前的情况是	A. 在同一公司工作　B. 在同一城市打工　C. 在其他城市打工　D. 在家乡
2	您有几位子女？	A.0　B.1 位　C.2 位　D.3 位及更多
2.1	（如上题不选 A）您子女的目前情况是	A. 与我和配偶生活在一起　B. 与我生活在一起　C. 与配偶生活在一起　D. 在家乡
3	您来本市务工的原因是（可多选）	A. 家乡务农收入太低 B. 家庭没有其他收入来源 C. 年轻人想出来闯一闯，大城市机会多 D. 家里人读书、治病、盖房等急需钱 E. 受家人、朋友、同乡鼓动，一起来谋生 F. 我想在大城市安家 G. 为了让子女接受更好的教育
4	您的工作领域为	A. 建筑业　B. 纺织、服装业　C. 电子、机械制造业　D. 餐饮业　E. 服务业　F. 交通运输业　G. 其他
5	您在本市工作后，是否接受了新的技能教育培训或取得新的资格证书	A. 是，请列出：＿＿＿＿＿＿＿＿＿ B. 否
6	您的家庭月收入为	A.2000 元及以下　B.2001～4000 元　C.4001～6000 元　D.6001～8000 元　E.8000 元以上
7	您的收入主要用于	A. 日常消费　B. 孩子读书学习　C. 休闲娱乐　D. 储蓄　E. 邮寄回家
8	您认为您家庭的经济状况	A. 非常贫困　B. 比较拮据　C. 基本够用　D. 游刃有余

三 身份认知与认同情况（请直接在对应选项上打"√"）

1. 您认为自己是：

A. 本市人（城市人）　　B. 家乡人（农村人）

C. 既是本市人，也是家乡人　　D. 在哪儿都是外地人

E. 说不清，很矛盾

2. 您怎么看待您的工作？

A. 社会底层的打工者　　　B. 普通的职员

C. 掌握社会所需技术的人才　　D. 没有考虑过

3. 您是否介意"农民工"这一称呼：

A. 是　　　　　　　　　B. 否

4. 请根据您的实际想法，选择您对下列描述的认同程度：

观点	非常不赞同	比较不赞同	不知道	比较赞同	非常赞同
（1）我觉得我和本地人没什么差别					
（2）我觉得我和家乡人没什么差别					
（3）我在本市感受到明显的歧视					
（4）我在家乡感受到明显的歧视					
（5）我觉得比本地人低一等					
（6）我觉得在家乡更有地位					
（7）我觉得家乡人更亲切					
（8）我与本地人之间的鸿沟是难以跨越的					
（9）如果有机会，我愿意将户口迁入本市					
（10）我会刻意去模仿本地人					

5. 您觉得您跟本市人相比，最主要的差别是在：

A. 没有本地户口　　　　　B. 个人教育水平差距大

C. 文化差异显著，三观不同　　D. 收入远低于他们

E. 子女受教育和考学限制太多　　F. 配偶的工作不能解决

G. 住房条件差太多　　　　H. 其他，请列出＿＿＿＿＿＿＿

6. 您平时交往最多的人是：

A. 家人　　　　　　　　　B. 同事

C. 老乡　　　　　　　　　D. 其他，请列出：＿＿＿＿＿＿＿

7. 您觉得本地人是如何看待你们的：

A. 态度比较友好　　　　　　　B. 客客气气，保持距离

C. 人各不同，取决于个人素质　　D. 整体存在偏见，不太受待见

四　社会与社区融入情况（请直接在对应选项上打"√"）

1. 请根据您的实际想法，选择您对下列描述的认同程度：

观点	非常不赞同	比较不赞同	不知道	比较赞同	非常赞同
（1）我已适应了本地的生活					
（2）我再回家乡生活将很难适应					
（3）我时常参加本地的各种活动					
（4）我对现在的生活状态比较满意					
（5）我特别想找一个本地人结婚					
（6）我觉得和本地人沟通非常困难					
（7）我私下经常和邻居聊天或娱乐					
（8）我想要融入本地生活					
（9）我打算长期留在本市					
（10）我觉得本地人际关系很冷漠					
（11）我相信可以通过个人努力在本地立足					

2. 请根据您的实际想法，选择最为接近的表述：

维度	指标	比在家乡好很多	比在家乡好一些	跟在家乡差不多	比在家乡差一些	比在家乡差很多
个人生活状况	居住条件					
	医疗条件					
	教育条件					
	社保条件					
	个人健康					
	人身安全					
	娱乐活动					

维度	指标	比在家乡好很多	比在家乡好一些	跟在家乡差不多	比在家乡差一些	比在家乡差很多
就业收入状况	工作环境					
	工作强度					
	工作收入					
	工作整体情况					
社会交往情况	家庭关系					
	朋友关系					
	人脉网络					
整体感知评估	生活满意度					
	个人幸福感					
	对未来信心					

3. 您是否了解社区提供的各类服务：

A. 了解，请列出＿＿＿＿＿＿＿＿＿＿＿＿＿＿＿＿＿

B. 不了解

4. 您是否参加了社区组织的各类文娱活动：

A. 是　　　　　　　　　　B. 否，原因是＿＿＿＿＿＿＿＿＿＿＿

5. 您遇到困难时，是否会寻求社区的帮助：

A. 会　　　　　　　　　　B. 不会，原因是＿＿＿＿＿＿＿＿＿＿＿

6. 您是否参加了工会等社会团体：

A. 是　　　　　　　　　　B. 否

7. 6.1（若上题选 B）您不参加的原因是：

A. 不知道这些组织的存在　　　B. 不想参加，感觉没什么用

C. 单位不让参加

D. 之前参加过，有不愉快的经历；请列出＿＿＿＿＿＿＿＿＿

8. 您感觉社会对农民工的关心与关爱程度如何：

A. 力度太小，实惠很少　　　B. 比较关注，有待加强

C. 非常关注，取得实效

9. 您觉得要想促进社区融入，政府应该做什么：（可多选）

A. 改革户籍制度　　　　　　B. 改革教育制度，拉近地域差异

C. 在就业、社保等方面推出利好政策

D. 建立和谐的社区自治制度　　E. 构建开放的社区管理平台

F. 其他，请列出＿＿＿＿＿＿＿＿

10. 您觉得要促进社区融入，社会组织能做些什么？

＿＿＿＿＿＿＿＿＿＿＿＿＿＿＿＿＿＿＿＿＿＿＿＿＿＿＿＿＿＿＿＿

＿＿＿＿＿＿＿＿＿＿＿＿＿＿＿＿＿＿＿＿＿＿＿＿＿＿＿＿＿＿＿＿

＿＿＿＿＿＿＿＿＿＿＿＿＿＿＿＿＿＿＿＿＿＿＿＿＿＿＿＿＿＿＿＿

国务院关于进一步做好为农民工服务工作的意见

国发〔2014〕40号

各省、自治区、直辖市人民政府,国务院各部委、各直属机构:

农民工已成为我国产业工人的主体,是推动国家现代化建设的重要力量,为经济社会发展作出了巨大贡献。党中央、国务院高度重视农民工工作,《国务院关于解决农民工问题的若干意见》(国发〔2006〕5号)印发以来,出台了一系列政策措施,推动农民工转移就业规模持续扩大,职业技能不断提高,工资收入大幅增加,参加社会保险人数较快增长,劳动保障权益维护明显加强,享受基本公共服务范围逐步扩大,关心关爱农民工的社会氛围正在形成。但目前农民工就业稳定性不强,劳动保障权益受侵害的现象还时有发生,享受基本公共服务的范围仍然较小,大量长期在城镇就业的农民工还未落户。为深入贯彻落实党的十八大、十八届三中全会、中央城镇化工作会议精神和国务院的决策部署,进一步做好新形势下为农民工服务工作,切实解决农民工面临的突出问题,有序推进农民工市民化,现提出如下意见:

一、进一步做好为农民工服务工作的总体要求

(一)指导思想。以邓小平理论、"三个代表"重要思想、科学发展观为指导,全面贯彻落实党的十八大、十八届三中全会、中央城镇化工作会议精神和国务院的决策部署,按照工业化、信息化、新型城镇化、农业现代化同步发展的要求,积极探索中国特色农业劳动力转移道路,着力稳定和扩大农民工就业创业,着力维护农民工的劳动保障权益,着力推动农民工逐步实现平等享受城镇基本公共服务和在城镇落户,着力促进农民工社

会融合，有序推进、逐步实现有条件有意愿的农民工市民化。

（二）基本原则。

——坚持以人为本、公平对待。推进以人为核心的城镇化，公平保障农民工作为用人单位职工、作为城镇常住人口的权益，帮助农民工解决最关心最直接最现实的利益问题，实现改革发展成果共享。

——坚持统筹兼顾、优化布局。按照区域发展总体战略和国家新型城镇化规划，逐步完善生产力布局和城镇化布局，引导农民工在东中西不同区域、大中小不同城市和小城镇以及城乡之间合理分布。

——坚持城乡一体、改革创新。适应推动城乡发展一体化的需要，着力改革城乡二元体制机制，逐步建立完善有利于农民工市民化的基本公共服务、户籍、住房、土地管理、成本分担等制度。

——坚持分类推进、逐步实施。按照自愿、分类、有序的要求，因地制宜、存量优先，尽力而为、量力而行，重点促进长期在城镇居住、有相对稳定工作的农民工有序融入城镇，循序渐进地推进农民工市民化。

（三）总体目标。到 2020 年，转移农业劳动力总量继续增加，每年开展农民工职业技能培训 2000 万人次，农民工综合素质显著提高、劳动条件明显改善、工资基本无拖欠并稳定增长、参加社会保险全覆盖，引导约 1 亿人在中西部地区就近城镇化，努力实现 1 亿左右农业转移人口和其他常住人口在城镇落户，未落户的也能享受城镇基本公共服务，农民工群体逐步融入城镇，为实现农民工市民化目标打下坚实基础。

二　着力稳定和扩大农民工就业创业

（四）实施农民工职业技能提升计划。加大农民工职业培训工作力度，对农村转移就业劳动者开展就业技能培训，对农村未升学初高中毕业生开展劳动预备制培训，对在岗农民工开展岗位技能提升培训，对具备中级以上职业技能的农民工开展高技能人才培训，将农民工纳入终身职业培训体系。加强农民工职业培训工作的统筹管理，制定农民工培训综合计划，相关部门按分工组织实施。加大培训资金投入，合理确定培训补贴标准，落实职业技能鉴定补贴政策。改进培训补贴方式，重点开展订单式培训、定向培训、企业定岗培训，面向市场确定培训职业（工种），形成培训机构平等竞争、农民工自主参加培训、政府购买服务的机制。鼓励企业组织农民工进行培训，符合相关规定的，对企业给予培训补贴。鼓励大中型企业联合技工院校、职业院校，建设一批农民工实训基地。将国家通用语言纳入对少数民族农民工培训的内容。（人力资源社会保障部、国务院农民工工作领导小组办公室〔以下简称农民工办〕会同发展改革委、教育部、科技部、财政部、住房城乡建设部、农业部、安全监管总局、统计局、扶贫办、全国总工会、共青团中央、全国妇联负责）

（五）加快发展农村新成长劳动力职业教育。努力实现未升入普通高中、普通高等院校的农村应届初高中毕业生都能接受职业教育。全面落实中等职业教育农村学生免学费政策和家庭经济困难学生资助政策。鼓励各地根据需要改扩建符合标准的主要面向农村招生的职业院校、技工院校，支持没有职业院校或技工院校的边远地区各市（地、州、盟）因地制宜建立主要面向农村招生的职业院校或技工院校。加强职业教育教师队伍建设，创新办学模式，提高教育质量。积极推进学历证书、职业资格证书双证书制度。（教育部、人力资源社会保障部会同发展改革委、财政部、扶贫办负责）

（六）完善和落实促进农民工就业创业的政策。引导农民工有序外出就业、鼓励农民工就地就近转移就业、扶持农民工返乡创业。进一步清理针对农民工就业的户籍限制等歧视性规定，保障城乡劳动者平等就业权利。实现就业信息全国联网，为农民工提供免费的就业信息服务。完善城乡均等的公共就业服务体系，有针对性地为农民工提供政策咨询、职业指导、职业介绍等公共就业服务。加强农民工输出输入地劳务对接，输出地可在本地农民工相对集中的输入地设立服务工作站点，输入地应给予支持。组织开展农民工就业服务"春风行动"，加强农村劳动力转移就业工作示范县建设。大力发展服务业特别是家庭服务业和中小微企业，开发适合农民工的就业岗位，建设减免收费的农贸市场和餐饮摊位，满足市民生活需求和促进农民工就业。积极支持农产品产地初加工、休闲农业发展，引导有市场、有效益的劳动密集型产业优先向中西部转移，吸纳从东部返乡和就近转移的农民工就业。将农民工纳入创业政策扶持范围，运用财政支持、创业投资引导和创业培训、政策性金融服务、小额担保贷款和贴息、生产经营场地和创业孵化基地等扶持政策，促进农民工创业。做好老少边穷地区、牧区、库区、渔区农牧渔民转移就业工作和农民工境外就业服务工作。(人力资源社会保障部会同发展改革委、教育部、民政部、财政部、住房城乡建设部、农业部、商务部、人民银行、税务总局、工商总局、扶贫办、全国总工会、共青团中央、全国妇联负责)

三　着力维护农民工的劳动保障权益

(七)规范使用农民工的劳动用工管理。指导和督促用人单位与农民工依法普遍签订并履行劳动合同,在务工流动性大、季节性强、时间短的农民工中推广简易劳动合同示范文本。对小微企业经营者开展劳动合同法培训。依法规范劳务派遣用工行为,清理建设领域违法发包分包行为。完善适应家政服务特点的劳动用工政策和劳动标准。整合劳动用工备案及就业失业登记、社会保险登记,实现对企业使用农民工的动态管理服务。(人力资源社会保障部会同住房城乡建设部、工商总局、全国总工会负责)

(八)保障农民工工资报酬权益。在建设领域和其他容易发生欠薪的行业推行工资保证金制度,在有条件的市县探索建立健全欠薪应急周转金制度,完善并落实工程总承包企业对所承包工程的农民工工资支付全面负责制度、劳动保障监察执法与刑事司法联动治理恶意欠薪制度、解决欠薪问题地方政府负总责制度,推广实名制工资支付银行卡。落实农民工与城镇职工同工同酬原则。在经济发展基础上合理调整最低工资标准,推动农民工参与工资集体协商,促进农民工工资水平合理增长。(人力资源社会保障部会同公安部、住房城乡建设部、人民银行、高法院、全国总工会负责)

(九)扩大农民工参加城镇社会保险覆盖面。依法将与用人单位建立稳定劳动关系的农民工纳入城镇职工基本养老保险和基本医疗保险,研究完善灵活就业农民工参加基本养老保险政策,灵活就业农民工可以参加当地城镇居民基本医疗保险。完善社会保险关系转移接续政策。努力实现用人单位的农民工全部参加工伤保险,着力解决未参保用人单位的农民工工伤保险待遇保障问题。推动农民工与城镇职工平等参加失业保险、生育保险并平等享受待遇。对劳务派遣单位或用工单位侵害被派遣农民工社会保险权益的,依法追究连带责任。实施"全民参保登记计划",推进农民工等群体依法全面持续参加社会保险。整合各项社会保险经办管理资源,优化经办业务流程，增强对农民工的社会保险服务能力。（人力资源社会保障部会同发展改革委、财政部、卫生计生委、工商总局、法制办、全国总工会负责）

（十）加强农民工安全生产和职业健康保护。强化高危行业和中小企业一线操作农民工安全生产和职业健康教育培训，将安全生产和职业健康相关知识纳入职业技能教育培训内容。严格执行特殊工种持证上岗制度、安全生产培训与企业安全生产许可证审核相结合制度。督促企业对接触职业病危害的农民工开展职业健康检查、建立监护档案。建立重点职业病监测哨点，完善职业病诊断、鉴定、治疗的法规、标准和机构。重点整治矿山、工程建设等领域农民工工伤多发问题。实施农民工职业病防治和帮扶行动，深入开展粉尘与高毒物品危害治理，保障符合条件的无法追溯用人单位及用人单位无法承担相应责任的农民工职业病患者享受相应的生活和医疗待遇。（安全监管总局、卫生计生委分别会同发展改革委、教育部、公安部、民政部、财政部、人力资源社会保障部、住房城乡建设部、交通运输部、国资委、法制办、全国总工会负责）

（十一）畅通农民工维权渠道。全面推进劳动保障监察网格化、网络化管理，加强用人单位用工守法诚信管理，完善劳动保障违法行为排查预警、快速处置机制，健全举报投诉制度，依法查处用人单位侵害农民工权益的违法行为。按照"鼓励和解、强化调解、依法仲裁、衔接诉讼"的要求，及时公正处理涉及农民工的劳动争议。畅通农民工劳动争议仲裁"绿色通道"，简化受理立案程序，提高仲裁效率。建立健全涉及农民工的集体劳动争议调处机制。大力加强劳动保障监察机构、劳动人事争议仲裁院和基层劳动争议调解组织建设，完善服务设施，增强维护农民工权益的能力。（人力资源社会保障部会同发展改革委、公安部、司法部、国资委、高法院、全国总工会负责）

（十二）加强对农民工的法律援助和法律服务工作。健全基层法律援助和法律服务工作网络，加大法律援助工作力度，使符合条件的农民工及时便捷地获得法律援助。简化法律援助申请受理审查程序，完善异地协作机制，方便农民工异地申请获得法律援助。畅通法律服务热线，加大普法力度，不断提高农民工及用人单位的法治意识和法律素质，引导农民工合法理性维权。（司法部会同财政部、高法院、全国总工会负责）

四　着力推动农民工逐步实现平等享受城镇基本公共服务和在城镇落户

（十三）逐步推动农民工平等享受城镇基本公共服务。深化基本公共服务供给制度改革，积极推进城镇基本公共服务由主要对本地户籍人口提供向对常住人口提供转变，努力实现城镇基本公共服务覆盖在城镇常住的农民工及其随迁家属，使其逐步平等享受市民权利。各地区、各有关部门要逐步按照常住人口配置基本公共服务资源，明确农民工及其随迁家属可以享受的基本公共服务项目，并不断提高综合承载能力、扩大项目范围。农民工及其随迁家属在输入地城镇未落户的，依法申领居住证，持居住证享受规定的基本公共服务。在农民工输入相对集中的城市，主要依托社区综合服务设施、劳动就业社会保障服务平台等现有资源，建立农民工综合服务平台，整合各部门公共服务资源，为农民工提供便捷、高效、优质的"一站式"综合服务。（农民工办会同发展改革委、教育部、公安部、民政部、财政部、人力资源社会保障部、住房城乡建设部、文化部、卫生计生委、法制办负责）

（十四）保障农民工随迁子女平等接受教育的权利。输入地政府要将符合规定条件的农民工随迁子女教育纳入教育发展规划，合理规划学校布局，科学核定公办学校教师编制，加大公办学校教育经费投入，保障农民工随迁子女平等接受义务教育权利。公办义务教育学校要普遍对农民工随迁子女开放，与城镇户籍学生混合编班，统一管理。积极创造条件着力满足农民工随迁子女接受普惠性学前教育的需求。对在公益性民办学校、普惠性民办幼儿园接受义务教育、学前教育的，采取政府购买服务等方式落实支持经费，指导和帮助学校、幼儿园提高教育质量。各地要进一步完善和落实好符合条件的农民工随迁子女接受义务教育后在输入地参加中考、高考的政策。开展关爱流动儿童活动。（教育部会同发展改革委、公安部、财政部、人力资源社会保障部、住房城乡建设部、共青团中央、全国妇联负责）

（十五）加强农民工医疗卫生和计划生育服务工作。继续实施国家免疫规划，保障农民工适龄随迁子女平等享受预防接种服务。加强农民工聚居地的疾病监测、疫情处置和突发公共卫生事件应对，强化农民工健康教育、妇幼健康和精神卫生工作。加强农民工艾滋病、结核病、血吸虫病等重大疾病防治工作，落实"四免一关怀"等相关政策。完善社区卫生计生服务网络，将农民工纳入服务范围。鼓励有条件的地方将符合条件的农民工及其随迁家属纳入当地医疗救助范围。巩固完善流动人口计划生育服务管理全国"一盘棋"工作机制，加强考核评估，落实输入地和输出地责任。开展流动人口卫生计生动态监测和"关怀关爱"活动。（卫生计生委会同发展改革委、民政部、财政部负责）

（十六）逐步改善农民工居住条件。统筹规划城镇常住人口规模和建设用地面积，将解决农民工住房问题纳入住房发展规划。支持增加中小户型普通商品住房供给，规范房屋租赁市场，积极支持符合条件的农民工购买或租赁商品住房，并按规定享受购房契税和印花税等优惠政策。完善住房保障制度，将符合条件的农民工纳入住房保障实施范围。加强城中村、棚户区环境整治和综合管理服务，使居住其中的农民工住宿条件得到改善。农民工集中的开发区、产业园区可以按照集约用地的原则，集中建设宿舍型或单元型小户型公共租赁住房，面向用人单位或农民工出租。允许农民工数量较多的企业在符合规划和规定标准的用地规模范围内，利用企业办公及生活服务设施用地建设农民工集体宿舍，督促和指导建设施工企业改善农民工住宿条件。逐步将在城镇稳定就业的农民工纳入住房公积金制度实施范围。（住房城乡建设部会同发展改革委、财政部、国土资源部、税务总局负责）

（十七）有序推进农民工在城镇落户。进一步推进户籍制度改革，实施差别化落户政策，促进有条件有意愿、在城镇有稳定就业和住所（含租赁）的农民工及其随迁家属在城镇有序落户并依法平等享受城镇公共服务。各类城镇要根据国家户籍制度改革的部署，统筹考虑本地区综合承载能力和发展潜力，以就业年限、居住年限、城镇社会保险参保年限等为基准条件，制定具体落户标准，向社会公布。（公安部、发展改革委、人力资源社会保障部会同教育部、民政部、财政部、国土资源部、住房城乡建设部、农业部、卫生计生委、统计局、法制办、中央农办负责）

（十八）保障农民工土地承包经营权、宅基地使用权和集体经济收益分配权。做好农村土地承包经营权和宅基地使用权确权登记颁证工作，切实保护农民工土地权益。建立健全土地承包经营权流转市场，加强流转管理和服务。完善土地承包经营纠纷的调解仲裁体系和调处机制。深化农村集体产权制度改革，探索农村集体经济多种有效实现形式，保障农民工的集体经济组织成员权利。完善相关法律和政策，妥善处理好农民工及其随迁家属进城落户后的土地承包经营权、宅基地使用权、集体经济收益分配权问题。现阶段，不得以退出土地承包经营权、宅基地使用权、集体经济收益分配权作为农民进城落户的条件。（农业部、国土资源部分别会同法制办、中央农办、高法院负责）

五　着力促进农民工社会融合

（十九）保障农民工依法享有民主政治权利。重视从农民工中发展党员，加强农民工中的党组织建设，健全城乡一体、输入地党组织为主、输出地党组织配合的农民工党员教育管理服务工作制度。积极推荐优秀农民工作为各级党代会、人大、政协的代表、委员，在评选劳动模范、先进工作者和报考公务员等方面与城镇职工同等对待。创造新办法、开辟新渠道，支持农民工在职工代表大会和社区居民委员会、村民委员会等组织中依法行使民主选举、民主决策、民主管理、民主监督的权利。（农民工办会同民政部、人力资源社会保障部、国资委、全国总工会负责）

（二十）丰富农民工精神文化生活。把农民工纳入城市公共文化服务体系，继续推动图书馆、文化馆、博物馆等公共文化服务设施向农民工同等免费开放。推进"两看一上"（看报纸、看电视、有条件的能上网）活动，引导农民工积极参与全民阅读活动。在农民工集中居住地规划建设简易实用的文化体育设施。利用社区文化活动室、公园、城市广场等场地，经常性地开展群众文体活动，促进农民工与市民之间交往、交流。举办示范性农民工文化活动。鼓励企业开展面向农民工的公益性文化活动，鼓励文化单位、文艺工作者和其他社会力量为农民工提供免费或优惠的文化产品和服务。（文化部、农民工办会同发展改革委、民政部、财政部、中央宣传部、全国总工会、共青团中央、全国妇联负责）

（二十一）加强对农民工的人文关怀。关心农民工工作、生活和思想状况，加强思想政治工作和科普宣传教育，引导农民工树立社会主义核心价值观。开展"人文关怀进企业、进一线"活动。通过依托各类学校开设农民工夜校等方式，开展新市民培训，培养诚实劳动、爱岗敬业的作风和文明、健康的生活方式。对有需要的农民工开展心理疏导。努力推进农民工本人融入企业、子女融入学校、家庭融入社区、群体融入城镇。（农民工办会同教育部、卫生计生委、全国总工会、共青团中央、全国妇联负责）

（二十二）建立健全农村留守儿童、留守妇女和留守老人关爱服务体系。实施"共享蓝天"关爱农村留守儿童行动，完善工作机制、整合资源、增加投入，依托中小学、村民委员会普遍建立关爱服务阵地，做到有场所、有图书、有文体器材、有志愿者服务。继续实施学前教育行动计划，加快发展农村学前教育，着力解决留守儿童入园需求。全面改善贫困地区薄弱学校基本办学条件，加快农村寄宿制学校建设，优先满足留守儿童寄宿需求，落实农村义务教育阶段家庭经济困难寄宿生生活补助政策。实施农村义务教育学生营养改善计划，开展心理关怀等活动，促进学校、家庭、社区有效衔接。加强农村"妇女之家"建设，培育和扶持妇女互助合作组织，帮助留守妇女解决生产、生活困难。全面实施城乡居民基本养老保险制度，建立健全农村老年社会福利和社会救助制度，发展适合农村特点的养老服务体系，努力保障留守老人生活。加强社会治安管理，保障留守儿童、留守妇女和留守老人的安全，发挥农村社区综合服务设施关爱留守人员功能。（民政部、全国妇联会同发展改革委、教育部、公安部、财政部、人力资源社会保障部、共青团中央负责）

六　进一步加强对农民工工作的领导

（二十三）完善农民工工作协调机制。各级人民政府要把农民工工作列入经济社会发展总体规划和政府目标考核内容，建立健全考核评估机制，落实相关责任。国务院已成立农民工工作领导小组，办公室设在人力资源社会保障部。县级以上地方人民政府也要成立农民工工作领导小组，加强统筹协调和工作指导。（农民工办会同国务院农民工工作领导小组各成员单位负责）

（二十四）加大农民工公共服务等经费投入。深化公共财政制度改革，建立政府、企业、个人共同参与的农民工市民化成本分担机制和财政转移支付同农民工市民化挂钩机制。中央和地方财政部门要按照推进基本公共服务均等化的要求，统筹考虑农民工培训就业、社会保障、公共卫生、随迁子女教育、住房保障、公共文化等基本公共服务的资金需求，加大投入力度，为农民工平等享受基本公共服务提供经费保障。各级财政部门要将农民工工作经费纳入公共财政预算支出范围。（财政部、农民工办会同发展改革委、教育部、民政部、人力资源社会保障部、住房城乡建设部、文化部、卫生计生委负责）

（二十五）创新和加强工青妇组织对农民工的服务。积极创新工会组织形式和农民工入会方式，将农民工组织到工会中来。以输入地团组织为主、输出地团组织配合，逐步建立农民工团员服务和管理工作制度，积极从新生代农民工中发展团员。各级工会、共青团、妇联组织要切实履行维护农民工权益的职责，通过开展志愿者活动等方式关心关爱农民工及其子女，努力为农民工提供服务。（全国总工会、共青团中央、全国妇联分别负责）

（二十六）发挥社会组织服务农民工的积极作用。按照培育发展和管理监督并重的原则，对为农民工服务的社会组织正确引导、给予支持，充分发挥他们为农民工提供服务、反映诉求、协同社会管理、促进社会融合的积极作用。改进对服务农民工的社会组织的管理，完善扶持政策，通过开展业务培训、组织经验交流、政府购买服务等方式，引导和支持其依法开展服务活动。（民政部会同发展改革委、教育部、公安部、司法部、财政部、人力资源社会保障部、文化部、卫生计生委、工商总局、全国总工会负责）

（二十七）夯实做好农民工工作的基础性工作。加大投入，建立输入地与输出地相结合、综合统计与部门统计相结合、标准统一、信息共享的农民工统计调查监测体系，做好农民工市民化进程动态监测工作。深入开展农民工工作的理论和政策研究，为党和政府相关决策提供依据。（统计局、农民工办会同国务院农民工工作领导小组其他成员单位负责）

（二十八）进一步营造关心关爱农民工的社会氛围。坚持正确导向，组织引导新闻媒体运用多种方式，加强政策阐释解读，积极宣传农民工工作的好经验、好做法和农民工中的先进典型，对相关热点问题开展及时有效的舆论引导。对优秀农民工和农民工工作先进集体及个人按规定进行表彰奖励，努力使尊重农民工、公平对待农民工、让农民工共享经济社会发展成果成为全社会的自觉行动。（中央宣传部、农民工办会同国务院农民

工工作领导小组其他成员单位负责）

　　各地区、各有关部门要按照本意见要求，结合实际抓紧制定和完善配套政策措施，积极研究解决工作中遇到的新问题。国务院农民工工作领导小组每年要针对重点工作和突出问题进行督察，及时向国务院报告农民工工作情况。

国务院

2014 年 9 月 12 日

图书在版编目（CIP）数据

现代农民工公共服务体系／刘国翰，李勇著 . -- 北

京：社会科学文献出版社，2016.12

ISBN 978 - 7 - 5201 - 0034 - 2

Ⅰ.①现… Ⅱ.①刘…②李… Ⅲ.①民工 -劳动就

业 -社会服务 -研究 -中国 Ⅳ.①D669.2

中国版本图书馆 CIP 数据核字（2016）第 288277 号

现代农民工公共服务体系

著　　者／刘国翰　李　勇

出 版 人／谢寿光
项目统筹／刘骁军
责任编辑／王雯雯　关晶焱

出　　版／社会科学文献出版社·学术资源建设办公室（010）59367161
　　　　　地址：北京市北三环中路甲 29 号院华龙大厦　邮编：100029
　　　　　网址：www.ssap.com.cn
发　　行／市场营销中心（010）59367081　59367018
印　　装／三河市尚艺印装有限公司

规　　格／开　本：787mm × 1092mm　1/16
　　　　　印　张：14　字　数：227 千字
版　　次／2016 年 12 月第 1 版　2016 年 12 月第 1 次印刷
书　　号／ISBN 978 - 7 - 5201 - 0034 - 2
定　　价／58.00 元

本书如有印装质量问题，请与读者服务中心（010 -59367028）联系